Johannes von Kries

Studien zur Pulslehre

Johannes von Kries

Studien zur Pulslehre

ISBN/EAN: 9783743314054

Hergestellt in Europa, USA, Kanada, Australien, Japan

Cover: Foto ©berggeist007 / pixelio.de

Manufactured and distributed by brebook publishing software
(www.brebook.com)

Johannes von Kries

Studien zur Pulslehre

STUDIEN

ZUR

PULSLEHRE

VON

J. v. KRIES,

PROFESSOR DER PHYSIOLOGIE AN DER UNIVERSITÄT FREIBURG I. B.

MIT 56 ABBILDUNGEN IM TEXT UND 1 TAFEL.

FREIBURG I. B., 1892.
AKADEMISCHE VERLAGSBUCHHANDLUNG VON J. C. B. MOHR
(PAUL SIEBECK).

Vorwort.

In den nachstehenden Studien habe ich die Ergebnisse von Versuchen zusammengestellt, welche mich durch längere Zeit, wenn auch mit grofsen Unterbrechungen, beschäftigt haben. Bei der Ausarbeitung derselben fand ich es unerläfslich, einige Teile, namentlich die theoretischen des ersten Kapitels, etwas systematischer und vollständiger zu behandeln, als es angezeigt gewesen wäre, wenn ich mich ausschliefslich auf die Mitteilungen neuer Thatsachen und Erörterungen hätte beschränken wollen. Diejenigen meiner Leser, welche in diesen Teilen Dingen begegnen, die ihnen bereits bekannt und geläufig sind, wollen dieses entschuldigen. Gerade sie werden mit mir die Überzeugung teilen, dafs diese Vorstellungen noch nicht in dem Mafse Allgemeinbesitz der physiologischen Forschung geworden sind, um ohne weiteres als feste Basis benutzt zu werden. Von meinen früheren, dem gleichen Gegenstande gewidmeten Arbeiten, ist besonders auf diejenige öfters Bezug genommen worden, welche im Jahre 1883 in der, der 53sten Versammlung deutscher Naturforscher und Ärzte von der Naturforschenden Gesellschaft in Freiburg i. B., gewidmeten Festschrift erschienen ist, unter dem Titel „Über die Beziehungen zwischen Druck und Geschwindigkeit, welche bei der Wellenbewegung in elastischen Schläuchen stattfinden". Dieselbe ist im folgenden kurz als „Festschrift" citiert worden. Die dem Text eingefügten Figuren sind, soweit sie graphische Darstellungen von Vorgängen enthalten (ebenso wie auch die Figuren der Tafel), sämtlich von links nach rechts zu lesen.

Freiburg i. B., im Oktober 1891.

Der Verfasser.

a

Inhalt.

Kapitel I.
Theorie der Schlauchwellen.

Kapitel II.
Die Grundform des Arterienpulses und die dikrotische Erhebung.

Kapitel III.
Die Verzweigung der Gefäfsbahn und die Zwischenschläge.

Kapitel IV.
Die Verschiedenheiten der Pulsform.

Anmerkungen.

Erklärung der Textfiguren.

Fig. 1. Schema: Längenelement eines Schlauches, von den beiden benachbarten Querschnitten Q_1 und Q_2 begrenzt.

„ 2. Druckschwankung, welche am Anfange eines weiten Schlauches durch eine kurz dauernde Einströmung (Vorschiebung eines Spritzenstempels) hervorgerufen wird.

„ 3. Schema: Zeitlicher Verlauf des Druckes (gestrichelte Linie), wenn die Geschwindigkeit sprungweise zwischen zwei Werten wechselt (so wie die ausgezogene Linie zeigt).

„ 4. Schema von gleicher Bedeutung wie Fig. 3. Der Druck wechselt sprungweise zwischen zwei Werten (gestrichelte Linie); die Geschwindigkeit hat dabei den Verlauf der ausgezogenen Linie.

„ 5. Schema von gleicher Bedeutung wie Fig. 3 und 4. Der Druck (gestrichelte Linie) ist während des einen, die Geschwindigkeit (ausgezogene Linie) während des anderen Teiles der Periode konstant.

„ 6. Verhalten des Druckes bei plötzlicher Sistierung einer Strömung durch Hahnschlufs in einem weiten Schlauch.

„ 7. Verhalten des Druckes bei plötzlicher Sistierung einer Strömung durch Hahnschlufs in einem engen Schlauch.

„ 8. Druckschwankungen, welche in einem engen Schlauche durch kurz dauernde Einströmungen (Vorschiebung eines Spritzenstempels) bewirkt werden.

„ 9. Ungleichnamige Reflexion einer Druckschwankung am offenen Ende eines Schlauches.

„ 10. Gleichnamige Reflexion einer Druckschwankung am geschlossenen Ende eines Schlauches.

„ 11. Schema: Superposition einer rechtläufigen mit der reflektierten Welle in verschiedenen Phasenverhältnissen.

„ 12. Bei a: stetige Reflexion einer Druckschwankung in einem 14 Centimeter langen, sich konisch verengernden Stücke. Bei b: gewöhnliche Reflexion einer ähnlichen Welle an einer Verschlufsstelle.

„ 13. Obere Kurve: Reflexion einer Druckschwankung an einer Schlauchstelle, wo eine Diskontinuität des Reibungswiderstandes stattfindet. Untere Kurve: Reflexion einer ähnlichen Druckschwankung bei Verschliefsung des Schlauches an jener Stelle.

„ 14. Schema eines in den beiden Punkten a und b begrenzten Schlauches.

„ 15. Dämpfung und allmähliche Deformation stehender Wellen in einem beiderseits geschlossenen Schlauche.

„ 16. Schema: Theoretische Form des Druckverlaufes in der Mitte eines Schlauches, wenn eine Strömung durch Hahnschlufs am Anfang des Schlauches unterbrochen wird und das Ende des Schlauches offen ist. Der thatsächliche Druckverlauf weicht hiervon in Folge der Reibungswiderstände und Dämpfung der Wellen ab.

„ 17. Form einer Schliefsungswelle in der Mitte des Schlauches (nach Moens, Pulskurve, S. 66).

„ 18. Druckschwankung, welche bei Sistierung einer Strömung durch Hahnschlufs in einem weiten Schlauche unterhalb des Hahnes auftritt.

„ 19. Bei a Hüpfungen (durch Auffallen des Schlauches auf die Unterlage hervorgerufene Oscillationen) eines 24 mm weiten Schlauches. Bei b Einmischung ähnlicher Oscillationen in eine gewöhnliche Schlauchwelle.

„ 20. Bei a Hüpfungen (durch Auffallen des Schlauches auf die Unterlage hervorgerufene Oscillationen) eines Schlauches von 40 mm Durchmesser. Bei b Einmischung ähnlicher Oscillationen in eine kurze Thalwelle.

Fig. 21. Untere Kurve: Aufzeichnung der Oscillationen, welche in einem freihängenden Schlauche durch kurzen Anschlag mit einem Skalpellstiel erzielt werden (vermutlich elliptische Schwingungen). Die obere Kurve markiert Dreifsigstel-Sekunden.

„ 22. Schema, die wechselnde elliptische Deformation eines in der Ruhe kreisförmigen Schlauchquerschnittes zeigend.

„ 23. Normaler Radialis-Puls nach Marey.

„ 24. Beispiel eines normalen Radialis-Pulses.

„ 25. Schema: Grundform eines Radialis-Pulses ohne sekundäre Erhebungen.

„ 26. Schema: Verlauf des Druckes in einem elastischen Reservoir mit enger Abflufsöffnung bei periodischer Einspritzung von Flüssigkeit.

„ 27. Künstliche Femoralis-Pulse, durch schnelles Einpressen von Flüssigkeit in die Aorta descendens erhalten.

„ 28. Bei *a* künstliche Femoralis-Pulse, durch schnelles Einpressen von Flüssigkeit in die
, Aorta descendens erhalten; bei *b* die vorher beobachteten natürlichen Femoralis-Pulse.

„ 29. Bei *a* künstliche Femoralis-Pulse, durch schnelles Einpressen von Flüssigkeit in die Aorta descendens erhalten; bei *b* die vorher beobachteten natürlichen Femoralis-Pulse.

„ 30. Verlauf des Druckes an einer peripheren (obere Kurve) und einer centralen (untere Kurve) Stelle der Carotis nach Hürthle.

„ 31. Verhalten des Druckes im linken Ventikel und in der Aorta ohne Einmischung reflektierter Wellen und ohne Rückströmungen.

„ 32. Schema: Verhalten des Aorta-Druckes bei Annahme von Rückströmungen.

„ 33. Nach Landois. Femoralis-Puls eines Hundes, *A* ursprüngliche Form, *B* nach Unterbindung beider Carotiden, *C* nach Unterbindung auch noch beider Axillar-Arterien.

„ 34. Schema: Teilung eines Gefäfsstammes in zwei gleiche Äste.

„ 35. Schema: Hypothetische Konstruktion einer Kurve, welche darstellt, in welchem Umfange die verschiedenen Bahnlängen (von der Aorta bis zu den Kapillaren gemessen) im Gefäfssystem vertreten sind. Vgl. das Genauere im Text.

„ 36. Normaler Radialis-Puls mit Zwischenschlägen (stud. K — z).

„ 37. Normaler Radialis-Puls mit Zwischenschlägen (stud. K — r).

„ 38. Carotis-Puls des Menschen nach Marey.

„ 39. Carotis-Puls des Menschen nach Moens.

„ 40. Carotis-Puls (stud. K — r).

„ 41. Radialis-Puls derselben Person, von welcher das Sphygmogramm Fig. 37 herrührt, an einem andern Tage.

„ 42. Änderungen des Radialis-Sphygmogramms durch die Einatmung von Amylnitrit. *a* und *b* Normalkurven; *c* stärkste, *d* und *e* allmählich abnehmende Wirkung des Amylnitrits.

„ 43. Schema zur Erläuterung des ersten Zwischenschlages. Vgl. das Nähere im Text.

„ 44. Pulse des linken Ventrikels und der Aorta nach Fick (ältere Darstellung).

„ 45. Pulse des linken Ventrikels nach Fick (neuere Darstellung).

„ 46. Normale Pulse der Femoral-Arterie (oben) und der Pediaca (untere Kurve) vom Menschen.

„ 47. Schema: Teilung eines Stammes in zwei Äste von ungleicher Länge.

„ 48. Volumpulse des Unterarmes in gesenkter Haltung (*a*) und in gehobener (*b*).

„ 49. Schema der Radialis-Sphygmogramme bei gesenkter und erhobener Haltung des Armes.

„ 50. Sphygmogramm der Radialis nach Erwärmung von Hand und Unterarm (*a*) und nach Abkühlung der gleichen Teile (*b*).

„ 51. Sphygmogramme der Radialis bei gewöhnlicher Temperatur (*a*), nach Erwärmung (*b*) und nach Abkühlung (*c*) von Unterarm und Hand.

„ 52. Carotis-Puls eines Hundes bei Verschlufs der Brust-Aorta (*a*). Bei *b* der gleiche Puls nach Öffnung der Aorta.

„ 53. Radialis-Sphygmogramme unter dem Einflufs des Amylnitrits (*a* stärkste, *b* und *c* allmählich schwindende Wirkung).

„ 54. Carotis-Puls bei starker Einwirkung von Amylnitrit.

„ 55. Querschnitt eines auf horizontaler Unterlage ruhenden Schlauches.

„ 56. Querschnitt eines auf horizontaler Unterlage ruhenden Schlauches bei Füllung unter sehr geringem Druck.

Kapitel I.
Theorie der Schlauchwellen.

§ 1.   Allgemeines über die Wellen in elastischen mit Flüssigkeit gefüllten Schläuchen.

Hat man einen langen Gummischlauch, der überall von gleichmäfsiger Beschaffenheit ist, mit Wasser angefüllt, auf einer horizontalen Unterlage ausgestreckt und in allen Teilen zur Ruhe kommen lassen, so kann man bemerken, dafs eine Veränderung, die man an irgend einem Punkte des Schlauches hervorruft, mit einer gewissen Geschwindigkeit über die ganze Ausdehnung des Schlauches hinläuft. An jeder einzelnen Stelle des Schlauches kommt eine ähnliche Veränderung zu Stande, früher oder später, je nach ihrem geringeren oder gröfseren Abstande von jenem Punkte. Einen Vorgang dieser Art nennt man bekanntlich eine fortschreitende Welle. Versuchen wir, das Wesen derselben etwas genauer festzustellen, so finden wir erstlich, dafs die ganze Reihe der Vorgänge, welche an dem Ursprungspunkte der Welle stattfanden, sich an entfernteren Stellen in völlig ähnlicher Weise wiederholen [1]; wir bemerken ferner, dafs diese Vorgänge im Vergleich mit den an dem Ursprungspunkte stattgefundenen eine zeitliche Verspätung aufweisen, welche dem Abstande der betreffenden Stelle von jenem Punkte direkt proportional ist. Dieses Verhalten, welches ja überhaupt für alle fortschreitenden Wellen in gleicher Weise charakteristisch ist, gestattet eine einfache mathematische Formulierung. Wir wählen, um zu einer solchen zu gelangen, als Ausdruck der im Schlauche stattfindenden Vorgänge zunächst den Druck, dessen Wechsel wie bekannt mit der Weite des Schlauches an der betreffenden Stelle genau zusammenhängen. Bezeichnen wir also den an den verschiedenen Stellen des Schlauches stattfindenden Druck mit p, mit x den in der Richtung der Schlauchaxe gemessenen Abstand irgend eines Punktes vom

---

1) Auf die Abweichnngen von diesem, in der That nicht ganz streng giltigen Satze, wird später einzugehen sein.

Anfang, und mit t die Zeit, so wird der Vorgang einer in der Richtung der wachsenden x fortschreitenden Welle gegeben sein durch die Gleichung

$$p = \varphi(x - \alpha t),$$

wo φ irgend eine, zunächst ganz beliebige, Funktion bedeutet. Die Gleichung läfst erkennen, dafs p denselben Wert, den es z. B. für $x = 0$ zur Zeit ϑ besitzt, für $x = \xi$ zur Zeit $\vartheta + \frac{\xi}{\alpha}$ haben mufs. Der ganze zeitliche Verlauf des Druckes, der in dem Punkte $x = 0$ statthat, findet sich in dem Punkte $x = \xi$, um die Zeit $\frac{\xi}{\alpha}$ verspätet, wieder. Ähnlich würde eine in der entgegengesetzten Richtung fortschreitende Welle durch die Gleichung

$$p = \psi(x + \alpha t)$$

dargestellt sein. Denn hier wird der Zustand, der irgendwo zur Zeit ϑ statthat, immer zu einer späteren Zeit bei einem kleineren x-Werte, also an einer dem Anfange näher gelegenen Stelle wieder gefunden werden.

Man bemerkt ferner, dafs der Wert α, der in den Gleichungen auftritt, nichts anderes ist, als die Fortpflanzungsgeschwindigkeit der Welle. Denn wenn der Zustand, der für $x = 0$ zur Zeit ϑ stattfand, sich an der Stelle $x = \xi$ zur Zeit $\vartheta + \tau$ einstellt, so sagen wir ja, dafs die Welle in der Zeit τ den Weg ξ durchlaufen habe, und nennen den Wert $\frac{\xi}{\tau}$ die Fortpflanzungsgeschwindigkeit. Da in unserem Falle $\tau = \frac{\xi}{\alpha}$ ist, so ist α die Fortpflanzungsgeschwindigkeit.

Wiewohl wir uns im folgenden mit den fortschreitenden Wellen ganz vorzugsweise werden zu beschäftigen haben, so mag doch gleich hier noch die andere Art von Wellen Erwähnung finden, welche man im Gegensatz zu jenen als stehende Wellen bezeichnet. Für diese ist es charakteristisch, dafs an jeder Stelle des Schlauches periodische Zustandsänderungen erfolgen und zwar für alle Punkte mit gleicher Phase, aber an den verschiedenen Stellen mit verschiedenem Umfang.

Auch für die stehende Welle ist eine einfache mathematische Formulierung zu geben. Wenn wiederum p den Druck bezeichnet, so kann zunächst für eine einzelne Welle im Abstand x vom Anfang der Verlauf des Druckes durch die Gleichung

$$p = A_x \cos 2\pi \cdot \frac{t - \delta}{\tau}$$

dargestellt werden. Es ist hierdurch eine periodische Druckschwankung von der Amplitude A_x, der Periode τ gegeben und solcher Phase, dass für $t = \delta$ (oder $t = \delta + n \cdot \tau$) der Druck seine höchsten Werte erreicht. Hier ist nun die Amplitude A stets eine periodische Funktion der x. Wäre also ξ derjenige Punkt, in dem die Druckschwankungen von maximalem Umfange sind, so können wir

$$A_x = A \cos 2\pi \frac{x - \xi}{\lambda}$$

und schliefslich

$$p = A \cos 2\pi \frac{x - \xi}{\lambda} \cdot \cos 2\pi \frac{t - \delta}{\tau}$$

setzen. λ würde hierin die **Länge der Welle** bezeichnen und es ist ersichtlich, dafs der Umfang der Druckschwankungen an bestimmten Stellen ein maximaler, an anderen gleich Null ist, wie dies in analoger Weise ja z. B. bezüglich der Luftwellen in Orgelpfeifen bekannt ist, bei welchen man von Schwingungsknoten und Schwingungsbäuchen spricht. Wichtig ist noch zu bemerken, dafs zwischen λ, der Wellenlänge, und τ, der Schwingungsperiode, allemal eine ganz bestimmte durch die Beschaffenheit des Schlauches gegebene Beziehung stattfindet, nämlich $\lambda = \alpha\tau$ ist, wo α die Fortpflanzungsgeschwindigkeit der fortschreitenden Welle bedeutet. Es ist bekannt und wird uns später noch beschäftigen, dass die stehenden Wellen in Schläuchen von begrenzter Länge sich durch Reflexion der fortschreitenden an den offenen oder geschlossenen Enden bilden. Wir wollen diesen Zusammenhang beider Wellenformen zunächst auf sich beruhen lassen und uns mit den fortschreitenden Wellen etwas eingehender beschäftigen. Es wird sich hierbei zugleich Gelegenheit finden, zu sehen, wie weit die hier zu Grunde gelegten Vorstellungen, welche der allgemeinen Wellenlehre entnommen sind, sich experimentell am Schlauche bewahrheiten.

§ 2. Fortschreitende Wellen.

Es gelingt leicht, von den Vorgängen, die sich bei der fortschreitenden Wellenbewegung abspielen, ein genaueres Bild zu entwerfen. Der wechselseitige Zusammenhang der Druck- und Strömungsverhältnisse ist es, der den Erscheinungen zu Grunde liegt. Ist der Druck an irgend einer Stelle höher als an der benachbarten, so wird die Flüssigkeit von dem Orte des höheren zu dem des geringeren Druckes abströmen; genauer gesagt: ihre etwa gerade stattfindende Strömung wird in dieser Richtung eine Beschleunigung erfahren. Wir denken uns anderseits, dafs die der Axe parallele Geschwindigkeit in einem Schlauchquerschnitt gröfser sei, als in dem benachbarten. Es stelle z. B. Fig. 1 ein Stückchen des Schlauches dar, das durch die benachbarten Querschnitte Q_1 und Q_2 begrenzt ist. Ist die Strömung bei Q_1 in das betrachtete Stück hinein, bei Q_2 aus demselben heraus gerichtet und in Q_1 gröfser als

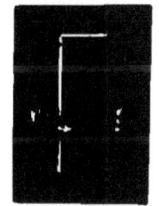

Fig. 1. Schema: Längenelement eines Schlauches, von den beiden benachbarten Querschnitten Q_1 und Q_2 begrenzt.

in Q_2, so mufs die Wassermenge in dem Schlauchelement zunehmen und die Schlauchperipherie ausgedehnt werden. Die Dehnung der Schlauchwand verursacht aber eine Zunahme ihrer Spannung und somit im allgemeinen auch des Druckes, den sie auf das darin befindliche Wasser ausübt. So ergiebt sich also, dafs auch eine an verschiedenen Stellen ungleiche Geschwindigkeit zu Veränderungen des Druckes führt. Der Vorgang ist bei einer inkompressibeln Flüssigkeit und elastischen Wand ganz analog demjenigen, der bei starrer Wand und kompressibler Flüssigkeit Platz greift (Luft in Orgelpfeifen). Die Wirkung der Druckverteilung auf die Strömung ist genau die nämliche; die Beeinflussung des Drucks durch ungleiche Geschwindigkeiten ist ebenfalls im Effekt die gleiche, mag nun die Flüssigkeit komprimiert oder die Wand gedehnt werden.

Eine von mancherlei vereinfachenden Voraussetzungen ausgehende, zuerst von W. Weber[1]) formulierte Theorie läfst erkennen, dafs dieser Zusammenhang der Druck- und Strömungsverhältnisse in der That zu einer Bildung von (fortschreitenden oder stehenden) Wellen in der oben (§ 1) skizzierten Weise führt. Sie gestattet zugleich, den Wert der Fortpflanzungsgeschwindigkeit zu berechnen. Dieselbe ergiebt sich

$$\alpha = \sqrt{\frac{\varDelta p}{\varDelta Q} \cdot \frac{Q}{\sigma}},$$

wo Q den Querschnitt des Schlauches, σ das spezifische Gewicht der Flüssigkeit und $\varDelta p$ diejenige Steigerung des Druckes bedeutet, welche durch die Vermehrung des Querschnittes um den Wert $\varDelta Q$ bewirkt wird[2]). Da diese Werte leicht gemessen werden können, so bietet sich hier ein einfaches Mittel, um die Theorie experimentell zu prüfen. Dies ist auch von W. Weber bereits geschehen; er fand, dafs die beobachteten Fortpflanzungsgeschwindigkeiten etwa um 12 % gröfser ausfielen als die berechneten, ein Resultat, welches im Hinblick auf die geringe Genauigkeit der Beobachtungen befriedigend genannt werden konnte.

Da die physikalischen Betrachtungen, welche zu der Aufstellung der obigen Formel für die Fortpflanzungsgeschwindigkeit führen, überhaupt für die ganze Theorie der Schlauchwellen von grundlegender Bedeutung sind, so schien es mir geboten, sogleich dieses erste Ergebnis der Theorie, die Fortpflanzungsgeschwindigkeit, einer erneuten Prüfung zu unterziehen, welche bei den jetzt zur Verfügung stehenden vollkommneren Hilfsmitteln eine gröfsere Genauigkeit der

1) W. Weber, Theorie der durch Wasser oder andere inkompressible Flüssigkeiten in elastischen Röhren fortgepflanzten Wellen. Berichte der K. Sächs. Gesellschaft der Wissenschaften. 1866. S. 353.
2) Vgl. die in der Hauptsache der Weber'schen Entwickelung sich anschliefsende Darstellung in Anmerkung I.

Übereinstimmung hoffen liefs. Eine gröfsere Reihe von Messungen dieser Art[1] hat mir indessen gezeigt, dafs die von Weber bemerkte Differenz zwischen Theorie und Beobachtung nicht lediglich auf eine Ungenauigkeit der letzteren zurückzuführen ist, sondern wohl in einem Umstande besonderer Art ihren Grund hat. Ich verfuhr bei diesen Versuchen in der Weise, dafs ich das Innere des Schlauches mit einem graduierten Rohr kommunizieren liefs, in welchem das Wasser bis zu einem bestimmten Teilstrich stand. Es konnte dann leicht und mit grofser Genauigkeit beobachtet werden, wieviel Wasser bei einer bestimmten Veränderung des Druckes in den Schlauch eingeprefst wird. Der mafsgebende Wert $\frac{\partial p}{\partial Q}$ wird hierdurch ganz direkt und zwar an dem ganzen Schlauche bestimmt, was für die Prüfung der Theorie natürlich vorteilhafter ist, als die Bestimmung der Dehnbarkeit an einem Probestückchen. Die Länge konnte direkt gemessen werden; die Fortpflanzungsgeschwindigkeit ermittelte ich durch die Beobachtung der Dauer stehender Wellen in dem beiderseits geschlossenen Schlauche; und zwar wurde die Bewegung einer Schlauchstelle nahe dem einen geschlossenen Ende auf eine rotierende Trommel aufgeschrieben, auf welcher gleichzeitig eine Stimmgabel eine chronographische Kurve verzeichnete. Immer fand sich nun, dafs die beobachtete Fortpflanzungsgeschwindigkeit die berechnete um 10 bis 20 $^0{}_0$ übertraf. Die Bestimmung der Werte $\frac{\partial p}{\partial Q}$ liefs aber auch sofort erkennen, worin der Grund dieser Abweichung zu suchen ist. Die elastische Nachwirkung im Kautschuk bringt es nämlich mit sich, dafs nach einer plötzlichen Drucksteigerung allmählich immer mehr und mehr Flüssigkeit in den Schlauch dringt; je länger man mit der Ablesung wartet, um so dehnbarer erscheint die Schlauchwand, um so kleiner wird der Wert $\frac{\partial p}{\partial Q}$, den man erhält. Hiernach folgt schon, dafs bei den schnellen Zustandsänderungen, welche bei der Wellenfortpflanzung stattfinden, die Schlauchwand noch höhere Elasticitäten entwickeln mufs, als die Beobachtung der Dehnungen ergiebt, bei welcher doch immer ein Zeitraum von mehreren Sekunden nach dem Druckwechsel vergehen mufs, bis die Ablesung stattfindet. Sobald man einmal darauf achtet, findet man demgemäfs auch, dafs für die Dehnbarkeit des Schlauches überhaupt keine ganz bestimmten Werte zu erhalten sind, weil es zunächst willkürlich erscheint, wie lange nach einem Druckwechsel man beobachten will. Wartet man jedesmal so lange, bis im Laufe längerer Zeit keine merkliche Veränderung mehr eintritt, so erhält man die höchsten Werte für die Dehnbarkeit des Schlauches und berechnet Fortpflan-

---

1) Die Versuche wurden schon im Jahre 1882 ausgeführt, aber bisher nicht veröffentlicht.

zungsgeschwindigkeiten, welche am meisten hinter den wahren zurückbleiben. So berechnete sich z. B. für einen Schlauch von ca. 12 mm Durchmesser eine Fortpflanzungsgeschwindigkeit der Welle von 8,16 Meter pro Sekunde, wenn ich von der Dehnung ausging, welche 45 Sekunden nach einer Vermehrung des Druckes stattfand, dagegen von 7,80 Meter pro Sekunde, wenn ich die nach 10 Minuten erreichte Dehnung zu Grunde legte. Die Beobachtung ergab einen Wert von 9,09 Meter pro Sekunde und das erscheint ganz begreiflich, wenn man erwägt, dafs bei den schnellen Formveränderungen der Wellenbewegung die Dehnbarkeit sich noch geringer darstellen mufs. Dafs in der That die scheinbaren Abweichungen zwischen Beobachtung und Theorie hierin ihre genügende Erklärung finden, läfst sich weiter auch noch daraus ersehen, dafs man ganz ähnliche Abweichungen bei anderen Arten von Schwingungen findet, für deren Periode die Elasticität des Gummis mafsgebend ist. Ich habe einen ähnlichen Vergleich z. B. für die vertikalen Schwingungen ausgeführt, welche ein an einem Gummifaden aufgehangenes Gewicht unter dem Einflufs der Schwere ausführt. Die Periode solcher Schwingungen ergiebt die Theorie $= 2\pi \sqrt{\dfrac{\lambda}{p} \cdot \dfrac{P}{g}}$; wo P die an dem Faden hängende Last, p dasjenige Gewicht, welches, der Last P hinzugefügt, eine Dehnung um die Länge λ bewirkt, g die Beschleunigung der Schwere bedeutet[1]). Ging ich auch hier von der Dehnung aus, die ein Zusatzgewicht nach 10 Minuten hervorgebracht hatte, so berechnete sich z. B. eine Schwingungsperiode von 0,46 Sekunden, während die beobachtete nur 0,382 betrug. Das Verhältnis des gefundenen zu dem berechneten Werte beträgt hier 1 : 1,2, ganz ähnlich wie bei der Fortpflanzungsgeschwindigkeit der Schlauchwellen. Hiernach wird nicht daran zu zweifeln sein, dafs es in der That wenigstens in erster Linie die unzulängliche Bestimmung der Dehnbarkeit der Schlauchwand ist, welche eine genauere Verifizierung der Theorie verhindert[2]).

Wir wollen jetzt die für die Fortpflanzungsgeschwindigkeit der Wellen mafsgebenden Werte noch etwas genauer ins Auge fassen. Ohne Schwierigkeit können wir, was insbesondere von Wichtigkeit ist, den Wert $\dfrac{\Delta p}{\Delta Q}$ auf diejenigen Faktoren zurückführen, von welchen er in letzter Instanz abhängt, nämlich auf

---

1) Der Gummifaden ist hierbei als gewichtslos betrachtet.

2) Erwägt man, dafs die Perioden der oben erwähnten Vertikalschwingungen eines elastisch aufgehangenen Gewichtes und ebenso die Fortpflanzungsgeschwindigkeit der Schlauchwellen der Quadratwurzel aus dem Elastizitätskoeffizienten umgekehrt resp. direkt proportional sind, so sieht man, dafs dieser für Oscillationen von circa 0,3 bis 0,5 Sekunden etwa 1,4 mal gröfser erscheint, als wenn man bei statischen Beobachtungen die elastische Nachwirkung sich voll entwickeln läfst.

die Weite des Schlauches, Dicke und Elasticitätskoeffizient seiner Wand. Um dies zu thun, müssen wir vor allem uns erinnern, in welcher Beziehung der im Innern des Schlauches stattfindende hydrostatische Druck zu der Spannung der Wand steht. Diese Beziehung wird nun durch die Krümmung der Wand bestimmt, ist also von dem Radius des Schlauches abhängig; selbst eine sehr stark gespannte Wand kann auf ihrer inneren (konkaven) Seite nur einen geringen Druck hervorbringen, wenn sie sehr wenig gekrümmt ist. Die genauere Betrachtung zeigt[1]), dafs, wenn s die elastische Spannung der Schlauchwand ist, r der Radius des Schlauches und p der hydrostatische Druck, alsdann

$$p \cdot r = s \qquad \text{oder} \qquad p = \frac{s}{r}$$

ist[2]). Verstehen wir nun unter δ die Dicke der Wand und unter E ihren Elasticitätskoeffizienten, so zeigt ferner die Rechnung, dafs der Wert $\frac{dp}{dQ}Q = \frac{\delta E}{2r}$ ist. Die Fortpflanzungsgeschwindigkeit ist somit

$$\alpha = \sqrt{\frac{\delta E}{2r \cdot \sigma}}.$$

Unter den Ergebnissen dieser Formel verdienen zwei Punkte noch besondere Erwähnung. Es ist nämlich aus ihr zu entnehmen, dafs die Fortpflanzungsgeschwindigkeit der Wellen bei bestimmter Wandbeschaffenheit stets mit zunehmender Weite des Schlauches abnimmt, wie dies das Experiment auch bestätigt[3]).

1) Vgl. hierüber Anmerkung II.

2) Bei der Aufstellung dieser Gleichung ist vorausgesetzt, dafs Gleichgewicht stattfindet, und dass die Schlauchwand nur in einer zur Axe senkrechten, nicht aber auch in der der Axe parallelen Ebene merklich gekrümmt ist.

3) Ich betone diese Abhängigkeit ausdrücklich, weil gerade in dieser Beziehung die zuerst angeführte Formel $\alpha = \sqrt{\frac{dp}{dQ} \cdot \frac{Q}{\sigma}}$ das Mifsverständnis nahe legt, als ob die Fortpflanzungsgeschwindigkeit mit zunehmendem Querschnitt wachse. Das Gleiche gilt von der Weber'schen Formel $\sqrt{\frac{r}{2a\varrho}}$, wo r den Halbmesser der Röhre, ϱ das spezifische Gewicht der Flüssigkeit und a den Differentialquotienten $\frac{dr}{dp}$ bedeutet. Man mufs nämlich berücksichtigen, dafs die Werte $\frac{dp}{dr}$ oder $\frac{dp}{dQ}$ keineswegs durch die Wandbeschaffenheit allein bestimmt sind, sondern zugleich von der Weite des Schlauches abhängen. Weber hat die Fortpflanzungsgeschwindigkeit auch $= \sqrt{\frac{1}{2}M}$ gesetzt, wo M als „Elastizitätsmodulus der Röhre" definiert wird. Dieser Elastizitätsmodulus ist derjenige spezifische Druck (d. h. der Druck, ausgedrückt in der Höhe einer Säule von eben der Flüssigkeit, mit der der Schlauch gefüllt ist), welcher nach den elastischen Gesetzen einer Verdoppelung des Röhrenhalbmessers entspricht. Auch aus dieser Formel, welche den Radius nicht explicite enthält, darf nicht etwa auf die Unabhängigkeit der Fortpflanzungsgeschwindigkeit vom Querschnitt geschlossen werden.

Ferner ist zu bemerken, dafs die Fortpflanzungsgeschwindigkeit der Wellen von der Höhe des Druckes nicht direkt, sondern nur insofern abhängt, als diese die Weite des Schlanches oder die Dehnbarkeit der Wand beeinflufst. Das erstere findet im allgemeinen in geringem Mafse statt, das letztere bei Gummischläuchen gleichfalls nicht erheblich, wohl dagegen bei Schläuchen aus tierischen Membranen (Darmröhren). Aus der mit wachsender Spannung immer geringer werdenden Dehnbarkeit solcher erklärt sich das auf den ersten Blick der Theorie widersprechende Resultat der Versuche, dafs mit steigendem Drucke in Darmröhren die Fortpflanzungsgeschwindigkeit der Welle wächst[1]).

§ 3. Form und Gröfse der fortschreitenden Wellen.

Die einfache Theorie, von der wir bisher ausgegangen sind, läfst, abgesehen von der Fortpflanzungsgeschwindigkeit, auch die nicht minder wichtige Frage beantworten, wie Form und Gröfse fortschreitender Wellen von den sie erzeugenden Eingriffen abhängen. Wir können uns diese in der Weise gegeben denken, dafs etwa am Anfange des Schlauches eine bestimmte Veränderung des Druckes oder eine Strömung hervorgerufen wird. Die Natur des Eingriffs kann als bekannt gelten, wenn sich angeben läfst, wie derselbe sei es den Druck, sei es die Strömung gestaltet; jedoch ist im allgemeinen die Gestaltung nur eines dieser beiden Faktoren unmittelbar ersichtlich. Wir können z. B. durch Öffnung eines Hahnes den Anfang des Schlauches mit einem Gefäfs in Verbindung setzen, in welchem ein bekannter Druck von konstanter Höhe vorhanden ist; bei hinreichender Weite der Verbindung kann man dann sagen, dafs vom Augenblicke der Hahnöffnung an der Druck im Anfang des Schlauches sich auf die gleiche Höhe einstellen und auf ihr verharren mufs. Wenn wir mittels einer Spritze in den Anfang des Schlauches Flüssigkeit einpressen oder aus ihm heraussaugen, so sehen wir daselbst eine gewisse Strömung, die nach Gröfse und zeitlichem Verlauf durch die Bewegung des Spritzenstempels unmittelbar gegeben ist. Setzt man, wie dies vielfach zur Erzeugung von Wellen geschehen ist, den Anfang des Schlauches durch Öffnung und gleich darauf folgende Schliefsung eines Hahnes nur für kurze Zeit mit einem Druckgefäfs in Verbindung, so wird man während der Hahnöffnung einen bestimmten Druck erzeugen, nach dem Hahnschlufs aber die Strömung sistieren; in diesem Falle ist also während eines Teils der Zeit der Druck und während eines andern Teils die Strömung bekannt[2]).. Um nun die Verhält-

---

1) Vgl. hierüber namentlich Grunmach, Über die Beziehung der Dehnungscurve elastischer Röhren zur Pulsgeschwindigkeit. Du Bois-Reymonds Archiv 1888.

2) Natürlich können wir auch leicht Eingriffe von solcher Art machen, dafs weder die

nisse vollständig zu übersehen, wäre nur erforderlich, allgemein angeben zu können, welche Druckschwankung eintritt, wenn irgend eine Strömung erzwungen wird, oder welche Strömung, wenn irgend eine Schwankung des Druckes erzeugt wird, mit einem Worte, welche Beziehungen zwischen dem zeitlichen Verlaufe des Druckes einerseits und der Geschwindigkeit anderseits statthaben. Dies ist nun, so lange wir an der bisher zu Grunde gelegten einfachen Theorie festhalten, sehr leicht anzugeben [1]).

Wenn nämlich Wellen in einer bestimmten Richtung (sie möge einmal die centrifugale heifsen) fortschreiten, so gehen an jeder Stelle Schwankungen des Druckes und Schwankungen der Geschwindigkeit einander genau parallel. Rechnen wir die Geschwindigkeit in derjenigen Richtung positiv, in der die Wellen fortschreiten, so wächst jedesmal mit steigendem Druck auch die Geschwindigkeit und umgekehrt. Es findet dabei überdies eine einfache quantitative Relation zwischen Druck- und Geschwindigkeitsveränderungen statt. Bezeichnet nämlich Δp die während einer gewissen Zeit stattfindende (positive oder negative) Druckveränderung, und Δv die gleichzeitige Veränderung der Strömung, so ist

$$\Delta v = \frac{\Delta p}{\sigma \cdot \alpha},$$

wo, wie früher, σ das spezifische Gewicht der Flüssigkeit und α die Fortpflanzungsgeschwindigkeit der Welle bezeichnet. Aus diesem Satze, auf welchen später noch mehrfach zurückzukommen sein wird, ergiebt sich mit grofser Leichtigkeit, wie sich die Verhältnisse gestalten, wenn am Anfange eines sehr langen und überall in Ruhe befindlichen Schlauches Wellen erzeugt werden. Unter diesen Umständen nämlich hat man es lediglich mit Wellen zu thun, die in einer Richtung laufen, und wir werden also, indem wir gewisse Druckschwankungen erzwingen, stets die qualitativ und quantitativ entsprechenden Schwankungen der Strömung erwarten dürfen und umgekehrt.

Der experimentelle Nachweis für die Richtigkeit der hier entwickelten Beziehungen zwischen Druck und Strömung kann auf verschiedene Arten geführt

Beeinflussung des Druckes noch die der Geschwindigkeit ohne weiteres angegeben werden kann. So z. B. wenn wir den Anfang des Schlauches mittels einer Leitnng von erheblichem Widerstande mit einem Druckgefäfs in Verbindung setzen. In diesem Falle ist die Höbe des Druckes, der sich am Anfange des Schlauches etabliert, nicht ohne weiteres anzugeben, da in der Zuleitung ein gewisser Druckverlust stattfindet; auch die Gröfse der Strömung ist nicht unmittelbar angebbar, da sie durch die Einstellung des Druckes selbst modifiziert wird. Die Behandlung derartiger verwickelter Probleme hat indessen selbstverständlich für die Theorie der Schlauchwellen kein unmittelbares Interesse.

1) Vergl. die Darstellung dieses Zusammenhanges, welche ich früher an anderer Stelle gegeben habe (Festschrift S. 72 f.).

werden, wenn auch naturgemäfs nicht alle Fälle sich dazu in gleicher Weise eignen. Die quantitative Prüfung gelingt, wie ich schon an andrer Stelle gezeigt habe[1]), am besten so, dafs man einen gleichmäfsig andauernden Flüssigkeitsstrom plötzlich (durch Schliefsung eines Hahnes) unterbricht und das Verhalten des Druckes oberhalb des Hahnes beobachtet. Man sieht dann entsprechend der plötzlich gesetzten Veränderung der Strömung auch den Druck plötzlich um einen gewissen Wert ansteigen; die Schwankung des Druckes einerseits und der Strömung anderseits stehen sehr nahe in dem von der Theorie geforderten Verhältnis. — Noch wichtiger ist für die Theorie der Pulswelle die Frage, ob bei Ausschlufs aller Reflexionen und bei sehr geringem Reibungswiderstande in der That ganz durchgängig ein genauer Parallelismus von Druck- und Strömungsverhältnissen stattfindet. Es ist dies neuerdings namentlich von Hoorweg in Zweifel gezogen worden. Der Versuch bestätigt aber die aus der Theorie entnommene Anschauung durchaus. Man kann relativ sehr leicht die hauptsächlich wichtige Frage der experimentellen Prüfung unterziehen, ob bei einer schnell vorübergehenden Einströmung der Druck sogleich nach Sistierung derselben auf seinen Anfangswert heruntergeht, oder erst langsamer abnimmt. Zu diesem Zwecke kann man sich der Einpressung von Flüssigkeit in den Schlauchanfang mittels eines Spritzenstempels bedienen; diese Methode gestattet nämlich, sofern der Stempel in der Spritze nicht gar zu leicht beweglich ist, mit grofser Sicherheit eine kurz dauernde Einströmung zu erzielen derart, dafs vor und nach derselben die Strömung genau den gleichen Wert, Null, besitzt. Fig. 2 zeigt das Ergebnis einiger solcher Versuche, die an einem Gummischlauche von ca. 10 mm Weite angestellt wurden. An den mit der Spritze in Verbindung gesetzten Anfang des Schlauches war mittels eines T-Stückes ein Federmanometer angeschlossen. Die kleinen Eigenschwingungen desselben durch Dämpfung fortzuschaffen unterliefs ich in diesem Falle absichtlich, weil dadurch vielleicht der Verdacht einer unrichtigen Einstellung des Manometers hätte entstehen können[2]). Man sieht, dafs mit der Einströmung der

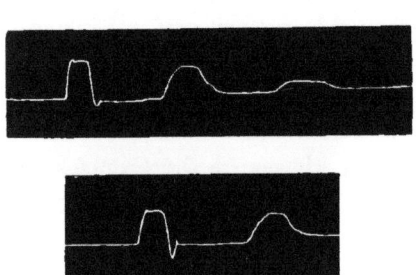

Fig. 2. Druckschwankung, welche am Anfange eines weiten Schlauches durch eine kurz dauernde Einströmung (Vorschiebung eines Spritzenstempels) hervorgerufen wird.

1) A. a. O. S. 75.
2) In der That mufs man bei Versuchen dieser Art sorgfältig Acht geben, dafs das

Druck vorübergehend ansteigt, und wiewohl die Bewegung des Spritzenstempels nicht selbständig registriert wurde, ist doch der Parallelismus beider Vorgänge, der Einströmung und der Druckschwankungen, erkennbar. Namentlich ist zu betonen, daſs nach dem Schluſs der Einströmung der Druck sogleich auf seinen Anfangswert zurückgeht, um auf demselben zu verharren, bis die am geschlossenen Ende reflektierte Welle zurückkommt. Es ist also ersichtlich, daſs in Schläuchen von dieser Weite die einfachen, von der Theorie angenommenen Beziehungen zwischen Druck und Strömung thatsächlich mit gröſster Annäherung erfüllt sind. Die alsbald zu erwähnenden Einflüsse der Reibung sind hier noch kaum merklich[1]).

Wir würden nun hiernach in der Lage sein, sobald die Natur des wellenerzeugenden Eingriffs bekannt ist, die ganze Gestaltung der Welle nach Form und Gröſse anzugeben, und zwar würde die Form ohne weiteres dadurch bestimmt sein, daſs der Gang des Druckes demjenigen der Geschwindigkeit genau parallel geht; die Gröſse aber würde aus der Formel

$$\sigma\alpha \cdot \varDelta v = \varDelta p$$

sich ableiten lassen und somit ebenfalls leicht anzugeben sein, sobald nur das spezifische Gewicht der den Schlauch füllenden Flüssigkeit und die Fortpflanzungsgeschwindigkeit der Welle im Schlauch bekannt ist.

Was im übrigen die besondern Gestaltungen verschiedener Wellen anlangt, so ist man ja gewohnt, Bergwellen und Talwellen, solche die mit Drucksteigerung und solche die mit Druckverminderung verlaufen, zu unterscheiden. Ich möchte indessen betonen, daſs diese Ausdrücke noch mancherlei sehr Verschiedenes zusammenfassen. Ein einmaliges Ansteigen des Druckes nennt man eine Bergwelle; nicht minder aber bezeichnet man als eine solche wohl auch den Vorgang, daſs der Druck steigt, um alsbald wieder auf seinen alten Wert zurückzugehen. In diesem letztern Falle könnte man allenfalls auch von einer Berg- und gleich darauf folgenden Talwelle sprechen. Ähnlich hat z. B. Moens Öffnungs- und Schlieſsungswellen (die bei Öffnung und die bei Schlieſsung eines Hahnes sich bildenden Vorgänge) unterschieden. Ich werde im folgenden von diesen Ausdrücken nur ausnahmsweise Gebrauch machen; denn ihre Benutzung und namentlich die Tendenz, alle Vorgänge so zu sagen auf diese Grundformen zurückzuführen, scheinen

Federmanometer sich gut einstellt und nicht, was die Apparate dieser Art bekanntlich sehr leicht thun, hängen bleibt resp. bei einem und demselben Druck auf verschiedenen Höhen stehen bleiben kann.

1) Die andere Frage, ob unter derartigen Versuchsverhältnissen „sekundäre Wellen" zur Beobachtung kommen, wird später zu behandeln sein. Es wird sich da zeigen, daſs unter den hier vorhandenen Versuchsbedingungen in der That solche nicht auftreten, sondern was hier als sekundäre Welle erscheinen kann, nur Eigenschwingung des druckmessenden Apparates ist.

mir in der That für eine richtige Auffassung der Verhältnisse eher hinderlich als vorteilhaft zu sein. Die an sich unbegrenzte Mannigfaltigkeit der Form, welche ein Wellenvorgang besitzen kann, läfst sich durch eine Unterscheidung einzelner positiver und negativer Wellen und ihre Zählung nicht erschöpfen. Es ist also im allgemeinen doch unerläfslich, den ganzen Vorgang, um den es sich handelt, in seinem zeitlichen Verlauf darzustellen und zu verfolgen. Es ist dann nur eine überflüssige Komplikation, wenn man z. B. den bei kurz dauernder Öffnung eines Hahnes sich etablierenden Prozefs in die Öffnungs- und die Schliefsungswelle zerlegt und jede derselben für sich studiert.

Aufser dieser Verwertung der eben entwickelten Beziehungen ist sodann noch eine andere zu erwähnen. Diese besteht darin, dafs die gleichzeitige Beobachtung des Druck- und des Strömungsverlaufes an irgend einer Stelle eines Schlauches uns in den Stand setzt, daselbst den in einer oder in der entgegengesetzten Richtung laufenden Wellenanteil zu sondern. In der That sahen wir ja, dafs bei Wellen, die in einer gewissen Richtung laufen, die Strömung (im Sinne der Wellenfortpflanzung positiv gerechnet) dem Druck parallel geht; für die im entgegengesetzten Sinne laufenden Wellen gilt natürlich das Gleiche. Rechnen wir die Geschwindigkeit immer in dem ersteren Sinne positiv, so mufs für die rückläufigen Wellen das entgegengesetzte Verhältnis bestehen; die Geschwindigkeit stellt so zu sagen das Spiegelbild des Druckverlaufs dar, sie nimmt zu, wenn jener abnimmt u. s. w. Formuliert man das Verhältnis mathematisch, so ist leicht ersichtlich, wie man aus der Beobachtung des Druckes und der Strömung den recht- und den rückläufigen Wellenanteil sondern kann. Es sei z. B. an einer Stelle der Verlauf des Druckes zufolge der rechtläufigen Welle

$$p_1 = \varphi_{(t)},$$

zufolge der rückläufigen

$$p_2 = \psi_{(t)},$$

so wird der zur Beobachtung kommende Druckverlauf sein

$$p = \varphi_{(t)} + \psi_{(t)}.$$

Die Geschwindigkeit aber wäre zufolge des einen Vorganges

$$v_1 = \frac{\varphi_{(t)}}{\sigma\alpha},$$

zufolge des andern

$$v_2 = -\frac{\psi_{(t)}}{\sigma\alpha}.$$

Die faktisch zur Beobachtung kommende Strömung wäre also

$$v = \frac{1}{\sigma\alpha}\left(\varphi_{(t)} - \psi_{(t)}\right).$$

Wenn nun p und v, der zeitliche Verlauf des Druckes und der Strömung beobachtet ist, so kann daraus leicht φ und ψ ermittelt werden. Denn es ist

$$\varphi_{(t)} = \frac{1}{2}\,(p + \sigma\alpha v)$$

$$\psi_{(t)} = \frac{1}{2}\,(p - \sigma\alpha v).$$

Die wesentliche Bedeutung dieser Ermittelung liegt darin, dafs sie gestattet, durch Beobachtung an einer Stelle über die Fortpflanzungsrichtung der Vorgänge ins Klare zu kommen.

§ 4. Dämpfung und Deformation fortschreitender Wellen.

Dehnen wir die Beobachtungen weiter aus, namentlich auch auf solche Punkte, welche von dem Ursprungsort der Wellen entfernter liegen, so stofsen wir alsbald auf gewisse nicht unwichtige Abweichungen von der Theorie, welche den Ausgangspunkt zu einer Vervollständigung derselben geben können. Vergleichen wir den am Anfang des Schlauches stattfindenden Vorgang mit der an einer entfernteren Stelle zur Erscheinung kommenden Welle, so finden wir die letztere erstlich von geringerem Umfange, zweitens aber im allgemeinen auch von anderer Form. Die Abnahme der Gröfse, die Veränderung der Form werden um so bedeutender, je weiter vom Anfangspunkt die Welle beobachtet wird[1]).

Was nun zunächst die Abnahme der Gröfse anlangt, so ist dieselbe bekanntlich auf die Reibungswiderstände zurückzuführen, welche jede Bewegung der Wasserteilchen zu überwinden hat. Die Theorie zeigt, dafs die an einem Punkt erzeugte einfach periodische Druckschwankung (von der Form $p = A\cos q\,t$) wenigstens in erster Annäherung so gedämpft wird, dafs ihre Amplitude im Abstande $x = A\,e^{-\varepsilon x}$ ist, wo e die Basis der natürlichen Logarithmen und ε eine von der Weite des Schlauches und der Zähigkeit der Flüssigkeit abhängige Konstante ist. Wäre also der Umfang der Druckschwankung im Abstande von 1 Meter z. B. auf die Hälfte gesunken, so würde er im Abstand von 2 Meter nur noch $\frac{1}{4}$, bei 3 Meter nur noch $\frac{1}{8}$ des ursprünglichen Wertes betragen.

Auch den Grund für die Formveränderungen der Wellen vermögen wir recht wohl einzusehen. Nur dann nämlich, wenn die Dämpfung eine sehr geringe ist, kann überhaupt eine Fortpflanzungsgeschwindigkeit und ein Dekrement angegeben werden, welche für alle Wellenlängen, für alle Perioden der Druckschwankungen

---

1) Natürlich ist hierbei vorausgesetzt, dafs die Beobachtungsstelle immer noch so weit von dem Ende des Schlauches entfernt ist, dafs eine Einmischung der reflektierten Welle nicht stattfinden kann.

gleichmäfsig gelten. Bei gröfseren Widerständen aber erhalten wir für die gröfseren Wellenlängen, d. h. die langsameren Druckschwankungen, eine kleinere Fortpflanzungsgeschwindigkeit und eine geringere Dämpfung, als für die kurzen Wellen. Um nun die Verhältnisse irgend einer beliebigen Druckschwankung zu übersehen, müssen wir uns dieselbe in eine Reihe einfacher sinusförmiger Schwankungen zerlegt denken. Da jede von diesen ihre eigene Fortpflanzungsgeschwindigkeit und ihre eigene Dämpfung hat, so ist ersichtlich, dafs an entfernteren Stellen des Schlauches Vorgänge zur Erscheinung kommen, welche nicht blofs in der Gröfse, sondern auch in der Form des zeitlichen Verlaufs sich von der ursprünglichen Form unterscheiden. Die Dinge, um die es sich hier handelt, sind im Grunde ganz die gleichen, welche auch der allmählichen Verkleinerung und Formveränderung stehender Wellen zu Grunde liegen: so zwar, dafs die Erscheinungen der Deformation und Dämpfung sich an den stehenden Wellen ungleich genauer und eleganter als an den fortschreitenden studieren lassen.

Ich unterlasse daher hier die Beibringung besonderer experimenteller Belege für die obigen Sätze und verweise dieserhalb auf § 6, in welchem von der Deformation der stehenden Wellen die Rede sein wird.

Abgesehen aber von der Gestaltung der Wellen beeinflufst der Reibungswiderstand auch die Beziehungen zwischen Druck und Strömung, ein Punkt, der hier noch einer etwas eingehenderen Behandlung bedarf. Als eine Folge des Reibungswiderstandes ist es vor allem anzusehen, dafs die Flüssigkeit sich nicht in der ganzen Länge des Schlauches in gleichmäfsig andauernder Strömung befinden kann, ohne dafs ein die Widerstände kompensierender Druckabfall vorhanden ist. Denken wir uns die Flüssigkeit ohne Reibung strömend, so würde, wenn am Anfange des Schlauches eine dauernde Einströmung unterhalten würde, die gleiche Strömung in der ganzen Länge des Schlauches stattfinden und dabei der Druck überall derselbe sein können. Unter diesen Umständen würde nun das einfache Ergebnis der Theorie ganz genau zutreffen und z. B. eine einfache sprungweise Veränderung der Geschwindigkeit lediglich die entsprechende sprungweise Änderung des Druckes hervorrufen. Wir haben schon gesehen, dafs in weiten Schläuchen (von mehr als 10 Millimeter Durchmesser) dies mit einer gewissen Annäherung auch zutrifft. Es ist dagegen begreiflich, dafs die Sache anders verläuft, wenn die Flüssigkeit aus einem Druckgefäfs durch einen engen Schlauch in stationärem Strom ausströmt, und wir alsdann plötzlich durch Schliefsen eines am Anfang des Schlauches angebrachten Hahnes den Strom sistieren. Zunächst wird zwar auch die Unterbrechung der Strömung eine plötzliche Verminderung des Druckes bewirken. Wenn indessen in dem ganzen Schlauch dieses gleichmäfsig stattgefunden hätte, so würde offenbar noch der Abfall des Druckes in dem gleichen Mafse wie vorher stattfinden; die Strömung kann demgemäfs nicht überall sogleich sistiert sein, sondern es wird nach dem Schliefsen des Hahnes noch ein langsames Abfliefsen der Flüssigkeit in dem Sinne der ursprünglichen Strömung, eine Senkung des Druckes am Anfang (wo vorhin der höchste Druck bestanden hatte) stattfinden müssen.

Ganz ähnlich erfolgt, wenn wir statt am Orte der Einströmung in den Schlauch an der Ausströmungsöffnung den Strom sistieren, oberhalb des Hahnes erst eine plötzliche Steigerung, dann eine weitere allmähliche Zunahme des Druckes. Im ersteren Falle setzt sich der ganze Schlauch schliefslich unter den niedrigen Druck, der am Ende stattfindet, im letzteren unter den hohen, der am Anfang statthat.

Stellen wir anderseits einen gewissen Druckzuwachs plötzlich, durch Öffnen eines Hahnes, her, so mufs die Geschwindigkeit ebenso plötzlich zunehmen, um aber dann sogleich wieder allmählich sich etwas zu vermindern. Ein bestimmter Druckzuwachs kann die Geschwindigkeit, die er im ersten Moment erzeugt, nicht dauernd unterhalten; dazu ist vielmehr ein weiteres allmähliches Ansteigen des Druckes erforderlich.

Hiernach ist denn auch ersichtlich, dafs, wenn periodische Schwankungen des Druckes am Anfange eines engen Schlauches unterhalten werden, diejenigen der Strömung nicht genau parallel gehen können und umgekehrt. Auch ist im allgemeinen nicht schwierig anzugeben, welcher Art die hier eintretenden Abweichungen sind. Denken wir uns z. B. die Geschwindigkeit sprungweise zwischen zwei Werten wechselnd, wie es die ausgezogene Linie in Fig. 3 zeigt, so würde der gleichzeitige Druck den durch die punktierte Linie dargestellten Verlauf

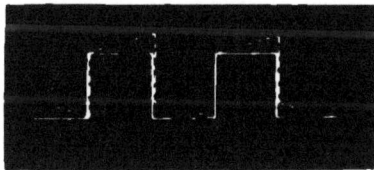

Fig. 3. Schema: Zeitlicher Verlauf des Druckes (gestrichelte Linie), wenn die Geschwindigkeit sprungweise zwischen zwei Werten wechselt (so wie die ausgezogene Linie zeigt).

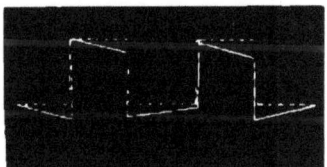

Fig. 4. Schema von gleicher Bedeutung wie Fig. 3. Der Druck wechselt sprungweise zwischen zwei Werten (gestrichelte Linie); die Geschwindigkeit hat dabei den Verlauf der ausgezogenen Linie.

nehmen. Wechselte dagegen der Druck sprungweise zwischen zwei Werten, so würde der Verlauf der Geschwindigkeit nun ein anderer sein, wie das Fig. 4 zur

Anschauung bringt, in welcher wieder die ausgezogene Linie den Druck und die gestrichelte die Geschwindigkeit bedeutet. Stellten wir endlich Wellen in der

Art her, dafs wir die Verbindung des Schlauchanfanges mit einem Druckgefäfs abwechselnd öffneten und schlössen, so würde jedesmal während eines Teiles der Periode der Druck, während eines andern Teiles dagegen die Geschwindigkeit einen konstanten Wert haben. Der Vorgang mufs also etwa den durch Fig. 5 dargestellten Verlauf nehmen.

Fig. 5. Schema von gleicher Bedentung wie Fig. 3 und 4. Der Druck (gestrichelte Linie) ist während des einen, die Geschwindigkeit (ausgezogene Linie) während des anderen Teiles der Periode konstant.

Auch für diese Form der zwischen Druck und Geschwindigkeit stattfindenden Beziehungen, welche auf dem Einflufs der Reibung beruhen, lassen sich leicht experimentelle Belege geben. Ich habe bereits früher gezeigt[1]), dafs, wenn man eine Strömung durch Schliefsung eines

Fig. 6. Verhalten des Druckes bei plötzlicher Sistierung einer Strömung durch Hahnschlufs in einem weiten Schlauch.

Hahnes sistiert, alsdann oberhalb des Hahnes in weiten Schläuchen nur ein plötzlicher Sprung des Druckes, in engen dagegen danach noch ein allmähliches Ansteigen des Druckes zur Beob-

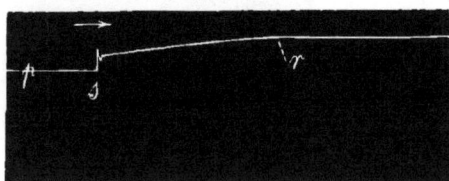

achtung kommt. Die beiden damals mitgeteilten Fig. 6 und 7, welche ich hier reproduziere, veranschaulichen dies. Auch die kurz dauernden Einströmungen, die man durch Bewegung eines Spritzenstempels bewirken kann, eignen sich zum Nachweis des gleichen

Fig. 7. Verhalten des Druckes bei plötzlicher Sistierung einer Strömung durch Hahnschlufs in einem engen Schlauch.

Verhaltens. Während nämlich am Schlusse der Bewegung die Geschwindigkeit

1) Festschrift S. 79.

gerade wieder auf ihren Anfangswert gebracht ist (nämlich Null), geht der Druck bei engen Schläuchen nicht ganz auf den vor der Einströmung bestandenen Wert herunter, sondern bleibt etwas über demselben. Dies tritt natürlich um

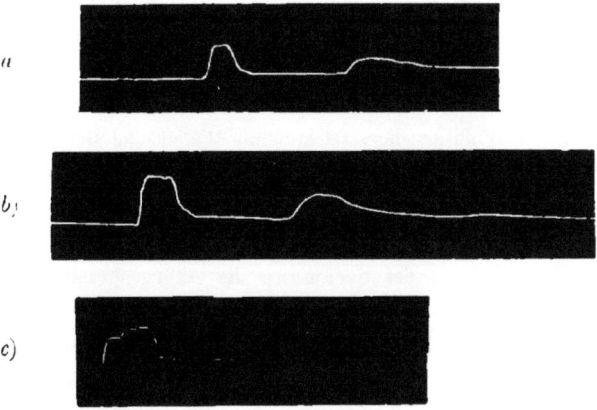

Fig. 8. Druckschwankungen, welche in einem engen Schlauche durch kurz dauernde Einströmungen (Verschiebung eines Spritzenstempels) bewirkt werden.

so mehr hervor, je umfangreicher und länger andauerud die Einströmungen sind. Die Zeichnungen a, b und c der Figur 8 mögen als Beleg hierfür dienen; dieselben wurden an einem Gummischlauch von 4 mm lichter Weite gewonnen.

§ 5. Reflexion.

Das bisher Auseinandergesetzte würde ausreichen, um die Gestaltung der Wellen in dem einfachen Falle zu übersehen, dafs dieselben im Anfange eines Schlauches erzeugt werden, welcher sich in vollkommen gleichmäfsiger Beschaffenheit in unbegrenzter Länge erstreckt. Es ist bekannt, dafs die Begrenzung des Schlauches, die ja in praxi immer stattfinden mufs, zu den Erscheinungen der Wellenreflexion führt. Bei der Erörterung dieser Vorgänge wollen wir zunächst von den gewöhnlichen Fällen ausgehen, welche ja darin bestehen, dafs der Schlauch an einer bestimmten Stelle, sagen wir im Abstande L vom Anfang, entweder verschlossen ist oder aber mit freier Öffnung in ein Wassergefäfs von konstantem Druck mündet[1]. Um die Art und Weise der Reflexion, welche in

---

1) Mit dem letzteren Fall stimmt auch im wesentlichen der überein, dafs man den Schlauch mit freier Öffnung in die Luft münden läfst, da alsdann sein Ende stets unter Atmosphärendruck steht.

beiden Fällen eintritt, zu übersehen, genügt es, sich klar zu machen, dafs für die betreffende Stelle ($x = L$) im ersteren Falle (bei verschlossenem Ende) die Strömung konstant gleich Null sein mufs, im letzteren Falle dagegen der Druck auf einer bestimmten, durch das Druckgefäfs fixierten Höhe gehalten wird. Hieraus ergiebt sich, dafs am geschlossenen Ende eine positive Reflexion auftritt, d. h. eine gegen das Ende hinlaufende Drucksteigerung wird als Drucksteigerung, eine Druckverminderung als Druckverminderung reflektiert. In der That kann man sich leicht deutlich machen, dafs, wenn an einer bestimmten Stelle zwei vollkommen gleiche, aber entgegengesetzt laufende Wellenzüge sich durchkreuzen, an dieser Stelle die Schwankungen des Druckes sich zusammenaddieren und verdoppeln, diejenigen der Geschwindigkeit dagegen sich gerade entgegengesetzt sind und völlig aufheben. Dieser Fall entspricht also dem geschlossenen Ende, an welchem die Unmöglichkeit der Strömung die entgegengesetzt laufende Welle hervorruft. Dagegen mufs an dem offenen Ende eine negative Reflexion eintreten, d. h. die hinlaufende Drucksteigerung als Druckverminderung reflektiert werden. Denn wenn zwei genau entgegengesetzte Wellen (Berg- und Talwelle) sich, entgegengesetzt laufend, durchkreuzen, so heben sich die Druckschwankungen auf, während nunmehr die Schwankungen der Geschwindigkeit sich summieren. Hier bewirkt also die Unmöglichkeit der Druckschwankung die entgegengesetzt laufende Welle.

An jeder Stelle des Schlauches setzen sich die Vorgänge aus der recht- und rückläufigen Welle zusammen. Speziell an der Stelle der Reflexion sind also in dem einen Falle die Druckschwankungen und in dem andern die Strömungen gerade doppelt so grofs, als sie sein würden, wenn keine Reflexion statt hätte. In Abständen vom Ende, welche gröfser sind als die ganze Länge der Welle, erscheint die hin- und die zurücklaufende Welle völlig getrennt. Bei dieser Art der Beobachtung kann man also

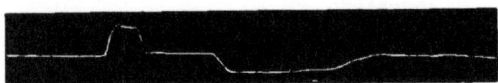

Fig. 9. Ungleichnamige Reflexion einer Druckschwankung am offenen Ende eines Schlauches.

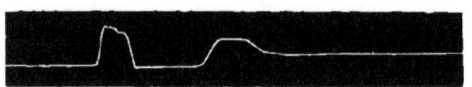

Fig. 10. Gleichnamige Reflexion einer Druckschwankung am geschlossenen Ende eines Schlauches.

die verschiedenen Arten der Reflexion leicht zur Anschauung bringen. So zeigt Fig. 9 die negative, Fig. 10 die positive Reflexion einer Welle; die Zeichnungen sind an demselben Schlauche gleich nacheinander gewonnen, indem das Ende das eine Mal mit einer grofsen Wasserflasche kommunizierte, das andere Mal abgeklemmt war.

Dagegen erhält man in solchen Abständen von der Reflexionsstelle, die kleiner sind als die Wellenlänge, einen Verlauf der Vorgänge, der sich aus der hin- und rücklaufenden Welle zusammensetzt und dessen genauere Form sich natürlich aus der zeitlichen Differenz, mit der die beiden Wellen eintreten, abnehmen läfst. Eine und dieselbe Welle, etwa von der Form a der Fig. 11, mufs demgemäfs an der Reflexionsstelle selbst den Verlauf b, in allmählich wachsender Entfernung die Formen c, d, e der Fig. 11 darbieten [1].

Um Mifsverständnissen vorzubeugen, wird es gut sein darauf aufmerkam zu machen, dafs die Wahl der Ausdrücke „positive und negative Reflexion" oder „Reflexion ohne und mit Zeichenwechsel" in gewisser Weise willkürlich ist. Ob nämlich eine Reflexion als positive oder negative erscheint, hängt ganz davon ab, ob man den Druck oder die Geschwindigkeit ins Auge fafst. Wo der Druck positiv reflektiert wird (am geschlossenen Ende), da wird die Geschwindigkeit negativ (als entgegengesetzt gerichtete) reflektiert; umgekehrt am offenen Ende. Bei der Schlauchwelle ist man gewohnt, in erster Stelle an die Verhältnisse des Druckes zu denken; im Hinblick hierauf darf die Reflexion am geschlossenen Ende eine positive oder gleichnamige, die am offenen Ende eine negative oder ungleichnamige heifsen. Fafst man aber die Geschwindigkeiten ins Auge, so könnte mit gleichem Recht auch die umgekehrte Bezeichnung gewählt werden.

Die Theorie gestattet die Ableitung noch einiger weiterer auf die Reflexion bezüglicher Sätze, welche für das Folgende erforderlich sind. Eine Reflexion erfolgt nicht nur da, wo der Schlauch geschlossen oder offen endigt, sondern auch überall da, wo seine Beschaffenheit eine, wie wir zunächst annehmen wollen, sprungweise Änderung erleidet. Es kommt dabei auf mehrere Dinge an, nämlich auf die Gröfse des Querschnitts, die Beschaffenheit der Wand, endlich, falls eine Ver-

Fig. 11. Schema: Superposition einer rechtläufigen mit der reflektierten Welle in verschiedenen Phasenverhältnissen.

---

1 Auf die Wellenformen, welche durch die Kombination der rechtläufigen und der reflektierten Welle entstehen, hat insbesondere Grashey aufmerksam gemacht.

zweigung stattfindet, auf die Zahl der Äste, in die etwa ein einfacher Stamm sich spaltet[1]). Nun kann man ohne Schwierigkeit sehen, dafs unter solchen Umständen im allgemeinen partielle Reflexionen eintreten müssen. Eine Welle, die zu einem derartigen Punkte gelangt, läuft zwar weiter, zugleich aber bildet sich auch eine rückwärts laufende reflektierte Welle, gerade wie bei dem Auffallen eines Lichtstrahls auf die Trennungsfläche zweier Medien sowohl ein durchgehender als ein reflektierter Strahl beobachtet wird. Im Gegensatz hierzu können die vorher betrachteten einfachen Fälle, in welchen eine Ausbreitung der Wellen über einen gewissen Punkt hinaus gar nicht stattfindet, totale Reflexionen genannt werden. Was die Art jener partiellen Reflexionen anlangt, so mufs natürlich da, wo der Schlauch ohne Änderung der Wandbeschaffenheit weiter wird, oder wo ohne Veränderung des Querschnittes die Wand dünner und dehnbarer wird, die Reflexion in gleichem Sinne wie am geöffneten Ende eintreten. Umgekehrt mufs die Reflexion der am geschlossenen Ende stattfindenden gleichsinnig sein, wenn der Schlauch von einem gewissen Punkte an enger oder dickwandiger wird[2]). Hiernach ist ersichtlich, dafs, wie dies Grashey[3]) bereits ausgesprochen hat, es auch Änderungen in der Beschaffenheit des Schlauches geben mufs, welche gar keine Reflexion bedingen; und zwar mufs, wenn dies der Fall sein soll, zwischen der Änderung des Querschnittes einerseits und derjenigen der Wandbeschaffenheit anderseits eine ganz bestimmte Beziehung statthaben. Wir wollen diese aufsuchen, da es offenbar von grofsem physiologischen Interesse ist zu wissen, in welcher Weise z. B. die allmähliche Auflösung eines Gefäfsstammes in Äste bewirkt werden kann, ohne dafs dabei die Bedingungen für eine Reflexion der Wellen gegeben werden. Um dies festzustellen, können wir zunächst davon ausgehen, dafs an der Stelle der Diskontinuität der zeitliche Verlauf der Druckschwankungen für die beiden zusammenstofsenden Schläuche derselbe sein mufs. Bezeichnen wir daher durch die Indices 1 und 2 die dem ersten bezw. dem zweiten Schlauche zugehörigen Vorgänge und Zustände, so mufs jederzeit für die Stelle, in der sie zusammenstofsen,

$$p_1 = p_2$$

sein. Wenn dagegen v_1 und v_2 die Geschwindigkeiten, Q_1 und Q_2 die Querschnitte im ersten und zweiten Schlauche bezeichnen, so erfordert die Kontinuität der Strömung, dafs jederzeit

---

1) Falls die zusammenstofsenden Schläuche mit verschiedenen Flüssigkeiten gefüllt sind, auch noch auf das Verhältnis, in welchem deren spezifische Gewichte zu einander stehen.

2) Genaueres über die partiellen Reflexionen in Anmerkung III.

3) Grashey, Die Wellenbewegung elastischer Röhren und der Arterienpuls. Leipzig 1881.

$$v_1 Q_1 = v_2 Q_2$$

ist. Eine analoge Beziehung gilt auch für den Fall, dafs ein Stamm sich in mehrere Äste teilt; es mufs nämlich dann $v_1 Q_1 = \Sigma v_2 Q_2$ sein, die im ersten Schlauch oder Stamm gegen die Verzweigung hinfliefsende Flüssigkeitsmenge gleich der in allen einzelnen Ästen von ihr fortfliefsenden Menge oder gleich der Summe der sämtlichen, für die einzelnen Äste gebildeten Produkte $v_2 Q_2$. Eine Reflexion wird nur dann nicht stattfinden, wenn die eben aufgestellten Beziehungen erfüllt sind bei einer sowohl im ersten als im zweiten Schlauche ausschliefslich in einer Richtung laufenden Welle.

Wenn nun für den ersten Schlauch die Fortpflanzungsgeschwindigkeit der Welle α_1, für den zweiten α_2 ist, so ist für die Wellen einer Richtung

$$v_1 = \frac{p_1}{\sigma \alpha} \quad \text{und} \quad v_2 = \frac{p_2}{\sigma \alpha_2};$$

demnach erhalten wir als Bedingung für das Ausbleiben jeder Reflexion die Gleichung

$$\frac{Q_1 p_1}{\sigma \alpha_1} = \frac{Q_2 p_2}{\sigma \alpha_2}$$

oder, da $p_1 = p_2$ ist,

$$\frac{Q_1}{\alpha_1} = \frac{Q_2}{\alpha_2},$$

und für den Fall der Teilung in mehrere Äste

$$\frac{Q_1}{\alpha_1} = \sum \frac{Q_2}{\alpha_2}.$$

Bei dem Übergange einer Welle aus einem Schlauche in einen andern findet also dann keine Reflexion statt, wenn an der Stelle der Diskontinuität die Querschnitte sich in demselben Verhältnis ändern wie die Fortpflanzungsgeschwindigkeiten. Es mufs demgemäfs die Erweiterung durch eine Verdickung der Wand, die Verengerung durch eine Verdünnung der Wand kompensiert werden.

Teilt sich der Stamm in mehrere gleiche Äste (ihre Zahl sei n), deren jeder den Querschnitt Q_2 und die Fortpflanzungsgeschwindigkeit α_2 hat, so nimmt die Bedingung für das Ausbleiben der Reflexion die Form an

$$\frac{Q_1}{\alpha_1} = \frac{n Q_2}{\alpha_2}.$$

Es müssen also die Fortpflanzungsgeschwindigkeiten in demselben Verhältnis sich ändern wie die Gesamtquerschnitte. Es wird auf diese Beziehungen bei der speziellen Theorie der Pulswelle zurückzukommen sein.

Ehe wir die Verhältnisse der Wellenreflexion verlassen, wollen wir aber unsere Aufmerksamkeit noch auf einige Punkte richten, welche bei der Betrachtung der tierischen Gefäfsbahn sofort ins Auge fallen. Als Bedingung der Reflexion sahen wir es bisher an, dafs an einer bestimmten Stelle zwei verschiedene Mittel aneinanderstofsen, so dafs hier ein sprungweiser Übergang, eine Diskontinuität stattfindet. In der Gefäfsbahn kann eine einzelne Teilungsstelle als annähernd diesem Schema entsprechend wohl angesehen werden. Um aber ein richtiges Bild von der Gestaltung der Wellen in den Gefäfsen zu erhalten, ist es natürlich erforderlich, nicht blofs die relativ geringe Modifikation zu berücksichtigen, welche bei einer einzelnen derartigen Teilung stattfindet, sondern die gesammte Veränderung, welche sich von den gröfsten Gefäfsen an in der successiven Auflösung bis zu den kleinsten vollzieht. Da diese so zu sagen in eine grofse Anzahl von Stufen verteilt ist, so wird man offenbar diesen Fall ganz ähnlich betrachten können, wie wenn ein Schlauch seine Beschaffenheit nicht an einem bestimmten Punkte sprungweise, sondern über eine längere Strecke hin stetig ändert. Aus diesem Grunde gewinnt die Frage ein gewisses selbständiges Interesse, ob solche allmähliche Änderungen ebenfalls zu Reflexion der Wellen führen. Eine exakte mathematische Behandlung dieses Problems stöfst auf grofse Schwierigkeiten; indessen genügen einige einfache Überlegungen zu einer gewissen Orientierung. Stellen wir uns vor, dafs ein Schlauch auf der Strecke ab seine Beschaffenheit stetig ändert, etwa von a nach b enger und seine Wand stärker wird, so wird man erwarten dürfen, dafs an jeder Stelle dieser Strecke ein Vorgang stattfindet, welcher der Reflexion bei einer plötzlichen, aber äufserst geringen Änderung der Beschaffenheit ganz analog ist. Die Folge hiervon mufs offenbar sein, dafs schliefslich, durch Zusammenfügung aller dieser Teil-Reflexionen, eine rückläufige Welle von ähnlichem Betrage entsteht, wie wenn die Stücke I und II nicht durch ab getrennt, sondern unvermittelt aneinander stiefsen. Dies wird wenigstens gelten, sofern die Länge des Übergangs im Vergleich zu der Länge der Welle keine erhebliche ist; andernfalls würde zu erwarten sein, dafs die reflektierte Welle im Vergleich zu der primären abgeflacht und gestreckt erschiene. Viel leichter als theoretisch ist das Problem der „stetigen Reflexion" experimentell zu behandeln, wenigstens wenn man nicht mehr erstrebt, als eine allgemeine qualitative Übersicht der Erscheinung. Ich liefs zu dem Zweck einen Schlauch anfertigen, der aus einem 5,5 Millimeter und einem 22 Millimeter weiten Stück von gleicher Wandbeschaffenheit bestand, welche durch ein 14 Centimeter langes konisches Stück ineinander übergingen. Eine in dem weiten Teil des Schlauches erzeugte Welle wurde in dem konischen Stück ganz ähnlich reflektiert wie an einem geschlossenen Ende. Fig. 12 a und b (S. 23) illustriert dies; a stellt die Erscheinung dar, die erhalten wurde, als die Reflexion in dem konischen Übergangsstück stattfand; *b* wurde erhalten, als vor dem konischen Stück der weite Schlauch zugeklemmt war. Die Reflexion an der Verschlufsstelle ist, wie man sieht, derjenigen im konischen Stück, die diskontuierliche der stetigen, völlig ähnlich.

Noch wichtiger aber ist ein anderer Punkt, in welchem wir die obige Lehre von der Reflexion vervollständigen müssen. Es ist nämlich bei demselben von der Reibung vollständig abgesehen worden. Nun zeigt aber Theorie und Experiment übereinstimmend, dafs gerade die Verhältnisse der Reibung zu Reflexionen führen können, und es wird dies physiologisch von vornherein um so

Fig. 12. Bei *a*: stetige Reflexion einer Druckschwankung in einem 14 Centimeter langen, sich konisch verengernden Stücke. Bei *b*: gewöhnliche Reflexion einer ähnlichen Welle an einer Verschlufsstelle.

wichtiger erscheinen, wenn man ja weifs, dafs bei dem Übergange von den grofsen zu den kleinen Gefäfsen vor allem der Reibungswiderstand enorm zunimmt. Streng genommen führt eine Diskontinuität des Widerstandes ganz ebenso unter allen Umständen zur Bildung reflektierter Wellen, wie eine sonstige Veränderung in der Beschaffenheit des Wellen fortpflanzenden Mediums. Allerdings sind hierbei die Verhältnisse in vielen Beziehungen verwickelter [1]. Beschränken wir uns auf den einfachen Fall, dafs ein Schlauch, in dem keine merkliche Reibung stattfindet, an eine Bahn anstöfst, in welcher die Reibung sehr bedeutend ist, z. B. ein weiter Schlauch sich an einer gewissen Stelle in viele enge Äste auflöst, so lehrt die Theorie, dafs hier die Reibung für die Verhältnisse der Reflexion ganz in gleicher Weise in Betracht kommt, wie die vorhin betrachteten Faktoren (Weite und Dehnbarkeit). Wären die letzteren z. B. so gewählt, dafs in einer reibungslosen Flüssigkeit keine Reflexion stattfinden würde, so mufs durch den Einflufs der Reibung eine positive Reflexion bewirkt werden. Es schien mir von Interesse, auch experimentell die Frage zu

1) Vgl. hierüber die Erörterungen in Anmerkung V.

prüfen, ob durch eine Diskontinuität des Widerstandes ohne Wechsel des Querschnitts und der Dehnbarkeit reflektierte Wellen erzeugt und zur Beobachtung gebracht werden können. Dies gelingt in der That ohne besondere Schwierigkeit. Ich verfuhr zu dem Zweck so, dafs ich einen etwa 12 Millimeter weiten Schlauch benutzte; in denselben wurde ein Bündel von Wollenfäden so hineingezogen, dafs sie einen Teil des Schlauches locker anfüllten. Die von der Wolle verdrängte Wassermasse war im Vergleich zu dem Querschnitte des Schlauches nur eine sehr kleine [1]), aber genügend, um den Verschiebungen des Wassers einen grofsen Widerstand entgegenzusetzen. In dem die Fäden enthaltenden und dem von ihnen freien Teile des Schlauches ist somit der vom Wasser auszufüllende Querschnitt fast genau, die Dehnbarkeit der Wand natürlich genau übereinstimmend, der Widerstand aber sehr ungleich. Ein Beispiel derartiger Versuche zeigt Fig. 13;

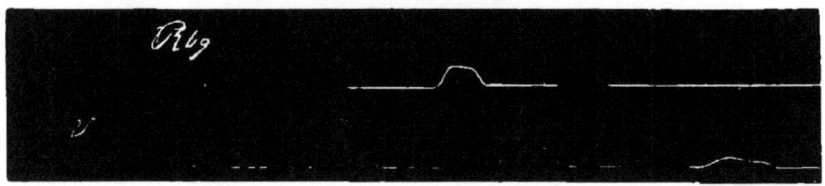

Fig. 13. Obere Kurve: Reflexion einer Druckschwankung an einer Schlauchstelle, wo eine Diskontinuität des Reibungswiderstandes stattfindet. Untere Kurve: Reflexion einer ähnlichen Druckschwankung bei Verschliefsung des Schlauches an jener Stelle.

dieselbe stellt in der obern Kurve (Rbg) die Reflexion durch die Änderung des Widerstandes, in der untern (V) die durch Verschlufs herbeigeführte dar. Man sieht, dafs hinsichtlich der Reflexion der grofse Widerstand ganz ähnlich wie ein Verschlufs wirkt; die Reflexion ist allerdings keine ganz so starke, erfolgt aber in gleichem Sinne. Durch Herstellung eines noch stärkeren Widerstandes würde es natürlich leicht gelingen, auch noch stärkere Reflexionen zu erhalten[2]).

§ 6. Stehende Wellen.

Ein genaues Verständnis der Verhältnisse der Reflexion ist hauptsächlich deswegen wichtig, weil man in Wirklichkeit stets mit Schläuchen von begrenzter

---

1) Sie wurde durch Wägung der Wollenfäden und unter der Annahme des spezifischen Gewichtes 1 für dieselben = 3 qmm gefunden, was also noch zu hoch gegriffen sein dürfte. Der Querschnitt des Schlauches betrug circa 150 qmm.

2) Versuche ganz ähnlicher Art sind auch schon von Fick mitgeteilt worden. (Die Druckkurve und die Geschwindigkeitskurve in der Art. radialis des Menschen. Verhandlungen der physikalisch-medizinischen Gesellschaft zu Würzburg 1886.)

Länge arbeiten mufs, demgemäfs denn auch bei allen zur Erläuterung der Theorie ersonnenen Versuchen die reflektierten Wellen mit ins Spiel kommen. Ich will deswegen jetzt die Wellenbewegung in begrenzten elastischen Schläuchen, wie sie sich infolge der soeben erörterten Reflexionserscheinungen darstellt, noch etwas ausführlicher besprechen. Be-trachten wir zunächst einen an beiden

Fig. 14. Schema eines in den beiden Punkten a und b begrenzten Schlauches.

Enden geschlossenen Schlauch (ab der Fig. 14); seine Länge werde mit L bezeichnet. Denken wir uns in einem solchen eine Welle erregt, das Gleichgewicht in irgend einer Weise gestört, sodann aber den Schlauch dauernd sich selbst überlassen, so läuft offenbar die Welle zwischen den beiden geschlossenen Enden hin und her, indem sie an beiden ganz gleichmäfsig reflektiert wird. Bezeichnet wieder α die Fortpflanzungsgeschwindigkeit, also $\frac{L}{\alpha}$ die Zeit, welche die Welle braucht, um einmal die Länge des Schlauches zu durchlaufen, so mufs sich an jedem Ende und überhaupt an jeder Stelle des Schlauches immer in Perioden von der Gröfse $\frac{2L}{\alpha}$ derselbe Vorgang wiederholen. Kommt z. B. zur Zeit $t = \vartheta$ die Welle in dem Punkt x (Fig. 14) an, und zwar von links nach rechts laufend, so wird sie von x nach b, von dort nach a und von hier wiederum bis x zusammen die Länge $2L$ zu durchlaufen haben; der Punkt x tritt somit nach der Zeit $\frac{2L}{\alpha}$ wieder in dieselbe Bewegungsphase.

Vorgänge dieser Art können nun noch von der allermannigfachsten Form sein, und ihre speziellere Gestaltung hängt durchaus davon ab, in welchem Zustande der Druck- und Geschwindigkeitsverteilung sich der Schlauch befand, als er sich selbst überlassen wurde. Indessen gelingt es doch, für alle diese Vorgänge gewisse einfache Regeln aufzustellen. Wegen der beständig an den beiden Enden des Schlauches sich wiederholenden Reflexion können wir nämlich zunächst die Sache so ansehen, als ob ein andauernd periodischer Vorgang sich in der einen und ein entsprechender sich in entgegengesetzter Richtung durch den Schlauch fortpflanzte. Das Zusammenwirken dieser beiden Wellenzüge bedingt die Art der periodischen Zustandsänderungen in einem jeden Punkte. Die Theorie lehrt, wie durch die Zusammensetzung eines hin- und eines entsprechenden rückläufigen Wellenzuges diejenige Form der Bewegung entsteht, durch welche wir schon oben die stehende Welle charakterisierten, bei welcher nämlich für jeden einzelnen Punkt eine bestimmte periodische Zustandsänderung stattfindet, diese Periode auch für alle Punkte des Schlauches dieselbe ist, aber der Umfang ein verschiedener, wie dies in einfachster Weise durch die Formel

$$p = A \cos 2\pi \frac{x - \xi}{\lambda} \cos 2\pi \frac{\alpha(t \cdot \delta)}{\lambda}$$

ausgedrückt wird. Dieselbe läfst unmittelbar erkennen, dafs die zeitlichen Schwankungen des Druckes an derjenigen Stelle am gröfsten sind, für welche $x = \xi$ oder $= \xi +$ einem ganzen Vielfachen von $\frac{\lambda}{2}$ ist, weil hier $\cos 2\pi \frac{x}{\lambda} = \pm 1$ wird, während gar keine Druckschwankung überall da stattfindet, wo $x = \xi + (2n + 1)\frac{\lambda}{4}$, und somit $\cos 2\pi \frac{x - \xi}{\lambda} = 0$ wird. Eine stehende Welle von der Wellenlänge λ hat also in Abständen $= \frac{\lambda}{2}$ von einander diejenigen Stellen, an welchen maximale Druckschwankungen stattfinden, sogen. Schwingungsknoten; an diesen Stellen sind die Schwankungen der Geschwindigkeit $= 0$. In der Mitte zwischen zwei Schwingungsknoten, also unter einander ebenfalls im Abstande von $\frac{\lambda}{2}$, liegen die Schwingungsbäuche, die Stellen, in welchen keine Schwankungen des Druckes, aber maximale Schwankungen der Strömung statthaben. Es ist nun ersichtlich, dafs, um auf den beiderseits geschlossenen Schlauch zurückzukommen, in diesem an beiden Enden Schwingungsknoten sein müssen, da hier die Geschwindigkeit constant $= 0$ ist. Es kann also eine stehende Welle darin stattfinden, deren (theoretische) Wellenlänge doppelt so grofs wie die Länge des Schlauches ist, eine Bewegung, welche, wenn L diese Länge bezeichnet, durch die Gleichung

$$p = A \cos 2\pi \frac{x}{2L} \cdot \cos 2\pi \frac{\alpha(t - \delta)}{2L},$$

wo der Anfang des Schlauches der Nullpunkt der x wäre, ausgedrückt wird. Diese im gewissen Sinne einfachste Form der stehenden Welle ist nun aber keineswegs die einzig mögliche. Vielmehr können auch Schwingungen von anderen Wellenlängen stattfinden. Durch die Beschaffenheit des Schlauches und die Verschliefsung seiner Enden ist nur die Lage zweier Knotenpunkte gegeben; und bezüglich der überhaupt möglichen Wellenlängen λ folgt hieraus nur, dafs L, die Schlauchlänge, ein ganzes Vielfaches von $\frac{\lambda}{2}$ sein mufs; demnach kann λ ganz allgemein $= \frac{2L}{n}$ sein, wo n jede beliebige ganze Zahl bedeutet. Wir können somit den zeitlichen Verlauf des Druckes ganz allgemein durch die Formel

$$p = \sum A_n \cos 2n\pi \frac{x}{2L} \cos 2n\pi \frac{\alpha(t - \delta_n)}{2L}$$

ausdrücken.

Der Anfangszustand des Schlauches, d. h. diejenige Verteilung von Druck und Geschwindigkeit, welche in dem Augenblicke vorhanden ist, in dem man den

Schlauch sich selbst überläfst, bestimmt die Werte der A_n und δ_n, d. h. von ihnen hängt es ab, in welchem Intensitäts- und welchem Phasenverhältnis die verschiedenen stehenden Wellen vorhanden sind. Bei gewissen Formen des Anfangszustandes kann es auch vorkommen, dafs jeder Punkt nur während eines kleinen Teiles der ganzen Periode eine Druckschwankung erleidet, während der übrigen Zeit aber in Ruhe verharrt. Ich betone diesen Punkt, weil in ihm die Vereinbarung anscheinend widersprechender Vorstellungen zu finden ist.

Denken wir uns in einem langen Schlauch eine einzelne sehr kurze Welle erzeugt, mit andern Worten: das Gleichgewicht nur an einer sehr kleinen Stelle gestört, so wird nach der gewöhnlichen, von den fortschreitenden Wellen und deren Reflexion ausgehenden Betrachtungsweise diese kurz dauernde Veränderung (z. B. eine schnell vorübergehende Drucksteigerung) im Schlauche beständig hin- und herlaufen. Anderseits scheint die Erwartung berechtigt, dafs der nach dem ersten Anstofse sich selbst überlassene Schlauch in stehende Wellen geraten werde. Hierin liegt ein Widerspruch nur dann, wenn man für die stehenden Wellen eine bestimmte Form als einzig mögliche ansieht, eine Vorstellung, die durch die Bezeichnung derselben als „Eigenschwingungen des Schlauches" vielleicht noch besonders nahe gelegt worden ist[1]). Thatsächlich ist auch jene hin- und herlaufende Welle nichts anderes als eine besondere Form stehender Wellen, welche durch den Anfangszustand des Schlauches gegeben ist, mathematisch sich aber leicht in der allgemeinen Form der stehenden Wellen darstellen läfst. Es ist eine Sache der Bequemlichkeit, ob man die eine oder die andere Form der Betrachtung verwenden will.

Die Sache gestaltet sich natürlich ganz übereinstimmend für den beiderseits offenen Schlauch. Hier liegen am Anfange und am Ende Schwingungsbäuche. Da der Abstand zweier Bäuche bei der Wellenlänge λ ebenfalls $n \cdot \frac{\lambda}{2}$ ist, so mufs die Länge des Schlauches

$$L = n\,\frac{\lambda}{2}$$

oder

$$\lambda = \frac{2\,L}{n}$$

sein; die möglichen Wellenlängen sind auch hier die Bruchteile der doppelten Schlauchlänge.

Ziehen wir endlich noch den einerseits offenen und einerseits geschlossenen Schlauch in Betracht, so mufs hier die Schlauchlänge gleich dem Abstande eines

---

1) Vgl. hierüber das weiter unten über die Moens'sche Theorie der Schlauchwellen Gesagte.

Fig. 15. Dämpfung und allmähliche Deformation stehender Wellen in einem beiderseits geschlossenen Schlauche.

Schwingungsbauches von einem Schwingungsknoten sein. Da nun diese für die Wellenlänge λ den Wert $(2n + 1)\,\frac{\lambda}{4}$ hat, so mufs

$$L = \frac{(2n + 1)\lambda}{4}$$

oder

$$\lambda = \frac{4L}{(2n + 1)}$$

sein. Die möglichen Schwingungen sind also von den Wellenlängen

$$4L, \quad \frac{4L}{3}, \quad \frac{4L}{5} \quad \text{etc.}$$

Fragen wir nun, wie weit die Versuche dieser theoretischen Ergebnisse sich bestätigen, so finden wir wiederum eine oft sehr erhebliche, auf die Reibungswiderstände zurückzuführende Abweichung, sodafs, wie schon oben erwähnt wurde, der Einflufs derselben auf die Wellenvorgänge gerade bei den stehenden Wellen ganz besonders deutlich und elegant nachzuweisen ist. Betrachten wir z. B. die Fig. 15, welche an einem beiderseits geschlossenen Schlauche gewonnen wurde. Es wurde, wie man sieht, zuerst eine kurze Talwelle hervorgebracht. Indem dieselbe in dem Schlauche hin- und herläuft, ändert sie Gröfse und Form. Die ursprünglich erzeugte sehr kurze Welle sollte an der beobachteten Stelle, welche dem einen Ende des Schlauches ganz nahe lag, schnelle Druckschwankungen hervorbringen, welche sich in bestimmten Intervallen wiederholten. Während dieser Intervalle hätte, nach einer die Reibung nicht in Rücksicht ziehenden Theorie, der Druck konstant zu bleiben. Der Versuch zeigt, dafs die erste Oscillation thatsächlich so verläuft, aber auch nur die erste. Alsbald wird die Schwingung kleiner und zugleich gestreckter. Variiert man die Versuche, so findet man, dafs, welche Form man auch der ursprünglichen Welle geben mag, gegen Ende der Bewegung stets annähernd sinusförmige Schwingungen von der längsten durch die Beschaffenheit des Schlauches ermöglichten Periode erhalten werden. Die Sache verhält sich also ähnlich, wie wenn bei einem gemischten Klange durch stärkere Dämpfung der Obertöne die Klang-

farbe sich allmählich änderte und nach kurzer Zeit nur der Grundton
übrig bliebe.

Den Grund der Erscheinung müssen wir ohne Zweifel darin erblicken,
dafs die kurzen Wellen viel stärker als die langen gedämpft werden und demgemäfs bald verschwinden[1]).

§ 7. Erzwungene Schwingungen.

Während bei den soeben erörterten stehenden Wellen die gesammte Bewegung durch den Anfangzustand des Schlauches bestimmt wird, im übrigen aber
an den Enden entweder der Druck konstant (offenes Ende) oder die Geschwindigkeit = Null (geschlossenes Ende) erhalten wird, haben wir jetzt noch einen
Fall zu betrachten, der weit allgemeiner ist; unter ihn erst werden wir auch das
physiologische Problem der Pulswelle streng einreihen können. Er besteht darin,
dafs an dem einen Ende des Schlauches durch äufsere Kräfte ein bestimmter
periodischer Vorgang dauernd unterhalten wird. Es kann dies in mehrfacher
Weise realisiert werden. Entweder kann eine bestimmte periodische Druckschwankung erzeugt werden, indem z. B. der Anfang des Schlauches abwechselnd
mit zwei Gefäfsen von hohem und niederem Druck in Verbindung gebracht wird.
Oder es kann, etwa durch periodische Bewegung eines Spritzenstempels, ein bestimmter periodischer Strömungsvorgang am Anfange des Schlauches dauernd auf-
recht erhalten werden. Endlich kann auch eine derartige Einrichtung getroffen
werden, dafs immer während eines bestimmten Teils der Periode der Druck,
während des andern Teils die Geschwindigkeit einen bestimmten Wert haben mufs;
dies ist der Fall, wenn wir die Verbindung des Schlauches mit einem Druckgefäfs
abwechselnd öffnen und schliefsen. Wir können die Bewegungen, die in irgend
einem dieser Fälle stattfinden, als erzwungene Schwingungen bezeichnen;
denn sie sind durch die Einwirkung periodischer äufserer Kräfte hervorgerufen,
somit ganz analog den Mitschwingungsbewegungen, welche etwa eine Saite
oder gespannte Membran unter dem Einflufs periodischer Kräfte ausführt, während die vorhin betrachteten stehenden Wellen den Eigenschwingungen analog
sind. Die Wellenvorgänge in den Arterien sind offenbar von dieser Art, da sie
ja durch die rhythmische Einpressung des Blutes in den Aortenanfang erzeugt werden.

---

1) Ähnlich verliert bekanntlich auch eine mit dem Bogen gestrichene Saite während
des Ausschwingens d. h. sobald der Bogen abgehoben ist, sogleich die für das Anstreichen
charakteristische Schwingungsform.

Im Schlauche nun gestalten sich solche erzwungene Schwingungen unter einer Voraussetzung äufserst einfach, dann nämlich, wenn der Schlauch so lang und die Reibung so bedeutend ist, dafs die am Anfange erzeugten Wellen vom Anfange fortlaufend erlöschen, ohne dafs irgend eine Reflexion stattfände. Nur wenige Bemerkungen sind über diesen Fall erforderlich. Da man es hier nur mit einseitig fortschreitenden Wellen zu thun hat, so genügen die vorhin erörterten Beziehungen zwischen Druck- und Geschwindigkeits-Schwankungen, um die Vorgänge zu beurteilen. Wenn am Anfang des Schlauches eine periodische Druckschwankung von der Form

$$A = p \cdot \cos 2\pi \frac{\alpha t}{\lambda}$$

unterhalten wird, so wird der ganze Zustand des Schlauches durch die Gleichung

$$p = A e^{-\iota x} \cos 2\pi \frac{x - \alpha t}{\lambda}$$

dargestellt. Dieselbe zeigt durch den Faktor $e^{-\iota x}$ die allmähliche Abnahme der Schwankungsamplituden an, und läfst überdies erkennen, wie der Wellenzug mit der Geschwindigkeit α längs des Schlauches vorwärts schreitet.

Ein anderer, ebenfalls einfacher Fall besteht darin, dafs die einwirkenden Kräfte kurze Stöfse sind, welche periodisch sich wiederholen, aber von so langen Ruhepausen getrennt sind, dafs während derselben der Schlauch, obwohl die Wellen ein- oder mehrmals reflektiert werden, allemal wieder in volles Gleichgewicht zurückkehrt, die Einwirkung jedes einzelnen Impulses also vorüber ist, wenn der nächste stattfindet. Wiewohl man auch hier von erzwungenen Schwingungen reden darf, können dieselben doch durch eine sehr vereinfachte Betrachtung verfolgt werden, indem man sie als eine Reihe sich gleichmäfsig wiederholender stehender Schwingungen ansieht. Man ist bekanntlich gewohnt, eine solche Auffassung für die Pulswellen für zulässig zu erachten, indem man annimmt, dafs in jeder Pulswelle nur die Anstöfse einer Herzsystole, nicht aber etwa noch der vorhergehenden zu erblicken sind [1]. Da diese Betrachtung auch in

---

1) Es mufs übrigens hervorgehoben werden, dafs die Berechtigung dieser Auffassung nur eine beschränkte ist. Allerdings ist sehr wahrscheinlich, dafs keine Herzsystole irgend welche sekundäre Gipfel erzeugt, welche noch in die Zeit der nächsten Herzperiode hineinreichten. Jede plötzliche Stillstellung des Herzschlages durch Vagus-Reizung läfst dies erkennen. Zugleich aber zeigt ein solcher Versuch, wie ja allbekannt, dafs von dem Momente der Sistierung des Herzschlages der arterielle Druck, ähnlich wie schon gegen Ende einer jeden normalen Herzperiode, zuerst schneller, dann langsamer absinkt. Diese Thatsache verbietet, die Erscheinungen so aufzufassen, als ob am Ende einer Herzperiode der Effekt der betreffenden systolischen Einströmung zu Ende gekommen wäre. Vielmehr mufs in der Höhe, die der arterielle Druck überhaupt besitzt, jederzeit die Folge einer ganzen Reihe voraus-

der Hauptsache richtig ist, so wird eine allgemeine Behandlung des Problems der erzwungenen Schwingung hier für unsere Zwecke nicht erforderlich. Es mag daher hier genügen, zu erwähnen, dafs ganz im allgemeinen dabei Erscheinungen auftreten, welche denjenigen der Resonanz und des Mitschwingens ganz ähnlich sind, und zwar naturgemäfs um so ausgesprochener, je mehr die Dämpfung durch die Reibungswiderstände zurücktritt. Treffen wir z. B. eine Einrichtung der Art, dafs an dem einen Ende eines Schlauches eine bestimmte periodische Schwankung der Geschwindigkeit erzeugt wird (etwa durch rhythmische Vor- und Zurückbewegungen eines Spritzenstempels), so werden dadurch gewisse Druckschwankungen von gleicher Periode in dem ganzen Schlauch hervorgerufen. Sobald die Periode der einwirkenden Kräfte mit derjenigen der Eigenschwingungen des Schlauches annähernd zusammenfällt, werden die Druckschwankungen sehr grofs, ganz wie ein jeder Körper in starke Mitschwingungen versetzt wird, wenn die einwirkenden Kräfte eine Periode besitzen, die mit derjenigen seiner Eigenschwingung zusammentrifft. Da der beiderseitig geschlossene Schlauch von der Länge L Eigenschwingungen besitzt, deren Wellenlänge $2L$, L, $\frac{2L}{3}$, $\frac{2L}{4}$ u. s. w. ist, so werden alle einwirkenden Kräfte, deren Periode irgend einer dieser Wellenlängen entspricht, resonanzartige Erscheinungen hervorrufen. Eine direkte Bedeutung für die Theorie der Pulswelle haben diese Vorgänge, wie gesagt, im allgemeinen nicht. Es schien mir jedoch angezeigt, wenigstens kurz darauf hinzuweisen, um die Übereinstimmung der Verhältnisse des Schlauches mit sonstigen periodischen Bewegungen fähiger Körper ins Licht treten zu lassen [1].

§ 8. Über die Darstellung der Schlauchwellen bei Landois und Moens.

Den bisherigen Untersuchungen ist gemeinsam, dafs sie von der Vorstellung einer mit bestimmter Geschwindigkeit in dem Schlauche sich fortpflanzenden Wellenbewegung ausgehen und auf diese die allgemeinen Gesetze der Wellen-

gegangener Herzschläge erblickt werden. Wiewohl nun dieses sich so verhält (wir werden auf die Thatsache später zurückzukommen haben), ist es doch zulässig, in der Betrachtung gewissermafsen die periodischen von den konstanten Teilen zu trennen. Wir können es demgemäfs so ansehen, als ob die periodischen Vorgänge (das, was man gewöhnlich kurzweg als die Welle zu bezeichnen pflegt) immer nur von der letzten Herzsystole herrührten; die Erscheinung des Absinkens bei Herzstillstand aber ist dieselbe, wie wenn vorher dauernd das Blut mit einer konstanten Mittelgeschwindigkeit eingeströmt und diese Strömung plötzlich unterbrochen wäre. Für die Wellen von relativ kurzer Periode, wie sie die einzelnen Herzschläge begleiten, kommt es also nicht zu irgend welchen der Resonanz vergleichbaren Erscheinungen, weil diese Vorgänge jedesmal vor dem Eintritt einer neuen Systole schon wieder zur Ruhe gekommen sind.

1) Vgl. hierüber die Anmerkung VI.

bewegungen ohne Einschränkungen oder Zusätze zur Anwendung bringen. Es erscheinen demgemäfs auch alle Vorgänge teils durch die Art und Weise der wellen-erzeugenden Eingriffe, teils durch die begrenzte Länge des Schlauches und die daraus resultierenden Reflexions-Erscheinungen in relativ einfacher Weise bestimmt. Ehe ich dazu übergehe, die Theorie noch in einigen Punkten zu vervollständigen, scheint es mir geboten, einen Blick auf die allgemeine Darstellung der Schlauch-wellen zu werfen, welche in einigen der neueren Zeit angehörigen Monographien niedergelegt sind. Dabei kann ich jedoch, um dies gleich vorauszuschicken, von einer eingehenden Berücksichtigung mehrerer, so insbesondere derjenigen von Grashey[1]), Umgang nehmen, und zwar aus dem Grunde, weil die betreffenden Darstellungen in allen wesentlichen Punkten mit den oben gegebenen überein-stimmen. Man wird insbesondere bemerken, dafs die Lehre von der positiven und negativen Reflexion, von der Zusammenfügung der primären und reflektierten Wellen, bei Grashey in einer mit unsern Ausführungen ganz zusammentreffenden Weise gegeben ist und nur die Darstellung eine gewisse Verschiedenheit aufweist, welche hauptsächlich durch den von mir gesuchten engeren Anschlufs an die allgemeine Wellentheorie bedingt ist. Dagegen bedürfen einer eingehendern Be-sprechung die Arbeiten von Landois[2]) und Moens[3]).

Ich beginne mit der Theorie von Landois, welche, wie bekannt, namentlich in ihrer Anwendung auf die Pulswelle, sich einer sehr sympathischen Aufnahme zu erfreuen gehabt hat. Der wichtigste und uns hier zunächst interessierende Begriff, den Landois aus seinen Versuchen an elastischen Schläuchen entnommen und auf die Pulslehre übertragen hat, ist der der Rückstofselevation. Schon Grashey hat, wie ich glaube mit vollem Recht, die Landois'schen Rückstofs-wellen einfach reflektierte Wellen genannt. Es ist nicht zweifelhaft, dafs die von Landois beobachteten und als Rückstofselevationen bezeichneten Wellen nichts anderes als reflektierte Wellen waren. In der That überzeugt man sich beim Studium der Landois'schen Versuchsanordnung, dafs eine Reflexion der am An-fange des Schlauches erzeugten Welle zunächst an dem offenen oder geschlossenen Ende, sodann abermals an dem Anfang stattfinden mufste. Ohne weiteres ist demgemäfs z. B. auch verständlich, dafs, wie Landois ermittelt, die Rückstofs-wellen um so später erscheinen, je länger der Schlauch ist. Landois selbst hat das Zustandekommen der Rückstofswellen in einer Weise erklärt, die wohl kaum

1) Grashey, Die Wellenbewegung elastischer Röhren und der Arterienpuls des Menschen. Leipzig 1881.
2) Landois, Die Lehre vom Arterienpuls. Berlin 1872.
3) Isebree Moens, Die Pulscurve. Leyden 1878.

ganz zutreffend, jedenfalls nicht vollständig genannt werden kann. Er sagt dieserhalb [1]): „Die Ursache der Rückstofswellen liegt in folgendem. Wenn die Flüssigkeit das elastische Rohr in den höchsten Grad der Ausdehnung versetzt hat, und
es wird nun plötzlich das Einströmen derselben unterbrochen, so streben die
elastischen Wandungen sich wieder zusammenzuziehen und das Lumen der Röhre
wieder zu verengern. Diese der ausdehnenden Kraft der Flüssigkeit entgegengesetzte Bewegung beginnt am offenen Ende der Röhre, weil hier das sofort ab-
fliefsende Wasser am wenigsten Widerstand bereitet. Die Kontraktion der elastischen Röhrenwandung bringt das Wasser zum Ausweichen: an der Peripherie
kann es ungehindert abfliefsen, gegen die zentrale Verschlufsstelle aber geworfen
prallt es hier ab. Durch das Anprallen wird eine positive Welle erregt und
diese läuft nun ihrerseits wieder von der Verschlufsstelle an durch das ganze
Rohr bis zum Ende desselben."

Hiergegen mufs aber eingewendet werden, dafs die Zusammenziehung der
elastischen Wandung und die Verengerung des Lumens doch allemal, wenn eine
bestehende Strömung unterbrochen wird, unmittelbar unterhalb der Unterbrechungs-
stelle beginnt, nicht aber am offenen Ende des Rohres. Es läuft somit in solchem
Falle auch zuerst eine Talwelle über den Schlauch hin, welche vom offenen
Ende als Bergwelle zurückkommt und an der Stelle des Verschlusses reflektiert
wird. Vor allem aber mufs bemerkt werden, dafs eine Darstellung dieser Art
verschiedene höchst wesentliche Dinge nicht hinreichend deutlich hervortreten
läfst. Die der Rückstofswelle vorausgehende rückläufige Welle, die entscheidende
Bedeutung, welche die Art der Schlauchendigung (ob offen oder geschlossen) für
die Erscheinung besitzt, ebenso der Einflufs der verschiedenen Formen der primären Welle, die Gestaltung an verschiedenen Stellen des Schlauches: all dies
läfst sich mittels eines einheitlichen Begriffes wie desjenigen der Rückstofselevation nicht genügend beschreiben, geschweige denn theoretisch verständlich machen.

Die Rückstofselevation ist also nichts anderes als eine Bezeichnung gewisser Formen von reflektierten Wellen, die in Schläuchen von begrenzter Länge
naturgemäfs stets auftreten. Für ein wirkliches Verständnis der Erscheinungen
aber eignet sich der Begriff durchaus nicht, weil er den Vorgang nicht klarstellt
und ganz Verschiedenartiges zusammenfafst. Eine Theorie der Schlauchwellen,
die ein genaueres physikalisches Verständnis anstrebt, wird daher mit dem
Begriff der Rückstofselevation nicht operieren können, sondern, wie es oben

1) A. a. O. S. 110.

versucht wurde, auf die Grundsätze der allgemeinen Wellenlehre rekurrieren müssen. Im übrigen scheint mir nicht zweifelhaft, dafs die Versuchsergebnisse von Landois sich mit der allgemeinen Wellentheorie in vollem Einklang befinden, wie denn ja auch Landois' Lehre von der Rückstofselevation mit jener nicht eigentlich im Widerspruch steht, sondern nur als eine nicht hinreichend klare Formulierung derselben aufgefafst werden mufs.

Ich würde versuchen, an der Hand der Theorie eine genaue Analyse auch speziell der von Landois beobachteten und seiner Theorie zu Grunde gelegten Erscheinungen zu geben, namentlich die auf S. 109, 116 und 117 seines Werkes gegebenen Figuren in diesem Sinne zu diskutieren, wenn dies nicht aus mancherlei Gründen unmöglich wäre. In der That sind die Verhältnisse, unter denen Landois gerade diese Versuche anstellte, nichts weniger als einfach. Der 10 mm weite und 255 cm lange Schlauch, dessen Bewegungen beobachtet wurden, war einerseits mit der stromunterbrechenden Messingleiste versehen; das andere Ende aber war nicht offen, sondern zunächst noch durch ein Glasröhrchen mit einem 116 cm langen und 7 mm im Lichten haltenden Kautschukansatzrohr verknüpft, aus dessen Ende das Wasser frei ausflofs[1]).

Hiernach mufsten Wellenreflexionen sowohl an der Verknüpfungsstelle der beiden Schläuche als an dem offenen Ende des letztgenannten Rohres entstehen. Der Angiograph war „von dem Ende des Rohres entfernt angebracht 40 cm, die stromunterbrechende Messingleiste war 18 cm vom Sphygmographen entfernt". Es ist hier nicht mit Sicherheit zu ersehen, ob das Ende, von welchem hier die Rede ist, dasjenige ist, welches in der soeben erwähnten Weise mit dem andern Kautschukrohr verbunden war, oder das entgegengesetzte. Für die erstere Auffassung spricht der Wortlaut, für die letztere aber der Umstand, dafs dann von dem ganzen 255 cm langen Schlauche nur 58 cm im Versuche eigentlich zur Verwendung gekommen wären. Hierzu kommt dann weiter noch, dafs die Art der Wellenerzeugung, das Intervall zwischen Öffnung und Schliefsung der Leisten nicht ersichtlich ist. Die Curven lassen vielmehr der Vermutung Raum, dafs dieses Intervall lang genug gewesen ist, um noch eine Vermischung der primären Welle mit reflektierten zu ermöglichen. In der That ist z. B. in Fig. 19 gar nicht zu erkennen, dafs irgendwo eine Zeit des Stillstandes zwischen primärer und reflektierten Wellen eingeschaltet wäre. Auch wäre es ohne diesen Umstand ganz unverständlich, weshalb unmittelbar nach der ersten Erhebung eine Senkung der

---

1) Landois a. a. O. S. 109.

Curve weit unter das ursprüngliche Niveau stattfindet. Es scheint mir daher für den Leser weder möglich die Form der primären Welle, noch auch die Art der Reflexionen aus den Landois'schen Schemaversuchen genau zu entnehmen; nur soviel sieht man, dafs in dem beiderseitig begrenzten Schlauch alsbald stehende Wellen sich bilden, wie das ja unter allen Umständen der Fall sein mufs. Ich führe diese Dinge nur an, um für entschuldigt zu gelten, wenn ich nur im allgemeinen die Überzeugung ausspreche, dafs die allgemeine Wellenlehre auch von den von Landois beobachteten Erscheinungen genügend Rechenschaft geben würde, ohne diese Anschauung im einzelnen belegen zu können.

Ganz Ähnliches, was von Landois' Rückstofselevation, gilt bezüglich der Schliefsungswellen von Moens. Läfst man in der von Moens geübten Weise durch einen Schlauch Wasser aus einem Reservoir A in ein zweites B fliefsen und unterbricht den Strom plötzlich durch Schliefsen eines Hahnes, so entsteht ein Wellenvorgang, der nach den allgemeinen Lehrsätzen der Wellenlehre ganz leicht zu verstehen ist.

Zunächst wird durch das Schliefsen des Hahnes eine Talwelle erzeugt, welche als solche zu dem offenen Ende des Schlauches läuft, hier als Bergwelle reflektiert zu dem geschlossenen Anfang zurückläuft u. s. w. Die Schliefsung des Hahnes geschah in den Moens'schen Versuchen sehr plötzlich und die Welle zeigte demnach zuerst ein sehr scharfes Sinken des Druckes. Wenn die Welle diese Form behielte, so müfste theoretisch der Druckverlauf in der Mitte des Schlauches durch die nebenstehende Figur ausgedrückt sein. Thatsächlich nun verschwindet diese Form sehr schnell und man findet alsbald die einfachen, annähernd sinusförmigen Schwingungen, welche der gröfstmöglichen Wellenlänge entsprechen. Genau das Gleiche gilt für die „Öffnungswellen", welche bei der plötzlichen Öffnung des Hahnes sich bilden. In beiden Fällen ist die ursprüngliche Form der Wellen so, wie sie zunächst theoretisch zu erwarten ist und ohne den Einflufs der Reibung sich auch erhalten würde, in den Moens'schen Figuren noch an-

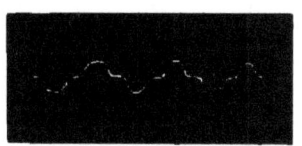

Fig. 16. Schema: Theoretische Form des Druckverlaufes in der Mitte eines Schlauches, wenn eine Strömung durch Hahnschlufs am Anfang des Schlauches unterbrochen wird und das Ende des Schlauches offen ist. Der thatsächliche Druckverlauf weicht hiervon in Folge der Reibungswiderstände und Dämpfung der Wellen ab.

deutungsweise zu erkennen. So z. B. in der Fig 15 von Moens (S. 66 seines Buches). Daselbst stellt die mittlere Curve, die ich hier reproduziere (Fig. 17, S. 36), den Vorgang der Schliefsungswelle in der Mitte des Schlauches dar. Man sieht, dafs die Curve von dem ersten Tal auf den ersten Gipfel nicht kontinuierlich, sondern mit einem Zwischengipfel (o') ansteigt; ebenso ist auch in dem absinkenden Teile hinter b' ein Absatz (A') zu bemerken. Wiewohl also

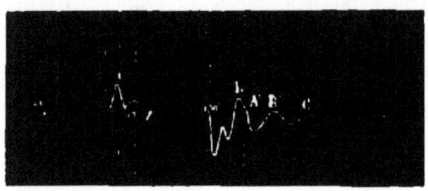

die theoretische Form nicht mehr ganz rein zum Ausdruck kommt, so ist doch ohne Zweifel in der Form der hier gesetzten primären Welle eine ganz unmittelbar verständliche Ursache für diese Gipfel gegeben.

Fig. 17. Form einer Schliefsungswelle in der Mitte des Schlauches (nach Moens, Pulskurve, S. 66).

Die Versuche, welche Moens seiner Theorie der Schliefsungswellen zu Grunde legt, enthalten also nichts, was nicht mit den allgemeinen Grundsätzen der Wellenlehre in vollem Einklang wäre. Ebenso sind es demgemäfs auch die Sätze, die Moens bezüglich der Schliefsungswellen (S. 51 seines Buches) aufstellt. Was dagegen die theoretischen Entwicklungen anlangt, so scheint mir auch die Moens'sche Betrachtung nicht völlig befriedigend. Dieselbe ist insofern eigenartig, als Moens nicht von den allgemeinen Sätzen der Wellenlehre, sondern von der Betrachtung der Schwingungen ausgeht, die eine ganze, in allen Teilen gleichmäfsig sich bewegende Wassersäule ausführen kann, wenn sie durch einen „elastischen Faktor" im Gleichgewicht gehalten wird. Nun übersieht zwar Moens keineswegs, dafs bei den elastischen Schläuchen die Verhältnisse anders liegen; er betont sogar selbst, dafs hier nicht alle Teile sich gleichmäfsig bewegen und demgemäfs der Vorgang den Charakter der Wellenbewegung besitzt. Gleichwohl scheint mir, dafs gerade wegen jenes eigentümlichen Weges der Untersuchung die Moens'sche Theorie an Klarheit und namentlich auch an Allgemeinheit zu wünschen übrig läfst. Es gilt hier in der That etwas ganz Ähnliches, wie von den Landois'schen Rückstofselevationen. Es kann nicht genügen, einige besondere Wellenformen, wie z. B. die Schliefsungswellen, zu beobachten, weil man dabei kein richtiges Bild von der Vielgestaltigkeit der Vorgänge je nach der Form der primären Welle erhalten kann. Demgemäfs findet denn auch Moens für die Form der ersten Schliefsungswellen in der Mitte des Schlauches, von denen soeben gesprochen wurde, keine ganz befriedigende Erklärung und spricht in dieser Hinsicht nur eine Vermutung aus[1]), während doch diese gerade theoretisch ganz unmittelbar und am einfachsten verständlich ist. Dagegen scheinen ihm die späteren Wellen der Theorie zu entsprechen, obgleich diese

1) A. a. O. S. 79.

einer verwickelteren Erklärung aus den Verhältnissen der Reibung und der Dämpfung bedürfen.

Ich möchte also die Moens'sche Theorie insofern als unzureichend bezeichnen, als sie nur ganz wenige bestimmte Arten von Eigenschwingungen begrenzter Schläuche kennt, während doch die Formen derselben von der gröfsten Mannigfaltigkeit, je nach der Art des Anfangszustandes, sein können. Es kann dies allerdings leicht übersehen werden, weil eben immer alsbald die einfachen Wellen von der gröfstmöglichen Wellenläuge allein übrig bleiben. Zunächst aber entstehen doch sehr häufig, und speziell auch in den von Moens untersuchten Fällen (Öffnung oder Schliefsung eines Hahnes), andere Wellenformen.

Es wird endlich hier der Platz sein, der einschlägigen Arbeiten Hoorwegs zu gedenken[1]. In vieler Beziehung, namentlich in Bezug auf die Beurteilung der Ergebnisse von Landois und Moens kann ich mich mit Hoorweg einverstanden erklären, und es erscheint nicht notwendig, hierauf genauer einzugehen. Bedeutungsvoller ist dagegen für die Auffassung der Wellenvorgänge ein Punkt, der in der zweiten Arbeit Hoorwegs eingehender zur Sprache gekommen ist. Hoorweg stellt nämlich den Parallelismus zwischen Druck- und Strömungsverlauf, den ich für einsinnig sich fortpflanzende Wellen postuliert habe, in Abrede. Er findet es vielmehr „natürlich, dafs der Druck, welcher das Resultat der verschiedenen Zu- und Abflufsgeschwindigkeiten ist, später abzunehmen anfängt, als die Anfangsgeschwindigkeit (?) selber, ebenso wie die tägliche Temperatur erst um etwa 1½ Uhr nachmittags zu sinken beginnt, während doch die Sonne schon zur Mittagszeit ihren höchsten Stand erreicht"[2].

Ich kann weder den Vergleich, noch die ganze Argumentation als zutreffend anerkennen. In der That bedingen bei den Schlauchwellen ebensowohl die Druckverhältnisse die Strömungen, als umgekehrt. Man würde mit dem gleichen Recht auch sagen können, die Sistierung des Stromes in einem Querschnitte könne gar nicht anders erfolgen als durch Verminderung des Druckes auf der einen oder Steigerung auf der andern Seite; es müsse also die Veränderung des Druckes derjenigen der Strömung zeitlich vorangehen. Denken wir uns, dafs ein stationärer Strom durch Schliefsung eines Hahnes plötzlich unterbrochen wird, so sind es auch wirklich Veränderungen des Druckes, welche die bewegten Flüssigkeitsteilchen still stellen; man könnte also hier die Druckschwankung als Ursache, die Geschwindigkeitsveränderung als Folge betrachten und eine Verspätung der

---

[1] Hoorweg, Über die Blutbewegung in den menschlichen Arterien. Pflügers Archiv Bd. 46 S. 115 und Bd. 47 S. 439.

[2] A. a. O. zweite Abhandlung S. 447.

38

letzteren erwarten. Thatsächlich indessen ist der Zusammenhang doch nicht so einfach darzustellen. Das Steigen oder Abnehmen des Druckes an einer bestimmten Stelle hängt ja nicht von der Gröfse der an eben dieser Stelle stattfindenden Strömung ab, sondern von der Ungleichmäfsigkeit der Strömung längs der Schlauchaxe, mathematisch formuliert: von dem Differenzialquotienten der Strömung nach der Schlauchaxe (dem Werte $\frac{dv}{dx}$). Es ist also eine zunächst ganz unberechtigte Erwartung, dafs der Druck an einer Stelle noch sinken soll, weil daselbst die Strömung klein geworden ist; er kann vielmehr nur heruntergehen in dem Augenblick, wo der wellenförmig sich fortpflanzende Sprung der Geschwindigkeit die betreffende Stelle passiert und demgemäfs der Wert $\frac{dv}{dx}$ einen von Null verschiedenen Wert erhält; mit andern Worten: in dem Augenblicke, in dem an einer Stelle die Geschwindigkeit sich auf einen andern Wert einstellt, stellt sich daselbst auch der Druck auf eine andere Höhe ein.

Ich messe natürlich dieser Betrachtung nur den Wert einer gewissen Veranschaulichung bei. Entscheidend ist in diesen Dingen — vom Versuche abgesehen — nur die streng mathematische Betrachtung; sobald man den Boden derselben verläfst, schweben alle Erörterungen der Vorgänge mehr oder weniger in der Luft, und man kann, wie ja auch soeben gezeigt wurde, zwei gegenteilige Behauptungen mit gleichem Gewicht wahrscheinlich machen. Gegenüber der Hoorweg'schen Argumentation über die Beziehungen von Druck und Strömung mufs ich mich also darauf berufen, dafs in den Voraussetzungen derjenigen Differenzialgleichungen, nach welchen wir den Vorgang beurteilen, ja der Zusammenhang zwischen Druck und Strömung in einer, wie ich glaube, ganz einwurfsfreien Weise berücksichtigt worden ist.

Was nun die experimentelle Bewährung dieser Anschauungen anlangt, so habe ich einige Beispiele für dieselbe bereits in meiner früheren Arbeit[1], einige wieder hier angeführt (S. 10). Dafs speziell auch die Unterbrechung eines stationären Stromes durch Schliefsung eines am Anfange des Schlauches angebrachten Hahnes einen plötzlichen Abfall des Druckes, aber kein allmähliches Sinken hervorruft, zeigt Fig. 18 (S. 39). Dieselbe wurde ebenso wie die ganz analoge Fig. 2 an einem weiten Schlauche gewonnen. In allen Fällen zeigen die Versuche gute Übereinstimmung mit der Theorie; dagegen vermag ich nicht einzuräumen, dafs die von Hoorweg angeführten experimentellen Thatsachen mit meinen theoretischen Ergebnissen im Widerspruch stehen. Hoorweg stützt sich zunächst auf eine von Fick herrührende Zeichnung, aus welcher hervorgehe, dafs

1) Festschrift S. 77 und 79.

Geschwindigkeit und Druck bei einsinnigen Wellen nicht übereinstimmend verliefen. Wer nun weifs, dafs Fick sich ganz vollständig auf den Boden meiner theoretischen Ausführungen gestellt hat, und zwar eben in der Arbeit, welcher jene Figur entnommen ist, der wird es wohl nicht ohne weiteres glaublich finden,

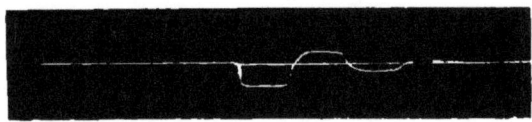

Fig. 18. Druckschwankung, welche bei Sistierung einer Strömung durch Habnschlufs in einem weiten Schlauche unterhalb des Hahnes auftritt.

dafs Fick inkonsequent oder unüberlegt genug gewesen sei, dies zu thun, während in einem seiner Versuchsergebnisse geradezu ein Widerspruch gegen diese Theorie sich fände. Thatsächlich ist der betreffende Versuch Ficks an einem sehr engen Schlauch (2,5 mm Durchmesser) angestellt worden; und er dient zum Beweise der ebenfalls von mir aufgestellten Sätze, welche die Beziehungen von Druck und Strömung in denjenigen Fällen betreffen, in denen der Reibungswiderstand erheblich ist. Hoorweg hat es, wie es scheint, übersehen, dafs ich für solche Fälle eine gewisse Abweichung zwischen dem Verlauf des Druckes und der Strömung selbst theoretisch abgeleitet und auch experimentell bewiesen habe. Das Ergebnis der Fick'schen Versuche befindet sich also mit meinen Anschauungen durchaus im Einklang; und in diesem Sinne wird der Versuch von Fick auch angeführt.

Noch befremdlicher erscheint mir, dafs Hoorweg gegen meine Ausführungen die Figuren Mareys (in „La circulation du sang" p. 327 f.) anführt. Denn diese Figuren sind an tierischen Gefäfsen aufgenommen; sie zeigen allerdings die Inkongruenz des Druck- und Strömungsverlaufes an. Aber hier fragt es sich ja eben, ob nicht reflektierte Wellen im Spiele sind. Wenn gezeigt werden soll, dafs Druck und Strömung auch ohne die Einmischung reflektierter Wellen verschiedenen Verlauf darbieten können, so wird doch dies an Anordnungen geschehen müssen, bei welchen das Fehlen der Reflexionen sichergestellt ist. Aber es kann keinen Wert haben, sich dieserhalb auf Fälle zu berufen, für welche die entgegengesetzte Theorie, zunächst mit ganz gleichem Recht, gerade aus der Inkongruenz von Druck und Strömung die Einmischung der reflektierten Wellen entnimmt [1].

--

1) In der That habe ich gerade die hier von Moens herangezogenen Marey'schen Figuren in der „Festschrift" abgebildet und schon damals aus ihnen (genauere tachographische Untersuchungen lagen noch nicht vor) auf eine Wellenreflexion geschlossen.

Abgesehen von dem soeben Gesagten findet sich in den Ausführungen Hoorwegs noch ein Punkt von allgemeinerer theoretischer Bedeutung, in welchem ich demselben nicht ganz beizupflichten vermag. Es ist dies die Lehre von der „Klappenwelle". Obgleich hierauf bei späterer Gelegenheit noch einzugehen sein wird, möchte ich doch in dieser Hinsicht einiges, was mit der allgemeinen Theorie zusammenhängt, gleich hier erörtern. Es handelt sich hier um die auf S. 150 f. der zweiten Hoorweg'schen Arbeit beschriebenen Versuche. Dieselben wurden so angestellt, daſs aus einem komprimierbaren Gummiballon Flüssigkeit in den Anfang des Schlauches getrieben wurde; bei dem Nachlassen des Druckes (der künstlichen Diastole) schlossen sich dann metallene Klappen, die am Anfange des Schlauches angebracht den Rückstrom in dem Ballon zu verhindern bestimmt waren. Die Theorie läfst nun erwarten, daſs der Erfolg derartiger Versuche, abgesehen von der variabeln Art, in der die Kompression des Ballons ausgeführt werden kann, von zwei Faktoren abhängen wird, und zwar erstlich von dem Grade des Reibungswiderstandes, der in dem Schlauche stattfindet, und zweitens von der Art und Weise, wie die Klappen funktionieren. Der letztere Punkt mufs in gewissem Mafse die Gestaltung der Strömung bestimmen und namentlich dafür entscheidend sein, ob und in welchem Betrage vor dem Klappenschlusse ein Rückstrom stattfindet. Es versteht sich nun, daſs eine positive Klappenschlufswelle, d. h. eine mit dem Klappenschlufs einhergehende Drucksteigerung jedesmal auftreten mufs, wenn dem Klappenschlufs, d. h. der Sistierung der Strömung, ein Rückstrom (ein negativer Wert der Geschwindigkeit) vorausgeht. Ohne eine solche Regurgitation würde dagegen die Geschwindigkeit nur auf Null herabsinken, es könnte aber kein Zuwachs derselben (somit ohne reflektierte Welle auch kein Zuwachs des Druckes) mit dem Klappenschlufs einhergehen. So viel ich nun verstehe, gelangt auch Hoorweg bei dem Versuche, die Klappenwelle zu erklären, zu ganz derselben Anschauung. Er sagt nämlich (a. a. O. S. 154):

„Man könnte erwarten, daſs die Curve von s (dem Ende der Einströmung) ab allmählich in schiefer Richtung sinken würde; aber in Wirklichkeit wird hier eine zweite Erhebung gebildet. Aber man soll ja nicht vergessen, daſs im Anfang der Diastole eine Strömung nach dem Ballon hin stattfindet, welche durch das Schliefsen der Klappe plötzlich gehemmt wird. Alle sich in dieser Strömung befindenden Wasserteilchen haben eine gewisse Bewegungsquantität ($m\,o$) und beim Stofs an das Ventil entsteht daher nach dem Newton'schen Stofsgesetze eine rückwärtige Bewegung nach der Röhre hin, von welcher eine kleine Druckerhöhung die Folge ist. Man denke nur an den hydraulischen Widder. Es entsteht also eine kleine sekundäre Bergwelle . . . ."

Obwohl hier aufser Acht gelassen ist, dafs die elastische Einschliefsung des Wassers für die Gröfse der entstehenden Drucksteigerung mafsgebend ist und demgemäfs die Anführung des Stofsgesetzes und des hydraulischen Widders nicht ganz zutreffend erscheint, so kann ich doch der ganzen Darstellung in der Hauptsache beipflichten, sofern unter der „Strömung zum Ballon hin", die durch den Klappenschlufs gehemmt wird, eine Strömung durch die noch offene Klappe in den Ballon hinein verstanden wird. Legt man aber diese Anschauung zu Grunde, so mufs zugegeben werden, dafs der entscheidende Punkt gerade in demjenigen Faktor der ganzen Versuchseinrichtung gegeben ist, bezüglich dessen die Übereinstimmung mit anderen Klappenapparaten und speziell auch mit dem Herzen ganz problematisch ist, nämlich in der Stärke und Dauer der Regurgitation, welche dem Klappenschlufs vorangeht. Ich kann demgemäfs nicht finden, dafs Versuche mit Ventilen vorzugsweise geeignet wären, die uns interessierenden physikalischen Verhältnisse aufzuklären. Die Bewegung eines Spritzenstempels, die Sistierung einer Strömung durch Hahnschlufs sind theoretisch viel durchsichtigere Versuche. Sie bestätigen in vollem Mafse die zu erwartenden Beziehungen zwischen Druck und Strömung und lehren namentlich, dafs beim Aufhören des vorher bestandenen Stromes der Druck in weiten Schläuchen lediglich auf den Wert heruntersinkt, den er vor der Einpressung gehabt hatte. Von einer nochmaligen Steigerung des Druckes ist hier nur das zu bemerken, was auf die Eigenschwingung des Manometers zurückzuführen ist, oder aber, wenn man eine solche durch passende Dämpfung ausschliefst, wirklich gar nichts. Man betrachte, um dies zu sehen, z. B. Fig. 18.

So sehr also auch zugegeben werden mag, dafs bei künstlichen Klappenvorrichtungen in der Regel gröfsere oder kleinere „Klappenschlufswellen" zur

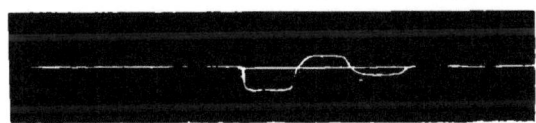

Fig. 18. Druckschwankung, welche bei Sistierung einer Strömung durch Hahnschlufs in einem weiten Schlauche unterhalb des Hahnes auftritt.

Erscheinung kommen, so scheint es mir doch nicht zweckmäfsig, durch die Einführung dieses Namens die Vorstellung hervorzurufen, dafs hier ein Vorgang bezeichnet sei, der notwendig mit jedem Klappenschlufs verknüpft wäre. Bei ganz ideal funktionierenden Klappen (einem Falle, den die Bewegung des Spritzenstempels veranschaulicht) giebt es eine solche Welle gar nicht; ihre Gröfse hängt davon ab, in welchem Grade die Klappen unvollkommen funktionieren; man sollte also lieber von einer kurzen negativen Welle sprechen, welche der Einstellung des Druckes auf den dem Stillstande entsprechenden Wert vorausgeht, und könnte diese Regurgitationswelle nennen. Jedenfalls aber darf aus dem Umstande, dafs am Ende der Herzsystole die Semilunarklappen sich schliefsen, nicht ohne weiteres gefolgert werden, dafs die dikrotische Erhebung des Pulses eine Klappenschlufswelle sei. Auch für diese Frage vielmehr ist durch die experimentell beobachtete Klappenschlufswelle keine andere Basis gewonnen, als diejenige, welche schon die Grundsätze der allgemeinen Wellenlehre ergeben. Es wird zu prüfen sein, welche Art von Strömung angenommen werden mufs, um die faktisch beobachteten dikrotischen Erhebungen (ohne Annahme reflektierter Wellen) zu erklären, und zu erwägen, ob derartige Strömungen, insbesondere eine so umfangreiche Rückströmung stattfinden kann. Ich glaube, dafs die Aufserachtlassung dieser quantitativen Seite des ganzen Vorganges wesentlich Schuld daran ist, wenn Hoorweg und vor ihm viele andere geneigt gewesen sind, auf die Beobachtung von Klappenschlusswellen hin die Dikrotie des Pulses als eine solche zu erklären. Es wird auf diese Fragen später zurückzukommen sein; doch schien es mir wünschenswert, gleich hier zu zeigen, dafs auch die vielbesprochenen Klappenwellen nicht etwas sui generis darstellen, sondern in ihrer Entstehung durchaus sich den allgemeinen Gesetzen der Schlauchwellen unterordnen.

§ 9. Über Eigenschwingungen der elastischen Schläuche.

Nachdem im vorigen Paragraphen die „Rückstofselevation", die „Schliefsungswelle" und die „Klappenschlufswelle" der allgemeinen Theorie der Schlauchwellen eingereiht worden sind, ist die Frage aufzuwerfen, ob es noch Vorgänge anderer Art giebt, für welche die bisher aufgestellten Gesetze des Zusammenhanges zwischen Druck und Strömung und somit auch die Abhängigkeit der Wellenform von der Art der wellenerzeugenden Eingriffe etwa nicht giltig wären. Es ist nun namentlich von Landois behauptet worden, dafs neben den Rückstofselevationen noch eine ganz andere Art sekundärer Schwingungen beobachtet werden könne, welche er unter dem Namen der Elasticitätselevationen zusammenfafst. Wiewohl nun die reale Existenz dieser Wellen vielfach bestritten worden ist, und in gewissem Umfange wohl auch zweifellos mit Recht[1]), so kann doch, wie sich alsbald zeigen wird, die Realität gewisser Vorgänge dieser Art in in einer jeden Zweifel ausschliefsenden Weise bewiesen werden. Dagegen will

---

1) Grashey erklärt sie zum Teil als einfachen Ausdruck der besondern Form der primären Welle oder ihrer Kombination mit der reflektierten Welle, zum Teil als Eigenschwingung des Sphygmographen.

mir nicht scheinen, dafs Landois' Erklärung dieser Schwingungsformen eine zutreffende ist, und namentlich genügt sie nicht, um ein Urteil darüber zu gewinnen, ob ähnliche Erscheinungen in dem tierischen Gefäfssystem stattfinden können. Landois sagt[1]): Eine sorgfältige Prüfung hat mich zu der Überzeugung geführt, dafs dieselben (die Elasticitätserhebungen) herrühren von den Schwingungen der elastischen Röhrenwand. Die Röhrenwand macht vermöge ihrer Elasticität ihre Excursionen in den Zustand der Dehnung und zurück in den der Verengerung nicht im einfachen ununterbrochenen Zuge, sondern unter Oscillationen, gerade wie das mit Gewichten plötzlich belastete und dann wieder entlastete Gummiband . . . ."

Versucht man diese Erklärung sich etwas genauer auszuführen, so könnte man zunächst etwa meinen, es handele sich um Eigenschwingungen der Röhrenwand im strengen Sinne des Wortes. Als solche würde eine Schwingung zu bezeichnen sein, welche die aus der Gleichgewichtslage entfernte Schlauchwand ausführen würde, wenn auf dieselbe aufser ihrer eigenen elastischen Spannung entweder gar keine oder nur konstante äufsere Kräfte einwirkten. Nun ist nicht zu bezweifeln, dafs solche Schwingungen stattfinden können. Nehmen wir an, die Schlauchwand sei auf eine Weite gedehnt, welche dem inneren Druck P das Gleichgewicht hält. Würde alsdann der Druck plötzlich auf den Wert p erniedrigt, so müfste die Wand sich zusammenziehen; sie würde aber nicht einfach in die dem Druck p entsprechende Gleichgewichtslage sich einstellen, sondern über diese hinausfahren und um dieselbe Schwingungen ausführen. Diese, bei konstantem inneren und äufseren Druck ausgeführten, Eigenschwingungen der Schlauchwand könnten im eigentlichen Sinne Eigenschwingungen derselben heifsen. Die Rechnung zeigt indessen, dafs diese Eigenschwingungen von einer Frequenz sind, welche ihre Wahrnehmung ungemein schwierig machen mufs und dafs jedenfalls die von Landois beobachteten Schwingungen in dieser Weise nicht zu erklären sind. Die Periode einer solchen Schwingung ist nämlich ebenso grofs, wie die Zeit, in welcher in einem gespannten Gummifaden oder Streifen ein Zug sich über eine der Schlauchperipherie gleiche Länge fortpflanzt. Die Geschwindigkeit einer solchen Fortpflanzung beträgt nach den Versuchen von Exner[2]) mehr als 40 Meter pro Sekunde. Für einen Schlauch von 12 mm Durchmesser ergäbe sich somit eine Oscillationsfrequenz von etwa 1000 Schwingungen pro Sekunde. Ohne Zweifel also haben wir an Schwingungen dieser Art nicht zu denken; denn in den Zeichnungen finden sie sich nicht und selbst wenn sie im Schlauch vorhanden

---

1) A. a. O. S. 114.
2) Exner, Wiener Sitzungsberichte. Mathematisch-physikalische Klasse Bd. 69. 1874.

wäre, so wären unsere registrierenden Apparate zu träge, um sie aufzuzeichnen. Überdies aber läfst sich wohl einsehen, dafs bei einem mit Flüssigkeit gefüllten Schlauche eine derartige Schwingung gar nicht zustande kommen kann. Die Schlauchwand kann sich nicht bewegen, ohne gleichzeitig den Inhalt in Bewegung zu setzen; insbesondere kann sich die Gröfse eines Querschnittes nicht verändern, ohne dafs gleichzeitig Flüssigkeit in die benachbarten Querschnitte verdrängt oder aus ihnen aufgenommen würde. Hiernach scheint nun aber für jegliche Bewegung der Schlauchwand eben derjenige Zusammenhang zwischen den Bewegungen der verschiedenen Querschnitte unerläfslich, welchen wir als Grundlage für die Theorie der Wellenbewegungen ins Auge gefafst haben; ist dem aber so, so kann es auch keine Bewegungen als eben diese Wellenbewegungen geben und keine Eigenschwingungen, als die durch die begrenzte Länge eines Schlauches resp. durch die Reflexionen bedingten stehenden Wellen.

Zu einer Vervollständigung dieser Anschauung gelangen wir in der That erst, wenn wir Vorgänge von wesentlich anderer Natur in den Kreis unserer Betrachtungen ziehen. Bisher wurde stets die Voraussetzung gemacht, dafs der Querschnitt des Schlauches ein kreisförmiger sei und durchweg bleibe. Unter diesen Umständen kann jeder Querschnitt nur Veränderungen der Gröfse erleiden und dabei besteht die eben erwähnte genaue Abhängigkeit zwischen benachbarten Teilen. Ganz anders, wenn es sich um Veränderung der Form handelt. Ein Querschnitt kann bei unveränderter Gröfse eine Änderung der Form erleiden; auch eine derartige Bewegung ist natürlich von denjenigen benachbarter Teile nicht völlig unabhängig; wir können uns aber denken, dafs eine mit Formveränderung des Querschnittes einhergehende Schwingung in allen Teilen eines Schlauches gleichzeitig stattfände und demgemäfs auch eine von der Länge des Schlauches ganz unabhängige Periode besäfse, welche sie als eine Eigenschwingung jedes einzelnen Querschnittes erscheinen liefse. Ich habe zwei verschiedene Kategorieen von Erscheinungen beobachtet, welche, wie mir scheint, in dieser Weise aufzufassen sind, und die ich daher unter dem Namen der Deformationsschwingungen zusammenfassen möchte. Die eine derselben ist sehr leicht zu sehen und auch ohne Zweifel schon oft bemerkt worden. Hebt man einen mit Flüssigkeit gefüllten Schlauch an irgend einer Stelle um einige Millimeter von seiner Unterlage ab und läfst ihn dann auf dieselbe niederfallen, so hüpft er, seiner Elasticität zufolge, wieder in die Höhe, um alsdann mit einer Reihe schneller Oscillationen zur Ruhe zu gelangen. Er verhält sich hierin ganz ähnlich, wie eine Stahl- oder Elfenbeinkugel, wie ein mit Luft gefüllter Gummiball etc. An weiten Schläuchen (20 Millimeter Durchmesser) mit nicht zu dicker

Wand sind diese Oscillationen sehr deutlich zu fühlen, auch ohne Schwierigkeit zu registrieren; an sehr weiten Schläuchen kann man sie auch recht gut sehen. In Fig. 19 und 20 stellen die mit *a* bezeichneten Linien Oscillationen dar, die in der eben angegebenen Weise hervorgerufen wurden. Dieselben wurden mittels

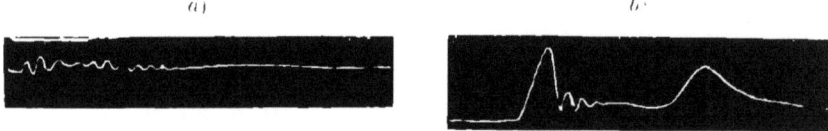

Fig. 19. Bei *a* Hüpfungen (durch Auffallen des Schlauches auf die Unterlage hervorgerufene Oscillationen) eines 24 mm weiten Schlauches. Bei *b* Einmischung ähnlicher Oscillationen in eine gewöhnliche Bergwelle.

eines direkt auf den Schlauch aufgelegten und durch ein Gummistreifchen aufgedrückten sehr leichten Hebels auf die Kymographiontrommel aufgezeichnet und zwar wurde dabei eine etwa 20 Centimeter von dem Hebel entfernte Stelle des Schlauches angehoben und fallen gelassen. Fig. 19 gehört einem Schlauch von 24, Fig. 20 einem solchen von 40 Millimeter Weite an. Die Schwingungen

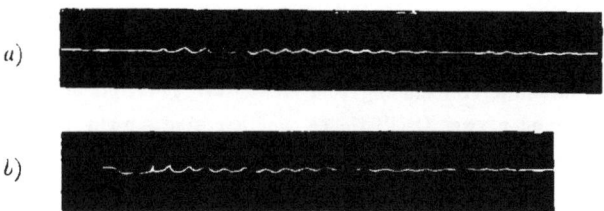

Fig 20. Bei *a* Hüpfungen (durch Auffallen des Schlauches auf die Unterlage hervorgerufene Oscillationen) eines Schlauches von 40 mm Durchmesser. Bei *b* Einmischung ähnlicher Oscillationen in eine kurze Talwelle.

kommen hier, wie man sieht, sehr schön und deutlich zur Entwickelung. Man kann leicht feststellen, dafs ihre Frequenz z. B. zunimmt, wenn der Schlauch unter höherem Druck gefüllt ist.

Hier handelt es sich nun in der That um Deformationsschwingungen. Um von denselben ein richtiges Bild zu erhalten, müssen wir bedenken, dafs der Schlauch, auch wenn er in Ruhe ist, auf seiner Unterlage stets mit einer gewissen Abplattung aufliegt. Der Querschnitt ist also so gestaltet, dafs ein Stückchen der Wand der ebenen Unterlage geradlinig anliegt; das übrige kann im allgemeinen als Kreis betrachtet werden[1]. Indem der Schlauch auf die

1) Vgl. jedoch die genauere Analyse in Anmerkung VII.

Unterlage niederfällt, wird eine gröfsere Abplattung herbeigeführt, als sie der Ruhelage entspricht, und so schnellt er wieder in die Höhe. Bei den ersten stärksten Oscillationen hebt er sich vielleicht ganz wieder von der Unterlage ab. Bei den späteren von kleinerem Umfange wird die Abplattung nur abwechselnd gröfser und kleiner. Im übrigen würden diese Schwingungen — ich will sie im folgenden, um eine kurze deutsche Bezeichnung zu haben, Hüpfungen nennen — kaum ein besonderes Interesse beanspruchen, wenn sich nicht zeigte, dafs sie bei kurzen Wellen, die auf irgend eine andere Weise hervorgebracht sind, sich sehr leicht einmischen. So sieht man z. B. in Fig. 19 b eine kurze Bergwelle, welche am Schlufs einige kleine Oscillationen zeigt, die nichts anderes als Hüpfungen sind, ebenso in Fig. 20 bei b eine kurze Talwelle, die eine längere Reihe von Hüpfungen herbeiführt. Auch kann dies nicht überraschen, wenn man bedenkt, dafs bei einem auf horizontaler Unterlage aufliegenden Schlauch jede Vermehrung des Querschnittes mit einer aufwärts gerichteten Bewegung des Schwerpunktes verknüpft sein mufs. Eine kurze Welle kann demgemäfs, wenn sie stark genug ist, den Schlauch sogar zum Abspringen von der Unterlage bringen, bei geringerem Umfange aber wenigstens zum Entstehen von Hüpfungen führen.

Dafs nun diese Hüpfungen sich häufig in die Schema-Untersuchungen an elastischen Schläuchen eingemischt haben, ist mir sehr wahrscheinlich. Bei engeren Schläuchen von stärkerer Wandung sind sie stärker gedämpft und verraten daher, wenn nur eine oder zwei Oscillationen sichtbar sind, nicht immer leicht ihre Natur. Dafs auch Landois' Elasticitätsschwingungen in manchen Fällen nichts anderes als Hüpfungen des Schlauches waren, ist mir nicht unwahrscheinlich; doch entzieht sich dies aus den oben erwähnten Gründen einer genaueren Prüfung. Für die Theorie der Pulswelle sind die Hüpfungen demgemäfs vielleicht öfter Quelle einer Täuschung gewesen. Sobald aber ihre Natur bekannt ist, läfst sich auch leicht einsehen, dafs sie im Arterienpuls keine Rolle spielen. Denn ganz abgesehen davon, ob die Bedingung eines einseitigen Widerstandes, wie ihn die horizontale Unterlage im Experiment bietet, für die Arterien irgendwo in ähnlicher Weise verwirklicht ist, verbietet sich die Zurückführung irgendwelcher Eigentümlichkeiten der Pulswelle auf Hüpfungen schon durch die Rücksicht auf die absoluten Werte der betreffenden Oscillationsfrequenzen. In einem Schlauche von 24 Millimeter Weite und bei einem Druck von 480 Millimeter Wasser beträgt die Frequenz der Hüpfungen schon ca. 33 pro Sekunde, um noch weiter anzusteigen, wenn man den Druck wachsen und die Weite des Schlauches abnehmen läfst. Hiernach kann man wohl nicht daran denken, die von Landois als Elasticitätserhebungen bezeichneten, neuerdings meist systolische Wellen genannten Bestandteile der Pulskurven für Hüpfungen zu halten.

Es schien mir nun, schon im Interesse einer Vervollständigung der Theorie, wünschenswert zu ermitteln, ob Eigenschwingungen ähnlicher Art auch bei einem Schlauche, der nicht auf einer Unterlage ruht, zu beobachten wären. Zu diesem Zwecke liefs ich ein längeres Stück eines mit Wasser gefüllten Schlauches frei (im Bogen) hängen, indem ich die beiden Enden etwa in gleicher Höhe befestigte. An weiten und dünnwandigen Schläuchen liefs sich nun unschwer feststellen, dafs auch bei dieser Einrichtung eine Art von Eigenschwingung zur Beobachtung kommt, d. h. eine Oscillation von einer ganz bestimmten Frequenz, welche natürlich von der Beschaffenheit jedes Querschnittes (Druck und Weite) abhängig, von der Länge des betreffenden Schlauchstückes dagegen unabhängig ist. Man kann diese Art von Oscillationen am besten durch kurzes Anschlagen an irgend einer Stelle des Schlauches, etwa mit einem Skalpellstiel o. dgl., erzielen. Man kann sie leicht hören, wenn man das Ohr dem Schlauch nahe bringt, und sich dabei von der ganz bestimmten und konstanten Tonhöhe überzeugen; man kann sie auch fühlen, wenn man eine Stelle des Schlauches vorsichtig zwischen zwei Finger nimmt und in einiger Entfernung davon anschlägt; man kann sie endlich auch registrieren, indem man einen der Schlauchwand mäfsig stark angedrückten Hebel die Bewegungen derselben auf die rotierende Trommel aufschreiben läfst. Hierbei ist freilich bei der Natur des ganzen Versuchs nicht zu vermeiden, dafs auch andere Oscillationen des hängenden Schlauches sich in die Zeichnung einmischen. Doch sind die uns interessierenden wegen ihrer viel gröfseren Frequenz leicht herauszuerkennen. Die untere Kurve von Fig. 21 zeigt ein Beispiel derartiger Oscillationen (die obere markiert 30stel Sekunden). Unter günstigen Verhältnissen dauern sie oft über eine Sekunde lang; ihre Frequenz beträgt in dem hier gezeichneten Fall ca. 100 pro Sekunde. Die Natur dieser Schwingungen nun ist mir lange Zeit unklar geblieben.

Fig. 21. Untere Kurve: Aufzeichnung der Oscillationen, welche in einem freihängenden Schlauche durch kurzen Anschlag mit einem Skalpellstiel erzielt werden, vermutlich elliptische Schwingungen. Die obere Kurve markiert Dreifsigstel-Sekunden.

Auf die Vermutung, dafs sie Deformationsschwingungen seien, bin ich zuerst durch eine Arbeit von Lenard[1] und eine darin citierte von Lord Rayleigh[2]

1) Lenard, Über die Schwingungen fallender Tropfen. Wiedemanns Annalen. Bd. 30 S. 209.
2) Lord Rayleigh, On the capillary phenomena of jets. Proceedings of the Royal Society of London. Vol. XXIX. 1879.

geführt worden, welche die Bewegung von Flüssigkeitstropfen und Strahlen behandeln. In diesen Arbeiten ist gezeigt, dafs Tropfen und Strahlen Deformationsschwingungen sehr verschiedener Art unter dem Einflufs der capillaren Spannung der freien Flüssigkeitsoberfläche ausführen können. Die einfachsten derselben sind (für den Strahl) diejenigen, bei welchen der in der Ruhe kreisförmige Querschnitt (sehr annähernd) elliptisch deformiert wird; er würde dabei also seine Schwingun-

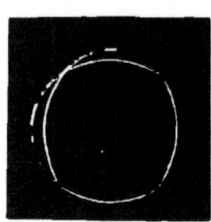

gen in der Weise ausführen, dafs zwei aufeinander senkrechte Durchmesser abwechselnd lange und kurze Axe der Ellipse würden, wie dies Fig. 22 zu veranschaulichen sucht, in der die beiden Linien die extremen Deformationen darstellen. Ohne Zweifel nun kann die elastische Spannung der Schlauchwand ganz die gleiche Rolle spielen, wie die Spannung der freien Flüssigkeitsoberfläche. Auch

Fig. 22. Schema: die wechselnde elliptische Deformation eines in der Ruhe kreisförmigen Schlauchquerschnittes zeigend.

ist begreiflich, dafs der einseitig applizierte Anschlag geeignet ist, Deformation des Querschnittes hervorzurufen. Da es indessen nicht gelingt (mir wenigstens bisher nicht gelungen ist), die Deformation des Querschnittes direkt nachzuweisen, so kann ich die Deutung der beschriebenen Schwingungen als Deformations-, speziell als elliptische Schwingungen des Schlauches nur als Hypothese aufstellen. Immerhin wird dieselbe dadurch sehr wahrscheinlich, dafs die faktisch beobachteten Oscillationsfrequenzen mit denjenigen, die sich aus der Rayleigh'schen Theorie für elliptische Schwingungen berechnen, in recht guter Übereinstimmung finden. Die betreffende Schwingungsperiode ist nach dieser Theorie

$$\tau = 2\pi a \sqrt{\frac{\sigma}{6\,p}},$$

wo a den Radius des Schlauches bedeutet, σ das spezifische Gewicht der Flüssigkeit und p den Druck[1]. Dafs nun diese letzterwähnte Art der Oscillationen für den Arterienpuls keine Rolle spielen kann, bedarf wohl kaum noch eines besonderen Nachweises. Es ist bei dieser in noch viel stärkerem Mafse als bei den Hüpfungen die Frequenz der betreffenden Oscillationen dazu viel zu grofs. Sie beträgt hier bei Schläuchen von 25—30 Millimeter Weite und bei relativ geringen Spannungen schon meist über 100 pro Sekunde und müfste bei engeren und unter stärkerem Druck gefüllten Schläuchen noch höher sein. Ich habe demnach die ganze Er-

---

1) Vgl. hierüber das Genauere in Anmerkung VIII.

scheiuung hier auch nur erwähnt, weil es mir wünschenswert schieu, mit dem Begriff einer Eigenschwinguug der Schlauchwand möglichst vollständig ins Reine zu kommen.

Kapitel II.

Die Grundform des Arterienpulses und die dikrotische Erhebung.

§ 1. Die Grundform des menschlichen Pulses. Auffassung der Arterien als eines clastischen Reservoirs.

Der Versuch, die theoretische Kenntnis der Schlauchwellen auf die Lehre vom Arterienpuls anzuwenden, stöfst hauptsächlich deswegen auf sehr grofse Schwierigkeiten, weil die physikalischeu Verhältnisse der Herzthätigkeit sowohl als der Gefäfsbahn äufserst verwickelte sind, und es demgemäfs nicht gelingt, diejenigen Konstanten, auf die es hauptsächlich aukommen würde (z. B. Weite und Dehnbarkeit der verschiedenen Arterien) durch direkte Messung hinreichend vollständig zu ermitteln. Überdies sind die Verhältnisse auch nicht einmal konstant, sondern an demselben Individuum vielfach veränderlich, wobei sich denn auch die Form der Pulswelle mehr oder weniger verändert. Bei der grofsen Zahl und Verschiedenartigkeit der hier im Ganzen zu beachtenden Punkte scheiut es mir am zweckmäfsigsten, iu der Weise vorzugehen, dafs ich gewisse, am längsten und genauesten bekannte Thatsachen zum Ausgangspunkt wähle. Wenn dabei die Wahl derjenigeu Art der Pulswelle, die wir der Betrachtung zunächst zu Grunde legen, einigermafsen willkürlich erscheinen sollte, so wird dies doch deswegen kein erheblicher Vorwurf sein, weil wir später die feineren Details der Pulsform, die Differenzeu derselben au verschiedenen Arterien, ihre Variierbarkeit durch physiologische Zuständc u. a. für sich werden zu behandeln haben.

Verstehen wir uuter dem Arterienpuls die mit der Herzthätigkeit periodischen Vorgänge iu den Arterien, so ist sogleich klar, dafs an jeder Stelle irgend einer Arterie einerseits die periodische Schwankuug des Druckes, anderseits diejenige der Strömung ins Auge gefafst werden kann. Die Aufmerksamkeit der Untersucher hat sich naturgemäfs den Druckschwaukungen zuerst zugewandt; deun diese sind es, die die Erweiterung und Vereugerung der Arterien bewirken und dem tastenden Finger bemerkbar werden. Daneben hat man zwar auch seit langer Zeit (es sei hier nur an die Versuche von Vierordt und Chauveau erinnert) den periodischen Wechsel der Geschwindigkeit untersucht. Alleiu die

Beobachtung des letzteren (wir werden davon noch zu handeln haben) bleibt unter allen Umständen mit Schwierigkeiten verknüpft, während wir in der allmählich zu hoher Vollkommenheit ausgebildeten sphygmographischen Technik ein Mittel besitzen, um den Druckverlauf auch in den Arterien des Menschen mit ziemlich grofser Genauigkeit darzustellen[1]). An der geöffneten Arterie des Tieres gestatten es die in neuerer Zeit konstruierten sehr prompt arbeitenden Manometer[2]) ebenfalls in annähernd befriedigender Weise. Es ist daher ganz begreiflich, dafs die Untersuchung des Pulses (am Menschen wie am Tiere) sich in erster Linie an die Druckverhältnisse gehalten hat, und es wird dies wohl auch in Zukunft so bleiben. Auch hier sollen demgemäfs die Erscheinungen des Druckpulses zum Ausgangspunkt genommen werden.

Betrachten wir die typische Form eines Radialpulses, etwa Fig. 23, welche ich Marey[3]) entnehme, oder Fig. 24 (S. 51), so werden als wichtigste Eigentümlich-

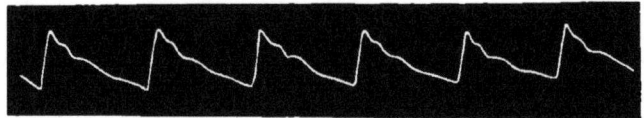

Fig. 23. Normaler Radialis-Puls nach Marey.

keiten derselben die folgenden erscheinen: 1) Der Anstieg der Kurve geschieht steil, in relativ kurzer Zeit, das Absinken weit langsamer, sodafs die ganze Kurve vom Hauptgipfel bis zum Einsetzen der nächsten Pulswelle zwar nicht ganz gleichmäfsig, aber doch im Anfang nur wenig schneller als gegen Ende absinkt.

1) Dafs die Aufgabe der sphygmographischen Technik darin besteht, den zeitlichen Verlauf des Druckes in den Arterien darzustellen, kann wohl gegenwärtig als ziemlich allgemein anerkannt gelten. Wenn man zuweilen statt dessen die Aufgabe dahin formuliert, die normaler Weise stattfindende Bewegung der Arterienwand zur Darstellung zu bringen, so mufs bemerkt werden, dafs diese in den meisten Fällen nur in einer Verengerung und Erweiterung der Gefäfse beruht und somit den Schwankungen des Druckes aufs genaueste parallel geht. Nur dann, wenn etwa aufserdem noch die Arterie im ganzen sich bewegt, etwa von einer Unterlage sich abhebt und dgl., was wohl gelegentlich vorkommen mag, kann die Bewegung der Arterienwand von dem Verlaufe des Druckes sich unterscheiden. Alsdann sind aber diese Bewegungen rein lokaler und so zu sagen zufälliger Natur; das für den ganzen Wellenvorgang eigentlich Bedeutsame ist natürlich stets der zeitliche Verlauf des Druckes.

2) Fick, Eine Verbesserung des Blutwellenzeichners. Pflügers Archiv Bd. 30 S. 597. Über eine Verbesserung des Blutdruckmanometers und einige damit gewonnene Resultate. Verhandlungen des Kongresses für innere Medizin. 1886. S. 92. — Hürthle, Beiträge zur Hämodynamik. I. Pflügers Archiv Bd. 43 S. 399. - v. Frey und Krehl, Untersuchungen über den Puls. Du Bois-Reymonds Archiv 1890. S. 31.

3) Marey, La circulation du sang p. 260.

2) Der absteigende Schenkel zeigt noch kleinere Erhebungen, von denen jedesmal eine, die sogen. dikrotische Erhebung, besonders deutlich hervortritt.

Ehe ich an unsere eigentliche Aufgabe herantrete, sei eine Vorbemerkung über die Nomenclatur gestattet. Dieselbe ist bekanntlich allmählich eine sehr

Fig. 24. Beispiel eines normalen Radialis-Pulses.

verwickelte geworden, hauptsächlich deshalb, weil neben den eben erwähnten sehr häufig noch eine Anzahl anderer sekundärer Gipfel beobachtet werden, deren Zeit- und Höhenverhältnis zu dem Hauptgipfel sowie der dikrotischen Erhebung verschieden sein kann. Um nun eine bequeme und hinreichend detaillierte Bezeichnung zu haben, genügt es jedenfalls nicht, eine Reihe von Ausdrücken für die ganze Pulswelle zu schaffen und dieselbe etwa dikrot, trikrot, dikatakrot, anamonodikatakrot etc. zu nennen; wir müssen vielmehr die einzelnen sekundären Erhebungen zu bezeichnen in der Lage sein. Die Unterscheidung systolischer und diastolischer Erhebungen ist in dieser Richtung viel zweckmäfsiger, doch reicht sie auch nicht für alle Fälle aus, abgesehen davon, dafs, wenn man die dikrotische Erhebung eine diastolische nennt, hiermit bereits ein nicht ganz unbestrittenes Versuchsergebnis eingeführt wird, was man besser vermeiden sollte.

Noch weniger scheint es mir zulässig, gegenwärtig noch an den von Landois eingeführten Ausdrücken Rückstofselevation und Elasticitätselevation festzuhalten, welche von einer zum Teil nicht genügend klaren, zum Teil geradezu unrichtigen Deutung ausgehen. Ich werde demgemäfs die stärkste auf dem absteigenden Schenkel zu bemerkende Elevation, wie bisher üblich, als dikrotische Erhebung bezeichnen, oder auch, um einen kurzen deutschen Namen zu haben, als Nebenschlag. Ferner möchte ich vorschlagen, Landois' Elasticitätselevation, d. h. die kleineren, zwischen Hauptgipfel und dikrotischer Erhebung zu bemerkenden Gipfel, Zwischenschläge zu nennen, wodurch sie ihrer Lage nach hinlänglich klar bezeichnet sind. Man kann dann ferner einen dem Hauptgipfel vorausgehenden, im aufsteigenden Schenkel gelegenen Gipfel als Vorschlag, endlich solche, die etwa der dikrotischen Erhebung noch nachfolgen, als Nachschläge bezeichnen. Ich glaube, dafs diese, sich der deutschen Präpositionen bedienende Nomenclatur hinlänglich kurz, allgemein und bezeichnend ist; dabei hat sie den Vorzug, sich rein objektiv an die Erscheinung zu halten und der Deutung in keiner Weise zu präjudizieren.

Seit langer Zeit steht nun im Mittelpunkt des Interesses die eben erwähnte und als Nebenschlag oder dikrotische Erhebung bezeichnete Erscheinung. Wir wollen indessen, ehe wir uns dieser speziell zuwenden, vorerst noch der Grundform der Pulswelle unsere Aufmerksamkeit zuwenden, der Thatsache, dafs der Anstieg plötzlich, das Absinken langsamer geschieht, und letzteres bis zum Einsetzen der neuen Pulswelle andauert.

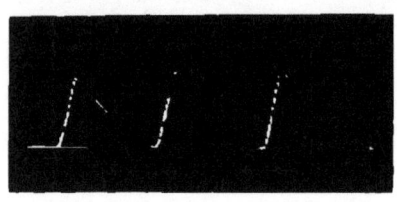

Fig. 25. Schema: Grundform eines Radialis-Pulses ohne sekundäre Erhebungen.

Denken wir uns die sekundären Elevationen aus der Pulskurve fort, so erhielten wir etwa eine Form wie die nebenstehend gezeichnete. Wie ist nun dies zu erklären? Derjenige Vorgang, welcher unmittelbar die Pulswelle hervorruft, ist ja die Einströmung des Blutes aus dem Herzen in den Aortenanfang.

Wir wissen ferner, dafs, wenn die physikalischen Verhältnisse der Gefäfsbahn die denkbar einfachsten wären und keinerlei Reflexion oder Formveränderung der Wellen einträte, alsdann der zeitliche Verlauf des Druckes in den Arterien, wie ihn die Sphygmogramme zur Darstellung bringen, dem zeitlichen Verlaufe jener Einströmung ganz konform sein müfste. Die Abweichungen der Pulsform von der am Aortenanfang bestehenden Geschwindigkeitskurve sind das, was einer besonderen Erklärung aus den Verhältnissen der Gefäfsbahn bedarf. Nun besteht allerdings, wie im folgenden noch deutlicher hervortreten wird, eine gewisse Schwierigkeit darin, dafs wir den zeitlichen Verlauf dieser Einströmung nicht genau feststellen können. Gleichwohl unterliegt wenigstens das keinem Zweifel, dafs derselbe mit der Grundform des Arterienpulses nicht übereinstimmen kann; sicher setzt sich die Einströmung nicht über die ganze Pulsperiode mit allmählich abnehmender Stärke fort, sondern sie ist von dem Schlusse der Semilunarklappen an — von einem Zeitpunkte, der in der Pulswelle jedenfalls annähernd dem Beginne der dikrotischen Erhebung entsprechen würde — konstant, und zwar gleich Null[1]). Die Kurve der Einströmung hat also jedenfalls ein horizontales Endstück, welches mehr als die Hälfte der ganzen Pulsperiode ausmacht. Ohne Zweifel also bewirkt eine schnell vorübergehende Einpressung des Blutes eine schnelle Steigerung des Druckes, auf welche

1) Vgl. über gewisse Bedenken, die gegen diese Annahme etwa vorzubringen wären, weiter unten § 6 dieses Kapitels.

ein viel langsameres Absinken folgt. Es ist im wesentlichen die gleiche Art des Zusammenhanges, die sich auch in der bekannten Thatsache ausspricht, dafs, wenn wir die Diastolen des Herzens z. B. durch Reizung des Vagus stark verlängern, während des Herzstillstandes der Druck zuerst rapid, allmählich dann langsamer, abnimmt.

Zur Erklärung dieses Sachverhaltes kann man zunächst an die oben erwähnten Einflüsse des Reibungswiderstandes auf die Gestaltung der Wellen denken. Diese bringen es, wie wir sahen, mit sich, dafs am Ende einer vorübergehenden Einströmung der Druck noch höher ist als vor derselben, und dafs bei Unterbrechung einer Strömung der Druck sprungweise sinkt, um alsdann noch langsam weiter abzunehmen. Allein es kann nach den an Schläuchen gewonnenen Ergebnissen nicht bezweifelt werden, dafs dieser Faktor bei Schläuchen von der Weite der menschlichen grofsen Arterien, insbesondere der Aorta, viel zu gering ist, um sich irgendwie bemerklich zu machen. In der That finden wir ihn bei Schläuchen von 10 mm Weite kaum bemerkbar, bei solchen von 4 mm Weite immer noch gering. Es geht daraus hervor, dafs bei rhythmischen Einpressungen in einen Schlauch von der Weite der Aorta, die in gleicher Beschaffenheit sich unbegrenzt weiter erstreckte, die Druckkurve noch keinen erheblichen Unterschied von der Kurve der Einströmung zeigen würde, und dafs insbesondere das nachträglich stattfindende Sinken des Druckes gar nicht in Betracht kommen könnte gegen das die Schwankung der Geschwindigkeit begleitende, welches sich mit Beendigung der Einströmung vollzogen haben müfste.

Dagegen scheint sich nun eine wesentlich andere einfache Einrichtung sogleich als diejenige darzustellen, welche ein ähnliches Verhalten des Druckes, wie wir es an den Arterien sehen, ergeben mufs. Es ist dies der Fall eines elastischen Reservoirs, in welches Flüssigkeit rhythmisch eingeprefst wird, und aus welchem die Flüssigkeit durch enge Öffnungen abfliefst. Die Ballons der Spray-Apparate, die Windkessel der Feuerspritzen und viele andere bekannte Vorrichtungen können als Beispiel hierfür dienen. Die Einpressung geht stofsweise vor sich, das Abströmen erfolgt kontinuierlich; jedoch sieht man jedesmal in der Pause zwischen zwei Einpressungen den Druck im Reservoir und somit auch die Stärke des Abflusses absinken. Man erhält also (im Reservoir) Druckkurven, welche der in Rede stehenden Grundform des Pulses ganz ähnlich sehen. Nimmt man an, dafs das Abströmen durch die engen Öffnungen mit einer dem jeweiligen Druck proportionalen Geschwindigkeit erfolgt, und dafs der Druck in dem Mafse sinkt, als das Reservoir sich entleert, so würde eine Druckkurve wie die umseitig stehende Fig. 26 sich ergeben müssen. Das Absinken des Druckes müfste anfangs schneller, dann langsamer vor sich gehen; doch könnte natürlich diese Veränderung, wenn der Abflufs nicht sehr stark und die Pausen relativ kurz sind, nur wenig hervortreten, so dafs der absteigende Schenkel nahe geradlinig erscheinen würde. Hiermit stimmt also der Druckverlauf in den Arterien ganz überein. Demgemäfs ist ja denn auch das Arteriensystem immer mit einem elastischen Reservoir der beschriebenen Art verglichen worden. In der That scheint das gesammte Arteriensystem sich ähnlich einem mit

Fig. 26. Schema: Verlauf des Druckes in einem elastischen Reservoir mit enger Abflufsöffnung bei periodischer Einspritzung von Flüssigkeit.

Flüssigkeit gefüllten elastischen Ballon zu verhalten, in den das Blut durch die Herzthätigkeit rhythmisch eingespritzt wird, während es durch die engen Öffnungen der Kapillaren kontinuierlich ausfliefst.

Offenbar aber stellt diese scheinbar so einfache Einrichtung doch auch eine besondere Art der Zusammenfügung elastischer Apparate dar; auch für sie also müssen die oben entwickelten Gesetze der Wellenbewegung gelten und wir werden, um für die betreffenden Vorgänge und ihre physikalischen Bedingungen volles Verständnis zu gewinnen, sie von den dort gewonnenen Gesichtspunkten aus analysieren müssen. Überlegen wir nun, weshalb in dem elastischen Ballon nicht die den rhythmischen Einströmungen entsprechende Wellenform, sondern eine ganz andere zur Erscheinung kommt, so finden wir die Bedingung dafür unschwer gerade darin, dafs die Ausströmungsöffnungen eng sind und demgemäfs die Steigerung des Druckes am Ausgang nicht sogleich eben diejenige Strömung bewirken kann, durch welche sie (am Eingange) hervorgerufen war. Analysieren wir den Vorgang genauer, so können wir auch sagen, dafs nothwendig an dem Eingange des Reservoirs bei jeder Einpressung eine positive Welle entsteht, welche aber bei der vorausgesetzten Beschaffenheit des Ballons selbst an den Ausströmungsöffnungen eine fast vollständige positive Reflexion erleidet. Auch für einen ganz geschlossenen Ballon gilt das Gleiche. Pressen wir in einen solchen Flüssigkeit hinein, so steigt der Druck, ohne danach wieder abzusinken. Eine Wellenbewegung scheint hier gar nicht zustande zu kommen. In der That aber läfst sich auch hier sagen, dafs die Drucksteigerung doch nur deswegen die Einströmung überdauert, weil keine Ausfluföffnungen vorhanden sind, welche ähnlich wie beim Schlauch die entsprechende Abströmung gestatteten. Der Vorgang im Reservoir läfst sich also auch als Reflexion der durch die Einpressung erzeugten

Welle auffassen; nur sind im allgemeinen bei der Kürze des Weges die einzelnen Wellen nicht erkennbar und statt einer beständig hin- und herlaufenden Welle erscheint eine konstante Druckerhöhung. Ein elastischer Schlauch kann demgemäſs als Reservoir durchaus nur dann wirken, wenn die Flüssigkeit nur durch relativ enge Öffnungen aus ihm abflieſsen kann und somit die Bedingungen für eine positive Reflexion der Wellen gegeben sind. Ein in gleichmäſsiger Beschaffenheit sich unbegrenzt erstreckender Schlauch kann dagegen als ein derartiges Reservoir niemals wirken[1].

Aus diesen Betrachtungen geht hervor, daſs die Vergleichung der Arterienbahn mit einer so leicht im Schema herzustellenden und so einfach funktionierenden Einrichtung wie dem elastischen Reservoir uns doch nicht der Notwendigkeit überhebt, in den physikalischen Verhältnissen der Gefäſsbahn die hierfür erforderlichen Bedingungen aufzusuchen, ja dufs jene Vergleichung im Grunde von der Voraussetzung ausgeht, es geschehe der Abfluſs aus der Arterienbahn durch derartig verengte Öffnungen, daſs eine positive Reflexion der Druckwelle an diesen peripheren Teilen stattfinde. Der genaueren Prüfung dieser Anschauung werden wir uns alsbald zuzuwenden haben. Zunächst aber läſst sich wohl nicht in Abrede stellen, daſs schon die erwähnte Grundform des Pulses sie in hohem Grade wahrscheinlich macht, ja kaum eine andere Deutung zuläſst.

§ 2. Die dikrotische Erhebung.

Die andere vorhin in erster Stelle erwähnte Besonderheit der Pulskurve war die dikrotische Erhebung; wir wollen, ehe wir der Theorie der Vorgänge näher treten, auch diese noch kurz erörtern. Lassen wir zunächst jeden Ausblick auf die Ursache der Erscheinung beiseite und suchen nur in einer descriptiven Weise eine Vervollständigung unserer Kenntnis, so würde an erster Stelle zu fragen sein, ob wir es mit einem centrifugal oder centripetal laufenden Vorgange zu thun haben. Dies kann nun, wie oben gezeigt wurde (Kap. I § 3), in völlig sicherer Weise durch die Beobachtung der Welle selbst an einer einzelnen Stelle entschieden werden, sobald es gelingt, den zeitlichen Verlauf des Druckes einerseits und der Strömung anderseits zu ermitteln[2]. Ersteres nun leistet die Sphyg-

---

1) Hiermit steht nicht in Widerspruch, daſs auch in einem derartigen Schlauche, wenn er nur lang genug ist, schlieſslich die der rhythmischen Einströmung entsprechenden Wellen erlöschen und die intermittierende Strömung sich in eine konstante verwandeln kann. Dieser Fall ist von dem des Reservoirs dadurch unterschieden, daſs die Wellen, soweit sie vorhanden sind, annähernd die der Einströmung entsprechende Form haben, während im Reservoir eine ganz andere Form der Druckschwankungen stattfindet.

2) Über andere Methoden, die Frage nach dem centrifugalen oder centripetalen Verlaufe der dikrotischen Welle zu beantworten, wird später zu sprechen sein.

mographie, letzteres kann, wie zuerst Fick gezeigt hat, durch eine Umrechnung der Volumpulskurven, die Fick selbst zuerst gezeichnet hat und wie sie z. B. der Mosso'sche sogenannte Hydrosphygmograph liefert, der „Plethysmogramme", geschehen. In einer noch sichereren Weise gelingt es durch die Anwendung der von mir vor einigen Jahren beschriebenen Methode der Flammentachographie[1]). Bei der Bekanntmachung dieses Verfahrens habe ich zugleich über die Resultate, welche damit erhalten werden, in gewissem Umfange berichtet. Von diesen besteht das uns hier zunächst Interessierende darin, dafs dem Nebenschlage des Sphygmogramms jederzeit auch eine ähnliche Erhebung im Tachogramm entspricht. Dieselben fallen zeitlich sehr annähernd zusammen; zuweilen ist der Gipfel im Sphygmogramm ein wenig, aber immer nur sehr wenig gegen den des Tachogramms verspätet. Wir können hieraus folgern, dafs die Welle des Nebenschlages einen centrifugalen Verlauf hat. Wäre sie centripetal gerichtet, so müfste an der betreffenden Stelle das Tachogramm nicht einen Gipfel, sondern eine Einsenkung zeigen. Als Beleg für diesen Satz können fast alle auf der Tafel dargestellten Tachogramme des Armes und der Hand gelten. Denn man sieht ja unmittelbar das Vorhandensein der starken Nebenschläge, ungefähr in demselben Intervall nach dem Hauptgipfel, wie wir auch in den Sphygmogrammen die Nebenschläge finden. Zur Illustrierung der genaueren zeitlichen Verhältnisse führe ich aus meiner oben citierten Arbeit die folgende Tabelle an.

Es lag nach dem Anfang der Welle (in Hundertstel-Sekunden)

I. in den Tachogrammen:

	der Anfang	die Spitze
	des Nebenschlages	
Femoralis . .	27	43
Mitte des Unterschenkels .	25	46
Mitte des Oberarmes . . .	25	38
Mitte des Unterarmes . .	25	35

II. in den Sphygmogrammen:

	der Anfang	die Spitze
	des Nebenschlages	
Femoralis	33	45—50
Dorsalis pedis .	32	48
Brachialis . .	27	39
Radialis	28	40

1) v. Kries, Über ein neues Verfahren zur Beobachtung der Wellenbewegung des Blutes. Du Bois-Reymonds Archiv 1887. Zur Kritik des Verfahrens vgl. Anmerkung X.

Die erstaufgeworfene Frage kann hiermit als beantwortet gelten. Es wird um so weniger notwendig sein, dabei zu verweilen, als, wie wir sehen werden, auch andere Methoden zu dem gleichen Ergebnis führen und in dieser Hinsicht auch ein allgemeiner Consensus aller Untersucher stattfindet. Nicht das Gleiche gilt dagegen von der nunmehr zu erörternden Frage, wie das Zustandekommen des Nebenschlages aufzufassen ist. Zwei Möglichkeiten sind von vornherein zu erwägen: Entweder ist die dikrotische Welle durch Vorgänge bedingt, die am Aortenumfang ihren Sitz haben, also centralen Ursprungs; man könnte hier, wenn man das Problem zunächst ganz allgemein nimmt, an die Form der Herzthätigkeit selbst, an die Klappenfunktion, an die Totalbewegung des Herzens und die Dehnung der Aorta denken, Möglichkeiten, die später noch eingehender diskutiert werden sollen. Oder aber die Welle ist peripheren Ursprungs; dies kann man sich, in Anknüpfung an die vorhin schon berührten Vorstellungen, so denken, dafs die primäre Hauptwelle in der Peripherie (an dem Übergang der Arterien in die Capillaren, wie etwa zunächst angenommen werden mag) positiv reflektiert würde; diese gegen das Herz zurücklaufende Welle würde an den Semilunarklappen wiederum positiv reflektiert und stellte so die centrifugal laufende Welle des Nebenschlages dar. Für die Entscheidung zwischen diesen beiden Annahmen wird nun offenbar die wichtigste Basis die Feststellung sein müssen, ob eine dem Nebenschlage vorausgehende rückläufige Welle nachgewiesen werden kann. Und diese Frage kann nun wiederum durch die Vergleichung der Tachogramme und Sphygmogramme in sehr sicherer Weise beantwortet werden. Ganz durchgängig nämlich zeigen die Tachogramme (es ist dies in allen Figuren der Tafel leicht zu sehen) eine Form, welche von derjenigen der Sphygmogramme deutlich verschieden ist. Der Unterschied besteht darin, dafs das Tachogramm sogleich nach dem Hauptgipfel stark absinkt, so dafs im allgemeinen der niedrigste Punkt der ganzen Zeichnung an dieser Stelle, zwischen Haupt- und Nebenschlag gefunden wird, während ja die Linie der Sphygmogramme, wie bekannt und vorhin schon erwähnt wurde, an dieser Stelle noch relativ hoch liegt. Die Höhe des Druckes, welcher nicht eine ähnliche Höhe der Strömung, sondern vielmehr eine starke Verminderung derselben oder, wie man auch sagen kann, eine Rückströmung entspricht, gestattet den obigen theoretischen Ausführungen zufolge den Schlufs auf einen hier stattfindenden rückläufigen Wellenvorgang. Man kann sich dies auch leicht unmittelbar klar machen und in dem starken Absinken der Flamme den durch die Reflexion bedingten Rückstrom des Blutes erkennen. Wenn nun hiernach es als experimentell bewiesen gelten kann, dafs zunächst in den Extremitäten eine positive Reflexion der Pulswelle an der Peripherie wirklich stattfindet, so wird hierdurch auch die Frage nach dem Ursprung der dikrotischen Erhebung, wenn auch noch nicht ganz vollständig, doch wenigstens teilweise beantwortet. Denn das kann alsdann keinem Zweifel mehr unterliegen, dafs die von der Peripherie gegen das Herz zurücklaufende Welle an den inzwischen geschlossenen Semilunarklappen abermals reflektiert werden und somit eine zweite peripherwärts laufende Welle entstehen mufs. Im ganzen würde sich also hiernach für die Grundform der Pulswelle und für die dikrotische Erhebung die folgende allerdings nach verschiedenen Richtungen noch zu prüfende und zu vervollständigende Vorstellung ergeben. Die durch die Entleerung des Herzens erzeugte positive Welle läuft zunächst centrifugal; sie wird an der Peripherie reflektiert und zwar in demselben Sinne wie am geschlossenen Ende (positive Reflexion des Druckes). Indem sie zurückläuft und an den geschlossenen Semilunarklappen zum zweiten Male reflektiert wird, erzeugt sie die nun wiederum centrifugal verlaufende Welle, welche als dikrotische Erhebung erscheint. Die positive Reflexion der Wellen im Arteriensystem bedingt es auch, dafs der Druck vom Hauptgipfel an während der ganzen Pulsperiode allmählich absinkt, während ohne Reflexionen ein Verlauf des Druckes stattfinden müfste, der sich demjenigen der Einströmungen mehr anschlösse.

Dieses Ergebnis ist nun keineswegs neu; in der Hauptsache stimmt es wohl mit Mareys Annahme eines „rebondissement" überein; aber es hat auch bis in die neueste Zeit nicht an Vertretern der entgegengesetzten Ansicht gefehlt, welche eine periphere Reflexion der Pulswelle ganz leugneten und die ganze Gestaltung derselben auf centrale Faktoren zurückführen wollten, so namentlich Frédéricq, Hoorweg und (in allerdings nicht ganz so strikter Weise) auch Hürthle. Da aus diesem Grunde eine möglichst vollständige Diskussion der einschlägigen Thatsachen wünschenswert erscheint, so wollen wir zuerst prüfen, was sich auf andere Weise über die Reflexionsverhältnisse im Gefäfssystem ermitteln läfst, sodann aber sehen, ob und in welcher Weise etwa es gelingen kann, die Gestaltung der Pulswelle auf centrale Faktoren zurückzuführen. Dabei wollen wir uns aber zunächst noch an die vorläufig zu Grunde gelegte Normalform der Pulswelle halten und namentlich von der Variierbarkeit derselben noch absehen.

§ 3. Theoretisches über die Bedingungen einer Wellenreflexion in der tierischen Gefäfsbahn.

Man kann zunächst wohl die Frage aufwerfen, ob es nicht möglich ist durch eine direkte Untersuchung der physikalischen Verhältnisse der Gefäfsbahn, sozusagen deduktiv, festzustellen, ob resp. welcher Art Reflexionen in derselben stattfinden müssen. Es sind, wie schon Grashey gezeigt hat und wie oben des Genaueren ausgeführt wurde, wenn ein Stamm sich in Äste auflöst, ganz bestimmte Beziehungen zwischen den Änderungen des Lumens resp. des Gesammtquerschnittes und den Änderungen der Wandbeschaffenheit erforderlich, wenn gar keine, weder positive noch negative Reflexion stattfinden soll. Sobald dies einmal klar gestellt ist, kann kein Zweifel darüber bestehen, dafs eine solche a priori-Beurteilung der Reflexionsverhältnisse grofse Schwierigkeiten hat und dafs z. B. die Behauptung, es müsse wegen des grofsen Gesamtquerschnittes der Kapillarbahn eine negative Reflexion stattfinden (wie am offenen Ende), zunächst ebenso in der Luft schwebt wie die entgegengesetzte, es finde wegen der Enge der Kapillaren vielmehr eine positive Reflexion statt.

Was nun eine theoretische Beurteilung der im Gefäfssystem bestehenden Reflexionsbedingungen angeht, so wird zunächst die Frage aufzuwerfen sein, ob eine, event. welche Reflexion bei dem Übergange aus den grofsen in die mittelgrofsen und kleinen Arterienstämme stattfindet. Die Ergebnisse der Theorie geben uns hier eine gewisse Basis wenigstens für die Fragestellung. Wir sahen nämlich, dafs wenn bei der Auflösung eines Stammes in Äste die Reflexion ganz vermieden sein soll, mit der Änderung des Gesammtquerschnittes eine ganz bestimmte Änderung in der Dehnbarkeit der Wand parallel gehen mufs; das betreffende Verhältnis konnte kurz dahin angegeben werden, dafs die Fortpflanzungsgeschwindigkeit der Wellen proportional dem Gesammtquerschnitt zunehmen mufs. Da wir nun wissen, dafs bei der Verzweigung der arteriellen Gefäfse der Gesammtquerschnitt beständig zunimmt, so würde sich die Frage erheben, ob das Gleiche auch von der Fortpflanzungsgeschwindigkeit der Wellen behauptet werden kann. Auf Grund der gewöhnlichen Ermittelungen wird diese Frage kaum zu beantworten sein; denn hier kann stets nur die mittlere Fortpflanzungsgeschwindigkeit in einem längeren Gefäfsabschnitt untersucht werden, welcher grofse und mittelgrofse Arterien enthält, z. B. in dem ganzen Stück von der Aorta bis zur pediaea und bis zur radialis. Für unseren Zweck würde es dagegen erforderlich sein, die Fortpflanzungsgeschwindigkeit in einem sehr kleinen Stück festzustellen.

Thatsächlich sprechen nun die Erscheinungen gar nicht für eine im Arteriensystem stattfindende negative Reflexion, wie sie bei gleichbleibender Fortpflanzungsgeschwindigkeit zu erwarten wäre. Und es läfst sich auch auf andere Weise eine Zunahme dieses Wertes gegen die Peripherie hin wahrscheinlich machen. Was hierfür spricht, sind die relativ sehr kleinen absoluten Werte der Strompulse. Wie ich schon früher angeführt habe und durch neuere Untersuchungen bestätigt ist, beträgt die Zunahme der Strömung bei der primären

Pulswelle in der Mitte des Unterarmes bei kräftigen Männern nur drei bis fünf Stromeinheiten [1]) (Kubikcentimeter pro Sekunde). Rechnet man hiervon die Hälfte auf die Radialarterie, so kann man, indem man für diese die Weite von 4 mm annimmt, die zugehörige Druckschwankung berechnen, sobald man eine bestimmte Voraussetzung über die an der betreffenden Arterienstelle vorhandene Fortpflanzungsgeschwindigkeit macht, da

$$\Delta p = \sigma \cdot \alpha \cdot \Delta v.$$

Legt man nun den Wert von 8 Meter pro Sekunde einer derartigen Berechnung zu Grunde, so kommt man auf eine der Pulswelle entsprechende Druckschwankung von nur 7,5 bis 12,5 mm Hg. Erinnert man sich des gewaltigen Umfanges der Druckschwankungen, welche Fick und Hürthle an den Gefäfsen der Tiere gefunden haben, so wird es kaum glaublich erscheinen, dafs in der Mitte des Unterarmes die absoluten Werte des Druckpulses so gering sein sollten.

Ich möchte hiernach für wahrscheinlich halten, dafs die Fortpflanzungsgeschwindigkeit der Pulswelle in den Arterienstämmen gegen die Peripherie hin zunimmt oder dafs während des Lebens die Weite der mittelgrofsen und kleinen Arterien erheblich geringer ist, als die Messungen am Cadaver ergeben und demnach der Gesamtquerschnitt intra vitam nicht so erheblich gegen die Peripherie zunimmt, als man es anzunehmen pflegt. Messungen der Wandstärke und Untersuchungen der Dehnbarkeit der Arterienwände gestatten leider nicht, sich in diesen Beziehungen ein sicheres Urteil zu bilden. Wie dem nun auch sein mag, jedenfalls haben wir keine Berechtigung eine erhebliche positive Reflexion bei dem Übergang der Wellen aus den grofsen in die mittelgrofsen Arterien anzunehmen.

In vieler Hinsicht anders liegt dagegen die Sache, sobald wir den Übergang in die kleinsten Gefäfsstämmchen und in die Kapillaren ins Auge fassen. Dafs der Gesamtquerschnitt fortdauernd gröfser wird, kann als ausgemacht gelten und man pflegt ja die Gesamtbreite der Kapillarbahn etwa auf das 500fache des Aortenquerschnittes zu schätzen. Von den Faktoren, welche bei den gröfseren Gefäfsen für die Reflexionsverhältnisse mafsgebend sind, Weite des Einzelgefäfses und Dehnbarkeit der Wände, kann die erstere auch für die Kapillaren als annähernd bekannt vorausgesetzt werden. Dagegen entzieht sich die letztere

---

1) Die absoluten Werte, welche die Methode der Flammentachographie für die Strompulse ergiebt, sind, wie ich mich neuerdings überzeugt habe, eher zu grofs als zu klein, da die Flamme bei plötzlicher Vermehrung der Ausfluſsgeschwindigkeit etwas über ihre richtige Einstellung hinauszuckt. Genaueres hierüber wird iu der Dissertation des Herrn Dr. Abele mitgeteilt werden.

jeder bestimmten Ermittelung und wohl auch jeder selbst nur approximativen Schätzung. Dagegen mufs nun aber beachtet werden, dafs hier ein Element ganz anderer Art ins Spiel kommt, nämlich der im Vergleich zu den Arterien in jedenfalls enormem Verhältnis vermehrte Reibungswiderstand. Dafs durch die Zunahme des letzteren eine positive Reflexion bewirkt werden kann, ganz ähnlich der am geschlossenen Ende, ist oben theoretisch und experimentell gezeigt worden. Allerdings glaube ich nicht, dafs aus dem Bestehen desselben ohne weiteres eine derartige Reflexion als notwendige physikalische Konsequenz gefolgert werden kann. Denkbar wäre, dafs der Einflufs der vermehrten Reibung durch eine sehr hochgradige Dehnbarkeit kompensiert wird.

Indessen haben wir hier doch jedenfalls einen Faktor, der in hohem Grade geeignet erscheint, die Reflexionen zu erklären. Wir dürfen daher wohl sagen, dafs die Betrachtung der physikalischen Eigenschaften der Gefäfsbahn für die Annahmen bezüglich der Reflexion, zu welchen die Versuche führen, eine positive Unterlage gewähren, soweit dies überhaupt verlangt und erwartet werden kann. An eine Übereinstimmung zwischen Versuchsergebnis und Theorie in der Weise, wie wir die optischen Konstanten des Auges ermitteln und daraus die faktisch beobachteten dioptrischen Effekte deduzieren können, ist hier freilich nicht zu denken. Aber die Gründe liegen ja auch klar zu Tage, welche ein solches Ziel in der Pulslehre vorläufig in unerreichbare Ferne rücken.

§ 4. Versuche mit künstlichen Pulswellen.

Aussichtsreicher und jedenfalls einfacher als die verwickelte Untersuchung des Querschnittes, der Dehnbarkeit und der Reibungsverhältnisse erscheint ein anderer Weg, der ebenfalls eingeschlagen werden kann, um die Reflexionsverhältnisse in der tierischen Gefäfsbahn, unabhängig von der Herzthätigkeit, kennen zu lernen. Man kann versuchen in die Arterien eines passenden tierischen Präparates statt der durch die Herzthätigkeit erzeugten Wellen künstliche, etwa durch ein Pumpwerk hervorgerufene, zu schicken. Es ist hier möglich, den Wellen eine bestimmte und bekannte Form zu geben; ob sie eine Reflexion erfahren oder nicht, mufs sich unmittelbar beobachten lassen. Versuche dieser Art sind zuerst von Bernstein[1]), später von Hoorweg[2]), endlich von Frey und Krehl[3]) mitgeteilt worden. Ich selbst habe sie in ähnlicher Art schon im Jahre 1882 an-

---

1) Bernstein, Über die sekundären Wellen der Pulskurven. Sitzungsberichte der Naturforschenden Gesellschaft zu Halle. 1887.
2) Pflügers Archiv Bd. 46 S. 167.
3) v. Frey und Krehl, a. a. O. S. 78.

gestellt, ihre Publikation aber damals verschoben, weil meine anderen Untersuchungen über die Pulswellen damals noch zu wenig weit gefördert waren.
Die Ergebnisse meiner Versuche stimmen nun mit denjenigen von Bernstein
und Hoorweg nicht überein. Während nämlich diese beiden Untersucher reflektierte Wellen nicht auftreten sahen, habe ich dieselben, ebenso wie auch v. Frey
und Krehl, häufig sehr deutlich beobachten können.

Meine Versuche wurden an mittelgrofsen Hunden angestellt; als Präparat
diente meist die ganze hintere Hälfte des Tierkörpers (vom Zwerchfell ab). Das
Tier wurde durch Verbluten getötet, sodann eine Canüle in die Aorta thoracica
eingebunden und so ein künstlicher Kreislauf eingeleitet. Es flofs dabei mit
physiologischer Kochsalzlösung verdünntes defibriniertes Blut durch die Gefäfse
des Präparates und durch ein in die untere Hohlvene eingebundenes Rohr ab.
In die Zuleitung war ganz dicht an der Aortenkanüle ein starker Gummiballon eingeschaltet, der in einer einfachen Kompressionsvorrichtung ausgiebig
und schnell komprimiert werden konnte. Sollten Wellen erzeugt werden, so
wurde oberhalb des Ballons ein Hahn geschlossen und auf diese Weise die Verbindung mit dem Druckgefäfs unterbrochen und dann sogleich der Ballon kräftig
komprimiert. Das Kompressorium war mit einem Anschlag versehen, so dafs
der Ballon nach Ausübung der Kompression in der ihm erteilten Stellung genau
festgehalten wurde. Die Beobachtung der Wellen wünschte ich so auszuführen,
dafs eine ganz unmittelbare Vergleichung der hier erzeugten künstlichen Pulse
mit den vorher intra vitam beobachteten natürlichen möglich wurde; sie wurden
daher mittels eines in die Cruralarterie eingesetzten Federmanometers beobachtet.
Hier erhielt ich nun Kurven wie z. B. die in Fig. 27, 28 und 29 dargestellten.

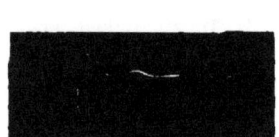

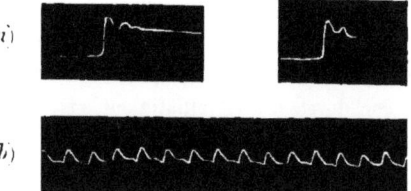

a)

b)

Fig. 27. Künstliche Femoralis-
Pulse, durch schnelles Einpressen
von Flüsaigkeit in die Aorta
descendens erhalten.

Fig. 28. Bei a künstliche Femoralis-Pulse,
durch schnelles Einpressen von Flüssigkeit
in die Aorta descendens erhalten; bei b die
vorher beobachteten natürlichen Femoralis-
Pulse.

In Fig. 28 und 29 stellen die oberen Curven künstliche, die unteren die vorher
erhaltenen natürlichen Femoralis-Pulse dar.

Dafs das Kompressorium nicht an sich doppelschlägige Wellen liefert, versteht sich im Grunde von selbst; es kann aber auch dadurch direkt bewiesen werden, dafs in manchen anderen Fällen die durch das gleiche Kompressorium erzeugten künstlichen Wellen in der That sich als einfache darstellten und die

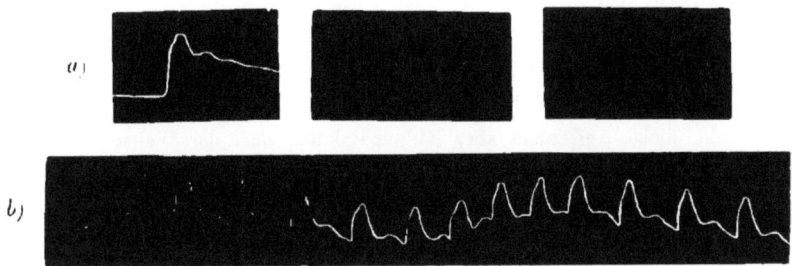

Fig. 29. Bei *a* künstliche Femoralis-Pulse, durch schnelles Einpressen von Flüssigkeit in die Aorta descendens erhalten; bei *b* die vorher beobachteten natürlichen Femoralis-Pulse.

zweite Elevation fehlte. Es scheint mir also kein Zweifel darüber bestehen zu können, dafs in den anderen Fällen die in der Aorta hervorgerufene primäre Welle durch periphere Faktoren in eine doppelschlägige verwandelt worden ist[1]).

Was die negativen Ergebnisse Bernsteins und Hoorwegs anlangt, so scheint es mir nicht ausgeschlossen, dafs wirklich, je nach den physiologischen Zuständen der Präparate, gelegentlich auch keine Reflexion der Wellen eintritt; ich bin daher nicht geneigt, der ganzen Methode eine hervorragende Bedeutung für die Pulstheorie beizumessen, worauf sogleich noch zurückzukommen sein wird. Da indessen z. B. von Hoorweg auf die negativen Ergebnisse grofses Gewicht gelegt wird, so scheint es mir doch geboten, über die Versuchseinrichtungen von Bernstein und Hoorweg einiges zu bemerken. Dieselben unterscheiden sich von derjenigen, die ich benutzte, hauptsächlich dadurch, dafs das Kompressorium nicht der Aorta möglichst nahe angebracht wurde, sondern vielmehr ein 7 m (Bernstein) resp. 10 m (Hoorweg) langer Gummischlauch dazwischen geschaltet war. Diese Anordnung ist ohne Zweifel in dem an sich ganz richtigen Gedanken

1) Hierdurch erscheint auch das Bedenken ausgeschlossen, welches Hoorweg gegen die ähnlichen Versuche von Frey und Krehl (auch dort wohl schwerlich mit Recht) erhoben hat, es seien die Wellen an den Manometern reflektiert worden. Man könnte in den hier beschriebenen Versuchen meinen, die Welle sei am Cruralis-Manometer reflektiert zur Aorta zurück- und alsdann von deren Anfang zum zweiten Male gegen die Cruralis gelaufen. Diese Vermutung erscheint dadurch ausgeschlossen, dafs in manchen Fällen die betreffenden Wellen nicht zur Erscheinung kommen. Überdies aber ist die Verschliefsung einer Crural-Arterie nicht ausreichend, um in der Aorta eine so erhebliche Welle hervorzurufen; das Gefäfs ist dazu im Vergleich zur ganzen Aortenbahn viel zu klein.

gewählt worden, eine möglichst deutliche Trennung der primären von der reflektierten Welle zu erhalten. Gleichwohl scheint sie mir hier zweckwidrig zu sein, denn bei ihrem Wege durch den langen Schlauch wird die primäre Welle schon notwendig stark protrahiert und umsomehr die sekundäre zeitlich auseinander gezogen, verwischt und ihre Wahrnehmung erschwert werden.

Dies zeigen auch die Versuche Hoorwegs; denn wenn der Schlauch nicht mit der Aorta verbunden sondern statt dessen verschlossen wurde, so wurden Reflexionswellen erhalten, welche im Vergleich zu der primären Welle sehr abgeschwächt sind. Aufserdem aber ist auch dafür, dafs die Wellen aus dem Schlauch in die Aorta ohne Reflexion übergehen, keine bestimmte Garantie gegeben und die Bemerkungen, die Hoorweg in dieser Hinsicht (p. 168) macht, scheinen mir nicht ganz ausreichend. Noch mehr gilt dies für die Versuche von Bernstein, der (ohne für die Wahl gerade dieser Weite einen bestimmten Grund anzugeben) die Wellen durch einen nur 4 mm weiten Schlauch zuleitete.

An den Versuchen Hoorwegs, die an Kaninchen angestellt wurden, vermifst man ferner eine Untersuchung darüber, ob denn überhaupt vor dem Versuche bei der natürlichen Herzthätigkeit ein ausgesprochner Dikrotismus bestanden hat. Derselbe ist ja oft genug beim Kaninchen sehr geringfügig.

Endlich darf gefragt werden: zeigen die als negativ bezeichneten Versuchsergebnisse wirklich die Abwesenheit jeder Reflexion? Ich kann in dieser Hinsicht z. B. die Versuche Hoorwegs auch nicht völlig beweisend finden. Gerade bei der von Hoorweg benutzten Versuchsanordnung ist es a priori gar nicht genau zu übersehen, welchen Verlauf die primäre Welle ohne Reflexion aufweisen würde.

Hoorweg machte nun jedesmal 3 Versuche, indem er den oben erwähnten langen Zuleitungsschlauch einmal mit der Aorta des Kaninchens verband, einmal dagegen offen und einmal geschlossen endigen liefs. Nun zeigt der Versuch freilich, dafs die im ersteren Falle erhaltene Kurve einen Verlauf darbietet, der zwischen den 2 letzteren mitten inne steht. Da diese beiden den Fall der positiven und negativen Reflexion darstellen, so schliefst Hoorweg, dafs bei der Anschliefsung an die Aorta überhaupt keine Reflexion stattgefunden habe. Hiergegen mufs ich einwenden, dafs ja niemals behauptet worden ist, es trete in dem Gefäfssystem eine ebenso starke Reflexion ein wie bei geschlossenem Ende des Schlauches. Dafs also der Verlauf der Kurve in der erwähnten Weise eine Mittelstellung zwischen dem bei offenen und dem bei geschlofsenen Gefäfssystem zu findenden Verhalten darstellt, kann nicht überraschen. Um zu zeigen, dafs wirklich keine Reflexion stattfindet, hätte doch eine Versuchseinrichtung hergestellt werden müssen, in welcher man dessen aus physikalischen Gründen sicher sein konnte. An den 10 m langen Schlauch hätten also noch etwa weitere 10 m desselben Schlauches angefügt werden müssen und geprüft, wie nun in den betreffenden Zeitphasen nach der „Systole" sich die Kurve verhielt. Erst wenn sich hier ganz der gleiche Verlauf herausgestellt hätte, wie bei der Verknüpfung mit der Aorta, könnte die fehlende Reflexion auch in dem letztern Falle für bewiesen gelten. Man mufs eben beachten, dafs das Auftreten der Reflexionen in solchen Fällen, wie sie beim Gefäfssystem verwirklicht sind, sich nicht allemal in scharf begrenzten Gipfeln kenntlich machen mufs und daher das Auftreten oder Fehlen einer Reflexion der Welle nicht so ohne weiteres angesehen werden kann. Dies gilt ganz besonders, wenn wie hier die primäre Welle schon als eine ziemlich langgestreckte in die Aorta hineinkommt und wenn, wie noch betont werden mufs, die Reflexionen von einer solchen Art sind, dafs sie die Welle noch mehr protrahieren können. Es ist ja zweifellos, dafs es sich im Gefäfssystem stets nur um sogenannte stetige Reflexionen handeln kann, und wir sehen ja auch thatsächlich die dikrotische Erhebung des Pulses oft sehr abgeflacht im Vergleich mit der primären Welle. Dafs also derartige Reflexionen sich bei dem Beobachtungsverfahren von Bernstein und Hoorweg der Wahrnehmung entziehen, scheint mir sehr möglich.

Schliefslich aber möchte ich betonen, dafs wir uns bei Versuchen der eben geschilderten Art auf einem Gebiete bewegen, in welchem die Gewinnung ganz durchgängig übereinstimmender Resultate kaum erwartet werden kann. In dem 4. Kapitel wird ausführlicher darzulegen sein, dafs die Reflexionserscheinungen im hohen Grade von den veränderlichen Innervations- und Dehnungszuständen der kleinen Gefäfse abhängen. Wie veränderlich und beeinflufsbar nun das Verhalten der Gefäfswände an künstlich durchbluteten Präparaten ist, weifs ja Jedermann. So scheint es denn auch nicht unmöglich, dafs eine etwas verschiedene Behandlungsweise der Präparate und eine dadurch bedingte Ungleichheit im Zustande der Gefäfse zu stark verschiedenen Ergebnissen führt. Hierin hat auch für mich der Grund gelegen, diese Versuche nicht in gröfserem Umfange fortzusetzen, da eben immer sowohl gegen die positiven als gegen die negativen Ergebnisse Einwürfe gemacht werden können, deren Berechtigung sich nicht ganz in Abrede stellen läfst.

Soviel aber dürfte wohl zuzugeben sein, dafs es nicht zulässig erscheint, lediglich auf die negativen Erfolge einiger an Hunde- und Kaninchenpräparaten angestellten Versuche den Satz aufzustellen, dafs eine Reflexion im Gefäfssystem nicht stattfinde und diesen dann auch sogleich als völlig allgemein

giltig auf den Menschen und auf beliebige physiologische Zustände der Gefäfsbahn auszudehnen.

§ 5. Die Vergleichung centraler und peripherer Wellenformen.

Es wird ferner hier der Ort sein, noch eines anderen Verfahrens zu erwähnen, mittels dessen man hoffen kann, direkt aus der Beobachtung der Pulse
einen Aufschlufs über die Reflexionsverhältnisse zu erhalten. Dies besteht in der
Vergleichung der Pulsform an einer dem Herzen näher und einer vom Herzen
entfernter gelegenen Gefäfsstelle. Eine sehr einfache Überlegung lehrt, dafs die
rückläufige Welle in dem peripheren Stück früher auftreten mufs als in dem
centralen. Da für die primäre natürlich das Umgekehrte gilt, so ist zu folgern,
dafs ein sekundärer Gipfel, welcher einer rückläufigen Welle angehört, in dem
peripheren Teile dem Hauptgipfel näher liegen mufs als in dem centralen. Gewöhnlich hat man die Vergleichung der centralen und der peripheren Wellenform
auf die Bestimmung des Zeitverhältnisses der verschiedenen Elevationen beschränkt. Auch Hürthle, welcher neuerdings in besonders eingehender Weise
diese Methode fruchtbar zu machen gesucht hat, richtete dabei seine Aufmerksamkeit in erster Linie auf die zeitliche Lage der verschiedenen Gipfelpunkte oder
aber derjenigen Punkte, in welchen die Anstiege einzelner sekundärer Wellen be-
ginnen. In dieser Hinsicht mufs nun bemerkt werden, dafs dieser Vergleich nicht
ausreicht, um zu entscheiden, ob überhaupt Reflexion stattfindet oder nicht. Denn
es würde hierunter nicht zu verstehen sein, ob sich einzelne „sekundäre Wellen"
als rückläufige charakterisieren lassen, sondern vielmehr, ob der ganze Wellenvorgang sich als ausschliefslich rechtläufiger abspielt oder ob dies nicht der
Fall ist. Aus den Resultaten Hürthles folgt daher, wie er auch selbst mit
Recht hervorgehoben hat, noch nicht die Abwesenheit von Reflexionen überhaupt. — Natürlich liegt es sehr nahe, zu fragen, ob nicht durch eine weiter-
geführte Vergleichung der centralen und der peripheren Gestaltung der Welle die
Frage der Reflexionen vollständig gelöst werden kann; man könnte meinen, dafs
dies in ebenso exakter Weise möglich sein müsse, wie durch die Vergleichung
von Druck und Strömung an einer Stelle. Ich will aus diesem Grunde das
ganze Verfahren und die Aussichten, die es etwa bietet, hier noch kurz besprechen. Es ist zunächst einleuchtend, dafs die Abwesenheit jedes Reflexions-
vorganges sich in einfachster Weise dann ergeben würde, wenn der ganze zeitliche Verlauf der Welle in dem centralen und dem peripheren Stücke desselben
Gefäfses ganz genau der gleiche wäre. Hiermit wäre ja auch ohne weiteres
gegeben, dafs die Zeitdifferenz zwischen korrespondierenden Teilen des centralen

und des peripheren Vorganges durchgängig die gleiche sein müßte. Jede Differenz der beiden Vorgänge aber müßte nun, so scheint es, gestatten, den rechtläufigen und den rückläufigen Teil der Welle von einander zu sondern[1]). Die genauere Erörterung aber, wie dies geschehen könne, kann hier unterbleiben, und zwar deswegen, weil die einfachen Voraussetzungen, von denen soeben ausgegangen wurde, doch für die Gefäßsbahn nicht zutreffen. Sehen wir von allen Komplikationen ab, welche durch die Verzweigung der Gefäße bedingt sind, und speziell dadurch, daß eventuell zwischen den zwei beobachteten Stellen Äste von dem Gefäß abgehen, so bleibt ein Haupthindernis die Verkleinerung und Deformation der Welle, welche ja überall auch ohne Reflexion stattfindet. Der oben aufgestellte einfache Satz, daß ohne Reflexion die centrale und periphere Welle genau übereinstimmen müßte, findet eben nur auf Schläuche Anwendung, in denen die Reibung nicht merklich ist und daher die Wellen nicht deformiert werden. Sobald aber dies stattfindet, ist es nicht allgemein möglich, genau zu sondern, was auf Reflexion, was auf die auch bei rechtläufigem Fortschritt vorhandene Deformation zurückzuführen ist. Gleichwohl scheint es mir, wenn man die Zeichnungen Hürthles von diesem allgemeinen Gesichtspunkte aus betrachtet, nicht an Andeutungen zu fehlen, welche Reflexionen anzeigen. Man betrachte z. B. die hier in Fig. 30 reproduzierten Kurven Fig. 3a seiner eben zitierten Ab-

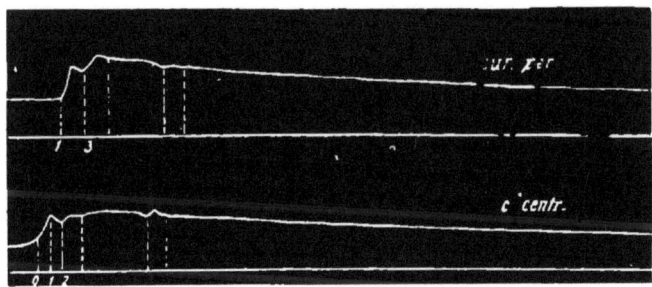

Fig. 30. Verlauf des Druckes an einer peripheren (obere Kurve) und einer centralen (untere Kurve) Stelle der Carotis nach Hürthle.

handlung[2]), von welchen die obere von dem peripheren, die untere von dem centralen Teile der Carotis geschrieben ist. Man wird alsdann nicht verkennen können, daß die Grundform der beiden Pulse verschieden ist. In dem peripheren Teile steigt der Druck nach dem mit 3 bezeichneten Punkte stark an, und von da ab

---

1) Vgl. hierüber die Anmerkung IX.
2) Pflügers Archiv Bd. 47.

sinkt er; der zweite Gipfel liegt viel höher als der erste. In dem centralen Teile dagegen steigt der Druck nach dem ersten Gipfel viel weniger, bleibt aber kontinuierlich ansteigend bis fast zum Einsetzen der dikrotischen Erhebung. Man wird dies nicht leicht auf eine blofse Streckung der primären Welle zurückführen können. Ich lege auf diesen Punkt kein grofses Gewicht und führe ihn nur an, um zu zeigen, dafs zu einer wirklich vollständigen Erledigung der Reflexionsfrage eine viel detailliertere Vergleichung der Kurven erforderlich wäre. Weit beachtenswerter aber scheint mir, dafs, wie Hürthle angiebt (a. a. O. S. 27), die pulsatorische Druckschwankung in der Cruralis stets erheblich viel gröfser gefunden wird, als in der Carotis. Wir entnehmen aus der Tabelle S. 33, dafs der Druck in der Carotis von 74 auf 168, in der Cruralis aber von 78 auf 220 mm Hg. anstieg; in einem anderen Versuche ging die Druckschwankung in der Carotis von 94 bis 183, in der Cruralis von 94 bis 249 mm Hg. Ich bin nicht in der Lage, ein sicheres Urteil darüber abzugehen, ob diesen Versuchen etwa ein nennenswerter, durch den Registrierapparat bedingter Schätzungsfehler anhaften mag. Betrachten wir es aber als konstatiert, dafs die Sache sich so verhält, wie soll man sie dann anders erklären als durch Reflexion? Die primäre Welle, die vom Herzen ausgeht, setzt eben doch, wie aus dem Verhalten in der Carotis entnommen werden kann, keine höhere Drucksteigerung als auf 168 (bezw. 183) mm Hg. Woher also steigt der Druck in der Cruralis auf 220 (bezw. 249) mm Hg., wenn nicht durch eine periphere Reflexion? Bei ganz geschlossenem Ende würde theoretisch die Drucksteigerung den doppelten Betrag der in der primären Welle vorhandenen haben müssen. Dies ist also wohl gewifs nicht in vollem Mafse der Fall. Berücksichtigt man aber, dafs auch die primäre Welle in der Cruralis schon mehr oder weniger geschwächt vorkommt und dafs auch die Reflexion ja nicht unmittelbar an der beobachteten Stelle stattfindet, so wird aus diesen Versuchen sogar eine recht bedeutende Reflexion wahrscheinlich.

Es ist hier vielleicht der passendste Ort, um noch einen andern Punkt zu erwähnen, in dem die Beobachtungen Hürthles mir auf Reflexionserscheinungen hinzudeuten scheinen. Hürthle findet in seiner neuesten Arbeit[1]) (wie übrigens ähnlich schon in einer älteren), dafs die Form des Ventrikel- und Aortapulses in sehr auffälliger Weise durch die Höhe des arteriellen Druckes und den Umfang der Herzförderung bestimmt werde und zwar derart, dafs bei hohem Druck oder sehr grofsem Schlagvolum der ganze systolische Teil aufsteigend verläuft, während

---

1) Pflügers Archiv Bd. 49 S. 68 f.

bei geringem Drucke oder kleinem Schlagvolum der höchste Gipfel viel früher
erreicht wird und die sphygmographische Kurve bereits absinkt, während die
Austreibung noch andauert. Hürthle bemerkt nun, gewifs ganz mit Recht,
dafs „die Dauer des Anstieges der arteriellen Druckkurve durchaus kein Mafsstab
für die Dauer der Austreibungsperiode der Kammersystole ist; vielmehr hängt
die Zeit des Eintrittes des pulsatorischen Druckmaximums während der Systole
von dem Verhältnis ab, welches zwischen dem Zu- und Abflusse des Blutes in
der Aortenwurzel besteht. Fliefst während der ganzen Dauer der Austreibungsperiode mehr Blut aus der Kammer in die Aorta, als gleichzeitig nach der Peripherie hin abströmt, so wird das arterielle Druckmaximum auch erst am Ende
der Systole erreicht; überwiegt dagegen der Zuflufs nur am Anfang der Systole,
so kann der arterielle Druck auch nur während dieser Zeit eine Steigerung erfahren". Dies ist allerdings ganz zweifellos; wir können uns indessen der Frage
nicht entschlagen, wovon es denn abhängt, ob Zu- oder Abflufs überwiegt. Nun
lehrt die Theorie, dafs, so lange keinerlei Reflexionen stattfinden, dies ganz
einfach davon abhängt, ob die Geschwindigkeit der Einströmung eine zu- oder
abnehmende ist. Wir müfsten also, wenn wir auf die Reflexionen nicht rekurrieren
wollen, annehmen, dafs der Ventrikel in dem einen Falle das Blut mit immer
zunehmender Geschwindigkeit ausprefst, bis die Systole plötzlich ihr Ende erreicht hat, während im andern Falle die Austreibung gleich zu Anfang mit der
gröfsten Geschwindigkeit erfolgen würde, um alsdann allmählich langsamer sich
bis zum Ende der Systole fortzusetzen. Ich kann nicht finden, dafs diese Vorstellung sehr wahrscheinlich ist und mir ist zweifelhaft, ob Hürthle selbst geneigt ist, sich die Sache so vorzustellen. Verstehe ich ihn recht, so scheint er
vielmehr der Ansicht zuzuneigen, dafs die Unterschiede der erwähnten Pulsformen
gerade darauf beruhen, dafs das Blut in dem einen Falle relativ leichter und
schneller, in dem andern Falle relativ schwerer aus der Aorta abfliefst. Sollte dies
der Fall sein, so müfste ich betonen, dafs eben hierin wieder implicite die
Annahme einer bei hohem Druck stattfindenden positiven Reflexion steckt. Ich
habe diesen Punkt hier zur Sprache gebracht, weil ich mich der Vermutung
nicht enthalten kann, dafs die zwischen Fick und mir einerseits und Hürthle
anderseits bestehende Meinungsdifferenz zu einem grofsen Teil darauf beruht,
dafs Hürthle den Begriff der Reflexion oder der reflektierten Wellen viel enger
fafst, als wir es thun und als es, wie ich glaube, zum Zweck einer vollständigen
theoretischen Zergliederung der Erscheinungen notwendig geschehen mufs.

§ 6. Erklärung der Grundform des Pulses und der dikrotischen Erhebung aus centralen Ursachen.

Um die Diskussion über die Grundform des Pulses und über die dikrotische Erhebung zu vervollständigen, würde es noch notwendig sein zu prüfen, ob und in welcher Weise dieselbe etwa unter Absehung von peripheren Reflexionen, d. h. also aus centralen, am Aortenanfang oder im Herzen selbst ihren Sitz habenden Faktoren erklärt werden kann. Wir werden, um dieser Frage näher zu treten, unsere Aufmerksamkeit zunächst genauer demjenigen Elemente des Kreislaufes zuzuwenden haben, bezüglich dessen wir uns bisher mit den einfachsten Voraussetzungen abgefunden haben, nämlich dem zeitlichen Verlauf der am Aortenanfang stattfindenden Strömungen. Es ist nun bekannt, daß eine direkte und genaue Ermittelung des zeitlichen Verlaufs dieser Strömungen z. Z. ein pium desiderium ist. Den unmittelbarsten Schluß auf dieselbe würde, wie es zunächst scheint, die Methode François Franks gestatten, welche darauf abzielt, die Veränderungen des Herzvolums zur Darstellung zu bringen. Allein man unterliegt hier der Schwierigkeit, daß die Strömungen sich nur aus den Veränderungen des Volums darstellen lassen. Es wird also die Differenziierung der zunächst erhaltenen plethysmographischen Kurve notwendig. Diese aber kann nur bei einer absoluten Treue der Methode noch zuverlässige Resultate ergeben und eine solche ist sicher aus den verschiedensten Gründen nicht zu erzielen. Die in vielen Hinsichten wertvolle Methode dürfte also eine genauere Einsicht in den zeitlichen Verlauf der Ausströmung jedenfalls nicht gewähren. Von den sonstigen hier in Betracht kommenden Verfahrungsweisen steht ohne Zweifel die Beobachtung des intraventrikulären Druckes in der genauesten Beziehung zu den uns interessierenden Fragen. Dagegen kann nicht ohne weiteres angenommen werden, daß die Beobachtung der Bewegung von Punkten der äußern Herzfläche, sei es direkt, sei es (wie bei der gewöhnlichen Kardiographie) durch die unversehrte Brustwand hindurch mit jenen äquivalent sei. Thatsächlich scheint sie auch keineswegs immer dieselben Kurven wie die Druckmessung zu liefern[1]) und unter diesen Umständen gestattet sie natürlich gar keinen bindenden Schluß auf die Austreibungsvorgänge. Hier wäre sodann anzuschließen der Vergleich des intraventrikulären Druckverlaufes mit dem arteriellen, welcher entweder durch

---

1) Vgl. hierüber die Auseinandersetzungen von Martius, welcher die häufig vorgekommene unzulässige Parallelisierung beider Arten von Herzkurven mit Recht beanstandet hat. Epikritische Beiträge zur Lehre von der Herzbewegung. Zeitschrift für klinische Medizin Bd. 19 S. 1.

die Kombinierung der gleichzeitig gezeichneten Druckkurven geschehen kann oder aber, wie es neuerdings von Hürthle geschehen ist, durch die Anwendung eines Druckdifferenzmessers, welcher direkt in einer Zeichnung die Differenz des Aorten- und Ventrikeldruckes zur Anschauung bringt. Zu erwähnen wäre dann ferner die Beobachtung der Herztöne und die Versuche, ihren Zeitpunkt entweder im Kardiogramm oder im Sphygmogramm festzustellen, wozu mancherlei Methoden benutzt worden sind. Und endlich wäre noch die Untersuchung der elektrischen Vorgänge am Herzmuskel anzuführen, welche, mit dem Kapillarelektrometer ausgeführt, herangezogen werden kann, um zu erfahren, ob die Herzkontraktion eine einfache Zuckung oder ein Tetanus, die Folge eines einfachen oder mehrfachen Reizanstofses ist, eine Frage, die in Bezug auf den zeitlichen Verlauf der Austreibung jedenfalls einige Bedeutung beanspruchen kann.

Trotz der grofsen Zahl der gerade in neuester Zeit wieder diesen Fragen gewidmeten Untersuchungen können nun, wie hinlänglich bekannt, doch die betreffenden Verhältnisse keineswegs für hinlänglich geklärt gelten. Und zwar sind, um nur die Hauptpunkte zu erwähnen, die Ansichten erstlich darüber geteilt, ob der zeitliche Verlauf des Ventrikeldruckes ein sogenanntes Plateau systolique besitzt oder nicht, sodann über das Vorkommen oder Fehlen vom sogenannten ondulations systoliques, ferner darüber ob an die Austreibungszeit sich unmittelbar die Diastole des Ventrikels anschliefst oder zwischen beiden sich eine sogenannte Verharrungszeit einschiebt, endlich auch über die Stellung des zweiten Herztones im Kardiogramm respektive Sphygmogramm. Ich kann im Rahmen der gegenwürtigen, hauptsächlich mit den am Menschen zu beobachtenden Pulserscheinungen sich befassenden Abhandlung in eine Diskussion jener Fragen nicht eintreten und mufs sie daher zunächst als offene behandeln. Es mag einigermafsen gewagt erscheinen, von diesem Standpunkte aus die centrale Theorie der Pulswelle überhaupt erörtern zu wollen. Doch glaube ich, dafs einige Betrachtungen darüber hier doch am Platze sind und auch mit Nutzen angestellt werden können, ohne dafs bezüglich jener die Herzthätigkeit betreffenden Fragen etwas bestimmtes ausgemacht ist.

Zunächst nämlich wird man, so lange eine direkte Ermittelung des Austreibungsvorganges und seines zeitlichen Verlaufes nicht gelingt, stets in der Lage sein, einen gewissen Teil des Ventrikelpulses und einen entsprechenden des Aortenpulses ohne Hinzunahme peripherer Faktoren aus der Herzthätigkeit zu erklären. Zu diesem Behufe mufs man nur berücksichtigen, dafs auch hier unter der gemachten Voraussetzung der Druckverlauf demjenigen der Ausströmung etwa parallel gehen müfste. Bildet die Druckcurve ein Plateau, so kann angenommen

werden, dafs der Ventrikel während einer gewissen kurzen Zeit das Blut mit etwa
konstanter Geschwindigkeit ausprefst, eine Vorstellung, die an sich nichts besonders Unwahrscheinliches hat. Fehlt das Plateau, so kann man sich nicht minder
gut denken, dafs die Geschwindigkeit erst zu- und dann sogleich wieder abnimmt.
Das Gleiche gilt auch für den systolischen Teil des Aortenpulses, welcher naturgemäfs während der ganzen Periode der Öffnung der Semilunarklappen von dem
Ventrikeldruck sich nur sehr wenig unterscheiden kann. Als sehr möglich mufs es
insbesondere auch (von diesem rein theoretischen Gesichtspunkte aus) bezeichnet
werden, dafs schon während der Austreibungszeit der Ventrikel- (und Aorten-)
druck wieder sinkt. Es würde dies eben bedeuten, dafs die Austreibung nicht
sogleich von ihrer maximalen Geschwindigkeit plötzlich auf Null heruntergeht,
sondern dafs sie sich während einer gewissen Zeit mit abnehmender Geschwindigkeit fortsetzt. Ob also schon während dieses ersten Teiles der Pulskurve
reflektierte Wellen auf den Druckverlauf influieren, mufs zur Zeit dahingestellt
bleiben. Es ist mir an sich nicht unwahrscheinlich, dafs dies in gewissem Mafse
der Fall ist; doch entzieht es sich einer experimentellen Feststellung.

Was dagegen aus den centralen Ursachen allein nicht erklärt werden kann,
ist die Gestaltung der Pulskurve (zunächst im Aortenpuls) in demjenigen Teile
der ganzen Periode, in welchem die Einströmung aufgehört hat. Da der Verlauf
des Druckes (von der dikrotischen Erhebung abgesehen) während des ganzen
Restes der Periode sehr annähernd derselbe, nämlich ein langsames Absinken,
bleibt, so ist es ohne sehr grofsen Belang für die Theorie der Erscheinung, ob
wir eine Verharrungszeit des Ventrikels annehmen oder nicht, ob wir das Aufhören der Austreibung auf einen etwas früheren oder späteren Punkt des Sphygmogramms legen, und demgemäfs die Unzulänglichkeit der centralen Theorie für
einen ein wenig gröfseren oder kleineren Teil des Sphygmogramms behaupten
müssen. Genug, dafs während eines erheblichen Teiles der Pulsperiode die Einströmung gleich Null ist und gleichwohl (im allgemeinen) während dieser Zeit der
Druck dauernd absinkt. Es ist oben erörtert worden, dafs dies in der Aorta
ohne Einmischung von Wellenreflexionen sich nicht so verhalten könnte, und in
dieser Beziehung kann es also keinen Unterschied machen, welchen Standpunkt
wir in Bezug auf die feineren Detailfragen bezüglich der Herzthätigkeit einnehmen.

Etwas anders liegen die Verhältnisse für die dikrotische Erhebung und
die Versuche, sie auf den Schlufs der Semilunarklappen zurückzuführen. Für
diese Auffassung ist offenbar die Feststellung des zeitlichen Verhältnisses der
beiden Vorgänge von Wichtigkeit. Es mag nun als zugestanden betrachtet werden, dafs dies sich so verhalte, wie es die centrale Theorie erwarten mufs, dafs

sich diese also mit der zeitlichen Beziehung des Klappenschlusses und der dikrotischen Welle im Einklang befinde. Aber selbst das genaueste zeitliche Zusammentreffen vorausgesetzt mufs doch, wie mir scheint, vor allem die Frage aufgeworfen werden, ob der Mechanismus des Klappenschlusses überhaupt geeignet sei, eine dikrotische Welle zu ergeben. Denken wir uns zunächst die Blutbewegung am Aortenanfang und den Klappenschlufs ohne jede Einmischung reflektierter Wellen zustande kommend. Der Klappenschlufs mufs alsdann in dem Augenblick stattfinden, in dem der Ventrikeldruck unter den Aortendruck sinkt, und dies würde der Fall sein, wenn der Ventrikel sich wieder zu erweitern beginnt. Sobald die Kontraktion des Ventrikels ihr Maximum erreicht hat, die Ausströmung gleich Null geworden ist, würde der Druck sowohl in dem Ventrikel als in der Aorta auf denjenigen Wert wieder herabgegangen sein, der in der Aorta am Anfang der Pulsperiode bestand.

Nehmen wir zunächst an, dafs die Klappen ganz ideal funktionierten, so würde der Schlufs derselben lediglich ein weiteres Herabsinken des Aortendruckes, wie es einer Rückströmung entsprechen würde, verhindern; dieser würde vom Momente des Klappenschlusses an auf seiner Höhe verharren müssen. Wir erhielten unter dieser Voraussetzung für Ventrikel- und Aortendruck ein Verhältnis, wie es in der nebenstehenden Fig. 31 schematisch dargestellt ist. a ist der Punkt, in dem der Ventrikeldruck den Aortendruck überholt und die

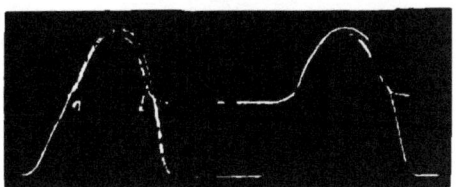

Fig. 31. Schema: Verhalten des Druckes im linken Ventrikel und in der Aorta ohne Einmischung reflektierter Wellen und ohne Rückströmungen.

Klappen sich öffnen, b derjenige, in dem der Ventrikeldruck unter den Aortendruck sinkt und die Klappen sich schliefsen. Der ansteigende Teil des Aortenpulses würde zunehmender, der absinkende abnehmender Einströmungsgeschwindigkeit entsprechen. Weshalb aber in dem Momente, in dem die Geschwindigkeit Null wird, ein nochmaliges Ansteigen des Druckes erfolgen soll, ist nicht einzusehen.

Wir müssen demnach jedenfalls, wenn wir den Dikrotismus des Aortenpulses aus dem Schlufs der Semilunarklappen ableiten wollen, zu der Annahme eines Rückstromes greifen, welcher dem Schlufs der Klappen und der Sistierung der Strömung vorausgeht. Nur unter dieser Voraussetzung können wir ein nochmaliges Ansteigen des arteriellen Blutdruckes als Folge des Klappenschlusses deduzieren.

Es ist erfreulich, dafs in Bezug auf diesen wichtigsten Punkt jetzt ziemlich allgemeine Übereinstimmung zu herrschen scheint. Die Äufserungen Hoorwegs in dieser Beziehung wurden schon oben angeführt[1]). Neuerdings hat auch Hürthle es mit aller wünschenswerten Deutlichkeit erklärt, dafs die „Klappenwelle" an den Rückstrom gebunden ist und ihrer Gröfse nach von ihm abhängt[2]). Endlich hat auch in jüngster Zeit Fick[3]) sich dahin ausgesprochen, dafs man in der dikrotischen Form des Pulses als das eigentlich zu Erklärende die vorübergehende Senkung des Druckes ansehen müsse, und dafs diese ihren Grund in einer dem Klappenschlufs vorausgehenden Rückströmung habe. Über die allgemeine theoretische Richtigkeit einer solchen Erklärung kann auch gar kein Zweifel bestehen: d. h. eine dem Klappenschlufs vorausgehende Rückströmung ist jedenfalls geeignet, eine vorübergehende Senkung und sogleich wieder darauf folgende Steigerung des Druckes zu ergeben. Man kann also unter der Annahme eben dieser Form der Blutbewegung Aortenpulse etwa von den in den Fig. 32 a dar-

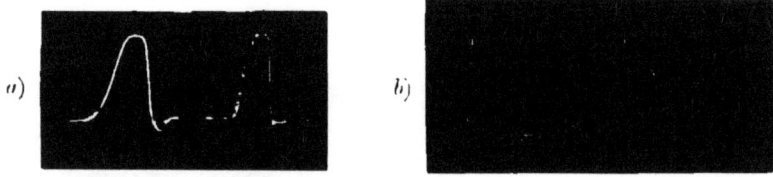

Fig. 32. Schema: Verhalten des Aortadruckes bei Annahme von Rückströmungen.

gestellten Formen erwarten[4]). Ehe man sich indessen entschliefst, in der Rückströmung die zureichende und alleinige Ursache der Dikrotie des Pulses zu erblicken, wird vor allem genauer, namentlich auch in quantitativer Beziehung zu prüfen sein, welche Rückströmungen zu der Hervorbringung der faktisch beobachteten Dikrotieformen notwendig wären und ob solche angenommen werden können. Ich mufs zugeben, dafs die Beurteilung dieses Punktes schwierig ist und in mancher Beziehung der wünschenswerten Grundlagen zur Zeit entbehrt. Aber mich wenigstens hat die genauere Verfolgung dieser Theorie nur immer mehr von ihrer Unangängigkeit überzeugt. Zunächst kann man fragen: wie stark mufs die

1) S. 41.
2) Pflügers Archiv Bd. 49 S. 82.
3) Pflügers Archiv Bd. 49 S. 105.
4) Ich habe die Annahme einer Rückströmung schon in der Festschrift (S. 83) erwähnt und die Bedeutung einer solchen Annahme für die Theorie der Pulswelle durch ähnliche schematische Zeichnungen wie die Fig. 32 erläutert.

Rückströmung sein, damit die Drucksenkung resp. die darauf folgende Steigerung einen bestimmten Betrag erhält. Hürthle hat diese Frage experimentell zu beantworten versucht und zwar durch Beobachtungen an ausgeschnittenen Conis arteriosis. Er konnte hier die theoretisch zu erwartenden Beziehungen zwischen Rückstrom und Klappenwelle qualitativ vollständig verifizieren. Was aber die quantitativen Beziehungen anlangt, so mufs ich bemerken, dafs, wie mir scheint, die Versuche Hürthles nicht geeignet sind, um uns ein richtiges Bild von ihnen zu geben. Denn wenn eine Rückströmung von bestimmter Geschwindigkeit unterbrochen wird, so hängt die Gröfse der damit verbundenen Drucksteigerung nach den oben ausführlich dargelegten Regeln von den Elastizitätsverhältnissen des Schlauches ab, in welchem solches stattfindet. Hürthle hat aber bei seinen Versuchen überhaupt keinen elastischen Schlauch an die Arterienstücke gesetzt, sondern dieselben mit einem vertikalen Glasrohr von $1\frac{1}{2}$ m Länge und 8 mm lichtem Durchmesser verbunden. Bei der Strömung bewegt sich also hier diese ganze lange Flüssigkeitssäule wie ein Ganzes; wird ihre Rückströmung durch den Klappenschlufs unterbrochen, so übt sie auf die Klappen natürlich einen sehr heftigen Stofs, und die Drucksteigerung mufs eine unvergleichlich stärkere sein, als dies unter ähnlichen Verhältnissen in einem elastischen Schlauche der Fall sein würde.

Die Schlufsfolgerung Hürthles, dafs eine „Klappenschlufswelle" von der Gröfse, wie sie intra vitam am Aortenpuls zu beobachten ist, schon durch die Rückströmung einer sehr kleinen Menge Blut (weniger als 0,5 ccm) bewirkt sein könne, scheint mir daher keineswegs gerechtfertigt; denn die Versuche wichen eben in einem höchst entscheidenden Punkt von den an der Aorta intra vitam realisierten Verhältnissen ab. Überhaupt ist wahrscheinlich, dafs die Antwort auf die uns interessierende Frage in dieser Form gar nicht gegeben werden kann. Die Gröfse der mit der Rückströmung verknüpften Drucksenkung und Steigerung hängt nämlich, den allgemeinen Gesetzen der Schlauchwellen entsprechend, von der erreichten maximalen Geschwindigkeit des Rückstroms ab. Nehmen wir an, was wohl aus allgemeinen Gründen am ehesten zulässig erscheint, dafs die Rückströmung nur sehr kurze Zeit andauert, so könnten allerdings wohl durch dieselbe nennenswerte Druckschwankungen bewirkt werden, ohne dafs die in das Herz zurückgelangende Blutmenge (in Kubikcentimetern ausgedrückt) eine sehr erhebliche wäre. Wir könnten aber unter dieser Voraussetzung auch nur Pulsformen mit ganz scharfen und kurz dauernden Einsenkungen, etwa von der Fig. 32 b gezeichneten Form erklären. Namentlich müfste man wohl erwarten, dafs die Rückströmung durch den Klappenschlufs plötzlich unterbrochen wird und somit auch der den dikrotischen Gipfel bildende Anstieg steil und scharf in die Höhe geht. Thatsächlich aber sehen wir, dafs dies, auch im Carotis-Puls, keineswegs der Fall ist, sondern die dikrotische Welle meist von gestreckter und breitgipfliger Form ist. Wenn man zu wissen wünscht, welche Rückströmungen geeignet wären, die thatsächlichen dikrotischen Formen hervorzubringen, so wird man demgemäfs nicht nur die Höhe des sekundären Gipfels, sondern die ganze Pulsform in Betracht ziehen müssen, und namentlich die Dauer der dem sekundären Gipfel vorausgehenden Senkung zu berücksichtigen haben. Und zwar würde etwa die folgende Überlegung anzustellen sein. Wir können uns bei jeder vorgelegten Pulskurve ganz wohl eine Vorstellung davon bilden (immer unter Zugrundelegung der in Rede stehenden Theorie des Dikrotismus), wie die Druckkurve ohne Rückströmung verlaufen würde. Sie könnte nämlich dann durchaus keinen nochmaligen Anstieg darbieten, müfste also etwa gegeben sein durch irgend eine beständig absinkende Linie, durch die wir den Hauptgipfel mit dem dikrotischen Gipfel verbinden können. Die Senkung der thatsächlich beobachteten Druckkurve unter eine solche Idealkurve könnte ein Mafs für Dauer und Gröfse der Rückströmung geben. Man wird nun bei zahlreichen menschlichen Pulsen finden, dafs, wie man jene Idealkurve auch zeichnen mag, die Abweichung derselben von der faktischen ein sehr bedeutendes Flächenstück umfafst. Dies rührt eben daher, dafs die sphygmographische Kurve in diesen Fällen schon relativ früh unter die Höhe des dikrotischen Gipfels heruntergeht und ziemlich lange unter dieser Höhe bleibt. Am deutlichsten zeigt sich dies in dem sogenannten typisch dikrotischen Puls, wie er in gewissen Stadien der Amylnitritwirkung im Fieber und in anderen Fällen zur Beobachtung kommt. Hier würde also eine länger andauernde und zeitweilig sehr bedeutende Geschwindigkeitswerte erreichende Rückströmung angenommen werden müssen, um durch ihre Sistierung die dikrotische Erhebung verständlich zu machen. Nicht selten steigt die Druckkurve zu dem dikrotischen Gipfel so bedeutend auf, dafs diese Erhebung ein Drittel oder gar die Hälfte von jener beträgt, die den Aufstieg zum Hauptgipfel darstellt. Hier müfste also die maximale Geschwindigkeit des Rückstromes einen nennenswerten Bruchteil von derjenigen Geschwindigkeit betragen, welche die rechtläufige Strömung bei der Ventrikelsystole erreicht. Da überdies nicht einmal angenommen werden könnte, dafs diese Rückströmung eine ganz kurz dauernde ist, so müfste man dabei jedenfalls der Annahme Platz geben, dafs sehr erhebliche Bruchteile der ganzen Herzförderung wieder in den Ventrikel zurückströmen. Nun wissen wir ja freilich nicht auf Grund thatsächlicher Ermittelungen anzugeben, ob resp. in welchem Grade eine Rückströmung des Blutes in den Ventrikel stattfindet. Allein schon im Hinblick auf die Unzweckmäfsigkeit einer solchen Einrichtung wird schwerlich jemand geneigt sein, eine physikalische Insuffizienz der Aortenklappen von so erheblichem Betrage, wie es hiernach erforderlich wäre, anzunehmen. Hierzu kommen, als wichtigste Basis unserer Annahme über die Vollkommenheit der Klappenfunktionen, die akustischen Phänomene. Stellen wir uns die ganze Abweichung der Pulskurve von einer beständig absinkenden Linie als durch den Rückstrom bewirkt vor, so müsste doch wohl regelmäfsig und oft in recht bedeutender zeitlicher Ausdehnung das der Regurgitation entsprechende Geräusch vor dem zweiten Ton gehört werden.

Die Annahme, dafs die dikrotische Erhebung des Pulses nichts sei als die Klappenschlufswelle, erscheint mir hienach unangängig. Auf der anderen Seite kann freilich nicht direkt bewiesen werden, dafs der Klappenschlufs in dieser sich absolut gar nicht bemerklich mache. Hält man indessen fest, dafs dies jedenfalls um so weniger der Fall sein mufs, je vollkommener die Klappen funktionieren, erwägt man aufserdem die in dem Kap. IV noch besonders zu behandelnde ungemein grofse Variabilität der Pulsform und besonders auch der dikrotischen Erhebung je nach der Gestaltung der peripheren Gefäfsbahn, so wird man kaum noch geneigt sein dürfen, der Klappenfunktion einen grofsen Anteil an der Dikrotie des Pulses zuzuschreiben. Und es wird dazu um so weniger Anlafs vorliegen, wenn wir in den peripheren Reflexionen eine theoretisch durchsichtige und experimentell bewiesene Erklärung für dieselbe besitzen.

Wenn ich also die Anschauung, dafs der Schlufs der Semilunarklappen einfach die Ursache der dikrotischen Erhebung des Pulses sei, nicht als zutreffend und begründet anerkennen kann, so bin ich darum nicht weniger der Ansicht, dafs zwischen beiden Vorgängen mehrfache und wichtige Beziehungen stattfinden. Erstlich ist hier daran zu erinnern, dafs auch nach derjenigen Theorie, welche in dem Nebenschlage eine reflektierte Welle sieht, der Verschlufs der Aortenklappen für die Bildung derselben wesentlich ist. Wenn die von der Peripherie zurückgekommene Welle die Semilunarklappen aus irgend einem Grunde nicht verschlossen findet oder sogleich selbst verschliefst, so wird die Bedingung für ihre zweite Reflexion und centrifugalen Verlauf fehlen. Es ist nicht ohne weiteres ersichtlich, wie sich dabei in verschiedenen Verhältnissen die Sache gestalten mufs. Je nach dem Grade der Insuffizienz mag die Welle gar nicht oder sogar negativ reflektiert werden. Jedenfalls ist es ganz begreiflich, dafs, wie Geigel[1]) findet,

---

1) Geigel, Die Rückstofselevation bei Insuffizienz der Aortenklappen. Deutsches Archiv für klinische Medizin Bd. 42 S. 391.

die „Rückstofselevation" bei reinen Fällen von Insuffizienz der Aortenklappen im Radialpuls vermifst wird.

Nicht minder beachtenswert aber scheint mir die Vorstellung, dafs auch die reflektierte Welle im Aortenanfang für das Zustandekommen des Klappenschlusses eine Bedeutung haben könnte. Allerdings steht ja fest, dafs die Klappen so lange offen sein müssen, als der Inhalt des Herzens sich vermindert, und dafs sie sich alsbald schliefsen müssen, wenn der Ventrikel sich zu erweitern beginnt. Zwischen diesen Zeiträumen liegt ein Umkehrpunkt, der Moment, während dessen der Inhalt des Ventrikels sein Minimum erreicht hat, und es wird, wie schon erwähnt, für möglich gehalten, dafs dieses Verhalten eine gewisse Zeit andauert. Für die Annahme einer derartigen „Verharrungszeit" ist namentlich neuerdings Martius[1]), wie mir scheint, mit sehr guten Gründen eingetreten, nachdem die gleiche Annahme ja bekanntlich von einer ganzen Anzahl von Autoren schon lange vertreten ist; in dem gleichen Sinne haben sich auch auf Grund ihrer interessanten Versuche Roy und Adami[2]) ausgesprochen. Während dieses Zeitraumes nun würden, da die Strömung aufgehört hat, sich die Klappen so zu sagen in einem labilen Gleichgewicht befinden; es ist keine Ausströmung mehr vorhanden, die sie offen erhielte, aber auch noch keine Erweiterung des Ventrikels, die ein gewaltsames Rückströmen des Blutes und Klappenschlusses veranlassen müfste. Unter diesen Umständen nun könnten sehr geringe Kräfte ausreichen, um die Klappen in Schlufsstellung zu bringen, sie zu „stellen". Nehmen wir an, dafs solche wirklich vorhanden sind, so fände die eintretende Diastole des Ventrikels die Klappen bereits in Schlufsstellung vor, und es ist zum mindesten einleuchtend, ein wie grofser physiologischer Vorteil mit einem derartigen Ablauf der Vorgänge verknüpft wäre. Es würde erstlich der Rückstrom des Blutes in das Herz nahezu oder ganz vermieden sein, welcher unvermeidlich wäre, wenn eine schnell einsetzende Ventrikel-Diastole den Klappenschlufs bewirkte; anderseits würde auch der Schlufs der Klappen nicht mit einem so gewaltigen Stofs erfolgen. Ich kann nicht leugnen, dafs diese Vorstellung, dafs die Semilunarklappen während einer „Verharrungszeit" des Ventrikels in Schlufsstellung übergeführt werden, schon vom Gesichtspunkte der Zweckmäfsigkeit aus für mich sehr viel Ansprechendes hat. Dabei würde übrigens der zweite Herzton gleichwol den Beginn der Ventrikel-Diastole bezeichnen, indem er nicht sowohl durch den schon ein wenig vorher bewirkten Schlufs der

---

1) Martius, Epikritische Beiträge zur Lehre von der Herzbewegung. Zeitschrift für klinische Medizin. Bd. 19.

2) Roy und Adami, Practitioner 1890.

Klappen, als vielmehr durch deren heftige Anspannung in dem Augenblicke, wo der Ventrikeldruck rapid heruntergeht, hervorgerufen würde.

Was nun die Kräfte anlangt, durch welche die Schlußstellung der Klappen während der Verharrungszeit hervorgerufen werden könnte, so hat in dieser Hinsicht Martius wieder auf Ceradinis Wirbel hingewiesen. Naheliegend scheint mir aber jedenfalls auch die Erwägung, dafs selbst eine geringfügige Rückkehr reflektierter Wellen ausreichen mufs, um im Aortenanfang dasjenige Minimum von Überdruck zu erzeugen, welches für die „Stellung" der Klappen erforderlich wäre[1]. Hiernach bestände dann immer noch ein sehr genauer und wichtiger Zusammenhang zwischen rückläufiger Welle, Klappenschlufs und (rechtläufiger) dikrotischer Welle. Wie dem aber auch sei: nehmen wir an, dafs die Klappen während einer Verharrungszeit in Schlufsstellung übergeführt werden und dafs auf diese Weise die Rückströmung in das Herz nahezu oder ganz vermieden sei, so wird um so weniger in dem Klappenschlufs an sich ein Moment erblickt werden können, welches zur Erzeugung einer dikrotischen Welle von derjenigen Form, wie wir sie thatsächlich oft genug beobachten, geeignet wäre.

Übrigens ist es sehr denkbar, dafs die Beziehungen zwischen Klappenschlufs und dikrotischer Welle je nach Umständen verschieden sind; trotz der soeben entwickelten Anschauung glaube ich daher, dafs gelegentlich auch die dikrotische Erhebung erst merklich nach dem Klappenschlufs beginnt. Dies scheint z. B. der Fall zu sein in Hürthles Figuren 15c und 15e, welche bei Chloralvergiftung, resp. Kompression der Pfortader und dadurch verminderter Blutfüllung des Herzens gezeichnet sind[2]. Wir sehen den Druckdifferenzmesser in der Zeichnung 15c bei Marke 4, in 15e gleich nach der Marke 2 die Nulllinie schneiden, wodurch der Zeitpunkt des Klappenschlusses markiert sein soll. Die dikrotische Erhebung des Aortenpulses setzt in beiden Fällen sehr merklich später ein, während sie z. B. in Fig. 14 ganz genau in dem Augenblick beginnt, auf welchen der Klappenschlufs zu legen wäre.

Abgesehen von dem Klappenschlufs kann, soviel ich sehe, nur noch an ein der Herzthätigkeit selbst zugehöriges Moment als Ursprung der dikrotischen Welle gedacht werden. Man kann daran denken, dafs bei jeder Systole infolge des auf das Herz wirkenden Rückstofses die Aorta eine gewisse Längsdehnung erfährt und die mit der Herz-Diastole wieder eintretende Verkürzung als die Ursache der dikrotischen Erhebung betrachten. Die letztere mufs ja, wie es scheint,

---

1) Vgl. die ganz ähnlichen Ausführungen v. Frey's. Über die Beziehungen zwischen Pulsform und Klappenschlufs. Verhandlungen des neunten Kongresses für innere Medizin. S. 351.
2) Pflügers Archiv Bd. 49 Tafel IV.

ganz ähnlich wirken, wie ein nochmaliger kleiner Nachschub von Blut aus dem Herzen. Die genauere Prüfung dieser Ansicht würde eine so genaue Kenntnis der Herzbewegung erfordern, wie wir sie trotz der zahlreichen darauf gerichteten Bemühungen noch nicht besitzen. Doch glaube ich, dafs schon einfache Überschlagsberechnungen genügen, um zu zeigen, dafs dieselbe nicht haltbar ist. Rechnen wir den Durchmesser der Aorta an ihrem Ursprung $= 28$ mm [1]), so berechnet sich der Querschnitt derselben auf etwa 6 qcm. Nehmen wir an, dafs derselbe eine Hin- und Herbewegung von einem ganzen Centimeter ausführt, so würde für die Längskontraktion immer erst eine Förderung von 6 ccm resultieren. Dies wäre höchstens der 12. Teil von einer systolischen Förderung. Hierzu kommen aber verschiedene Umstände, welche die obige Schätzung noch als viel zu hoch gegriffen erscheinen lassen. Erstlich ist die Bewegung, welche der Aortenanfang ausführt, wohl nicht einmal in vollem Mafse als eine Dehnung ihres Stammes aufzufassen. Auch die oberen Teile des Gefäfses sind ja nicht absolut fixiert und ein Teil jener Bewegung ist daher wohl mehr als Lokomotion des Gefäfses im Ganzen, denn als Streckung anzusehen. Eine blofse Lokomotion aber könnte den in Rede stehenden Erfolg natürlich nicht haben. Aufserdem ist noch zu berücksichtigen, dafs mit jeder Längsdehnung der Gefäfswand, wie bei allen elastischen Körpern, eine Querkontraktion einhergehen mufs, somit der Querschnitt entsprechend abnimmt; die mit den longitudinalen Streckungen der Aorta einhergehenden Veränderungen des Hohlraumes müssen dadurch noch sehr verkleinert werden. Bei Gummischläuchen zeigt in der That der Versuch, dafs eine Längsdehnung den Inhalt des Schlauches nur sehr wenig vermehrt. Ich glaube daher, dafs diese Vorgänge ebenso wenig wie der Klappenschlufs ausreichen, um den thatsächlichen Umfang der dikrotischen Erhebung begreiflich zu machen.

Kapitel III.
Die Verzweigung der Gefäfsbahn und die Zwischenschläge.

§ 1. Die Verzweigung der arteriellen Bahnen.

Die ganze bisherige Betrachtung der Pulswelle kann eine schematische genannt werden, und zwar in doppelter Beziehung. Denn erstlich stellt diejenige Form der Pulswelle, deren Erklärung zur Aufgabe gemacht wurde, nicht genau die Form der wirklich beobachteten Pulse dar; anderseits wurden auch in Bezug

[1) Henle, Gefäfslehre S. 71.

auf die Beschaffenheit der Gefäfsbahnen zunächst Verhältnisse zu Grunde gelegt, welche sich von den realen wesentlich unterscheiden und gewisse diesen eigentümliche Komplikationen nicht darbieten.

Wir wollen nun zunächst die faktische Gestaltung der tierischen Gefäfse etwas genauer ins Auge fassen und sehen, welche Konsequenzen für die Pulstheorie sich aus derselben ergeben. In erster Linie wäre es die Verzweigung der Aorta, die Auflösung derselben in eine Reihe immer kleinerer und immer zahlreicherer Äste, die hier zu beachten wäre. Um für die Bedeutung dieses Umstandes ein richtiges Verständnis zu gewinnen, mufs man sich vor allem klar machen, dafs jede in irgend einem Teile der Gefäfsbahn erregte Wellenbewegung sich notwendig in alle übrigen Teile ausbreiten mufs. Da alle Teile in offener Kommunikation stehen, so besteht gar keine Möglichkeit, dafs z. B. eine an beliebiger Stelle hervorgerufene Drucksteigerung auf die übrigen Gefäfse ganz ohne Wirkung bleiben sollte. Selbstverständlich aber müssen alle derartigen Ausbreitungen nach den allgemein für die Wellenbewegung giltigen Gesetzen erfolgen; insbesondere werden sie also in sehr mannigfaltiger Weise durch Reflexion modifiziert und durch Dämpfung geschwächt werden können, und so kann es denn in vielen Fällen auch geschehen, dafs an einer Stelle angebrachte Eingriffe an diesem oder jenem andern Punkte keine merkliche Veränderung hervorrufen. Es wäre aber unzulässig, daraus den Mangel des jedenfalls durchgängig existierenden Zusammenhanges der Erscheinungen folgern zu wollen. Ich mufs diese Auffassung betonen im Gegensatz zu gewissen von Landois aufgestellten Sätzen. Landois[1]) nahm an einem Hunde Pulskurven einer Femoralis auf; er unterband dann die beiden Carotiden und fand danach das Sphygmogramm der Femoralis nicht erheblich verändert; endlich unterband er beide Axillares und fand auch dann keine Modifikation des Femoralis-Pulses. „Dies angestellte Experiment zeigt," sagt Landois, „dafs bei dem Hunde unseres Versuches weder von Seiten der Carotiden noch der Axillares das Pulsbild der Femoralis verändernde Modifikationen erfährt. Ich bin geneigt, diese Verhältnisse im allgemeinen auf den Menschen zu übertragen und glaube nicht, dafs das Pulsbild irgend einer Schlagader etwas Fremdartiges, von anderen Schlagadern Übertragbares enthält, ich nehme vielmehr an, dafs die verzeichneten Einzelheiten von Bewegungen in eben der Schlagader selbst herrühren." Hier mufs ich nun zunächst bemerken, dafs mir durch den Landois'schen Versuch, zum wenigsten durch die von ihm mitgeteilten Kurven (S. 267 a. a. O.), der aufgestellte Satz

---

1) Die Lehre vom Arterienpuls, S. 267.

nichts weniger als bewiesen scheint. Ich gebe die betreffenden Kurven hierneben wieder[1]) (Fig. 33). Ein sicheres Urteil gestatten sie überhaupt nicht, weil in *A*

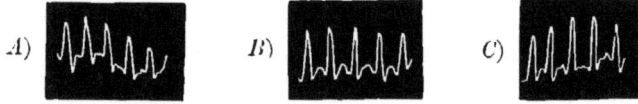

Fig. 33. Nach Landois. Femoralis-Puls eines Hundes, *A* ursprüngliche Form, *B* nach Unterbindung beider Carotiden, *C* nach Unterbindung auch noch beider Axillar-Arterien.

(vor der Unterbindung der Carotiden) und in *C* keine einzige Pulskurve der anderen gleich ist. Dagegen mufs wohl ohne weiteres zugegeben werden, dafs die Kurven *B* wesentlich anders aussehen als *A*. Ob dies eine direkte oder indirekte Folge der Carotiden-Unterbindung ist oder vielleicht nur auf Zufälligkeiten der Methodik beruht, mufs ich ganz dahingestellt sein lassen. Jedenfalls scheint mir der Versuch nicht geeignet, um einen so wichtigen und physikalisch so paradoxen Satz darauf zu gründen.

Nur unter der Voraussetzung dürfte man glauben, die einzelnen Hauptgefäfsbahnen unabhängig von einander betrachten zu dürfen, wenn die sekundären Wellen in jedem einzelnen Teile rein lokalen Ursprunges wären und wir annehmen dürften, dafs die in einem Gebiete entstandenen Wellen nur in nächster Nähe ihres Entstehungsortes bedeutend genug wären, um wahrgenommen zu werden. Nun wissen wir aber (und darüber sind ja neuerdings alle Autoren einig), dafs z. B. der Nebenschlag in jeder Gefäfsbahn centrifugal verläuft, also vom Aortenanfang herkommt. Landois selbst betont gerade an der Stelle, wo er von der Verschiedenheit des Pulses in verschiedenen Arterien handelt (a. a. O. S. 238), dafs die Rückstofselevation „der centralen Reflexion einer positiven Welle ihren Ursprung verdankt". Unter diesen Umständen wird nun die Auffassung zur Unmöglichkeit, dafs etwa die in den Gefäfsen des Beines reflektierte Welle, am Aortenanfang zurückgeworfen, ihren Weg gerade wieder in die Gefäfse des Beines nehme. Wir werden uns vielmehr denken müssen, dafs eine am Aortenanfang hervorgerufene Drucksteigerung, mag sie nun durch Reflexion aus den Gefäfsen des Kopfes, des Beines, des Unterleibes oder woher immer entstanden sein, sich ganz ebenso wie die primäre Welle in alle Gefäfse ausbreiten mufs. Es rührt also, dies wäre zuvörderst festzuhalten, nicht etwa die sekundäre Welle in einer einzelnen Gefäfsprovinz von der Reflexion her, die gerade in dieser statt-

---

1) Nach den von der Hirschwald'schen Verlagsbuchhandlung freundlichst zur Verfügung gestellten Originalcliché.

gefunden hat, sondern die sekundäre Welle jedes Gefäfsabschnittes ist zu betrachten als das kombinierte Ergebnis der in sämtlichen Gefäfsbahnen, im ganzen Gefäfssystem stattfindenden Reflexionen[1]).

Erwägen wir nun genauer den Einflufs, den der verzweigte Bau der Gefäfse auf die Gestaltung der Wellen haben mufs, so läfst sich einsehen, dafs eine weitere Komplikation dann gar nicht dadurch herbeigeführt würde, wenn die Reflexion der Wellen durchgängig in Gefäfsen von einer ganz bestimmten Gröfsenordnung stattfände und diese überall durch gleich lange und gleich beschaffene Bahnen mit der Aorta zusammenhingen. Man könnte vielmehr in diesem Falle die Auflösung des Stammes in eine Reihe von Ästen ganz ebenso ansehen, wie wenn ein einziger Schlauch im Verlauf seiner Länge Querschnitt und Wandbeschaffenheit in gewisser Weise änderte[2]).

1) Hiermit ist natürlich nicht ausgeschlossen, dafs der Puls einer bestimmten Arterie durch Variierungen in seinem eigenen Gebiete, namentlich bezüglich der feineren Details seiner Form viel stärker beeinflufst wird, als durch ähnliche Variierungen anderer Gebiete. Denn die Pulswelle wird ja nicht ausschliefslich durch centrifugal laufende Vorgänge gebildet.

2) Es ist vielleicht nicht überflüssig, diesen Fall, der nicht ohne theoretisches Interesse ist, noch etwas genauer zu analysieren. Fände z. B. überall bei dem Übergange der kleinen Arterien in die Kapillaren eine Reflexion statt, so würde die entstandene Welle aller einzelnen Äste ganz ähnlich wie eine einzige gegen den Anfang zurücklaufen, dort abermals reflektiert peripheriewärts laufen etc. Das Intervall, in welchem unter solchen Umständen der Nebenschlag der primären Welle folgte, ist durch den Abstand der Reflexionsstelle vom Anfang bestimmt. Es könnte nun hier so scheinen, als ob jeder Zweig ganz unabhängig von allen andern betrachtet werden dürfte und ein Übergang von Wellen aus dem einen in ein anderes Gebiet gar nicht stattfände. Indessen verhält sich die Sache doch im Grunde anders. Es mögen b und c (Fig. 34) zwei Äste sein, in die sich der Stamm a teile, und es bestehe hier, der Voraussetzung gemäfs, zwischen den Querschnitten und der Beschaffenheit der Wand eine solche Beziehung, dafs eine in a gegen die Teilungsstelle laufende Welle dort keine Reflexion erleidet, sondern in b und c centrifugal weiterläuft. Betrachten wir nun die rückläufigen Wellen, so werden allerdings die beiden in c und b gegen die Vereinigungsstelle laufenden auch wieder nur eine einzige, in a weitergehende Welle liefern. Man kann nun fragen, wie es kommt, dafs nicht die rückläufige Welle aus c in b übergeht, um dort sogleich wieder centrifugal

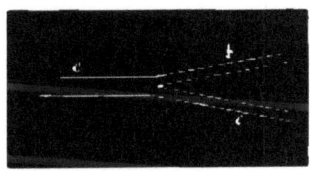

Fig. 34. Schema: Teilung eines Gefäfsstammes in zwei gleiche Äste.

zu laufen, ebenso die aus b in c hinein, wonach dann schon beim Ankommen der rückläufigen Welle an unserer Teilungsstelle wieder peripherwärts laufende Wellen entstehen müfsten. Die Antwort ist indessen nicht schwierig. Verfolgen wir allein die in c rückläufig sich bewegende Welle, so wird dieselbe, an der Verzweigungsstelle anlangend, sich sowohl nach a als nach b fortpflanzen; die Verzweigungsstelle wäre aber für sie eine Reflexionsstelle und es würde daher eine negative Welle in c zurück (also wieder rechtläufig) sich bewegen. Das Gleiche gilt aber auch für die entsprechende rückläufige Welle in b. Man übersieht nun, dafs nach dem Prinzip der Superposition nur die in a zurücklaufende Welle übrig bleibt. Der

Der verzweigte Bau der Gefäfsbahn kompliziert nun aber die Erscheinungen in noch weit höherem Grade, wegen eines weiteren Umstandes, nämlich der un gleichen Länge der verschiedenen Bahnen. Der Übergang aus weiten und starkwandigen Gefäfsen in die kleinen und dünnwandigen ist durchgängig insofern ähnlich, als schliefslich eine Auflösung im Gefäfse von sehr ähnlicher Beschaffenheit resultiert; aber er vollzieht sich in ganz verschiedener Weise, insofern die Mittelglieder in ganz ungleichem Mafse vorhanden sind. Nicht nur können die Gefäfse gleicher Ordnung hier länger, dort kürzer sein, sondern es fehlen sehr vielfach die Mittelglieder von gewissen Kalibern auch ganz, wenn z. B. aus grofsen Stämmen unmittelbar sehr kleine Aste entspringen. Die ganze Länge des zwischen kapillarer Auflösung und Aorta eingeschalteten Zwischenstückes ist deswegen für das einzelne Kapillargebiet im höchsten Mafse verschieden; sie wächst von den geringsten Werten, die für gewisse Gebiete des Halses und des Thorax gelten würden (abgesehen von den Kranzarterien) bis zu Längen von 120 cm und mehr in den längsten Bahnen der unteren Extremitäten. Der theoretischen Betrachtung ist nun hier, wofern sie sich nicht in unfruchtbare Spekulationen verlieren will, alsbald eine Grenze gesetzt durch die unzureichende Kenntnis der physikalischen Verhältnisse. In der That wissen wir ja nicht, ob überhaupt in allen Gefäfsbahnen eine Reflexion vorkommt, noch weniger ob sie überall gleich stark und ob sie überall in Gefäfsen der gleichen Gröfsenordnung stattfindet. Es kann daher, soviel ich sehe, nur folgende Betrachtung angestellt werden, die allerdings auch ausreicht, um ganz im allgemeinen die Anwendbarkeit der früher zu Grunde gelegten einfachen Voraussetzungen auch auf den verwickelteren thatsächlich realisierten Fall darzuthun.

Wie wir uns auch das Gefäfssystem bezüglich der verschiedenen Länge seiner einzelnen Teile gestaltet denken, so ist doch das wohl keinem Zweifel unterworfen, dafs die allerkleinsten und allergröfsten Längen nur einer relativ kleinen Zahl von Gefäfsen zukommen, während gewisse mittlere Längen relativ am stärksten vertreten sein werden. Denken wir uns dies Verhalten in einer graphischen Weise etwa so dargestellt, dafs wir die zunehmenden Bahnlängen, von dem Aorten-Anfang bis den Kapillaren gemessen, als Abscissen auftragen, als Ordinaten aber die Zahl (oder besser den Gesamtquerschnitt) aller Kapillaren, welche den betreffenden, durch die Abscisse dargestellten Abstand von dem Aortenanfange besitzen, so würde jedenfalls eine Kurve erhalten werden,

Effekt ist hier also, unbeschadet der allseitigen Ausbreitung, derselbe, als ob die Vorgänge in jedem Zweige unabhängig von allen andern abliefen.

welche etwa wie die nebenstehende Fig. 35 an irgend einer Stelle ein ausgeprägtes Maximum besitzt. Man kann, nach der ganzen anatomischen Konfiguration der Gefäfsbahn, vermuten, dafs diese am meisten vertretene Bahnlänge etwa diejenige sein würde, welche den grofsen Gefäfsbahnen des Unterleibes zukommt. Gehen wir von dieser Vorstellung aus, so werden wir es begreiflich finden, dafs die von allen Seiten gegen die Aorta zurücklaufenden Wellen, wenn auch mehr oder weniger ungleichzeitig dort anlangend, doch daselbst eine Drucksteigerung hervorrufen, welche einen ausgeprägten Gipfel besitzt.

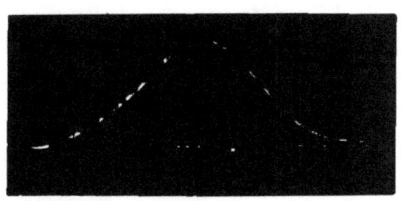

Fig. 35. Schema: Hypothetische Konstruktion einer Kurve, welche darstellt, in welchem Umfange die verschiedenen Bahnlängen von der Aorta bis zu den Kapillaren gemessen) im Gefäfssystem vertreten sind. Vgl. das Genauere im Text.

Freilich wird zu erwarten sein, dafs der ungleiche Abstand der verschiedenen Reflexionsstellen die ganze sekundäre Welle zu einer mehr gestreckten, ihren Gipfel zu einem flacheren machen wird, als ihn die primäre Welle besitzt, wie wir dies ja auch thatsächlich immer bestätigt sehen.

Gehen wir von der soeben entwickelten Vorstellung aus und legen wir insbesondere die obige, versuchsweise entwickelte Kurve zu Grunde, welche die Stärken darstellen soll, in denen verschiedene Bahnlängen vertreten sind, so wird namentlich zu beachten sein, dafs ein Einflufs der in den kürzesten Gebieten reflektierten Wellen sich im Aortenpuls sehr frühzeitig, wohl in fast unmittelbarem Anschlufs an die primäre Welle zeigen müfste. Allerdings könnte derselbe geringfügig sein, und er würde auch keinen isolierten Gipfel hervorbringen können, sondern nur darin sich geltend machen, dafs das Absinken des Druckes nach dem Hauptgipfel langsamer erfolgte. Sehr naheliegend erscheint aber auch der Gedanke, dafs die faktische Gestalt jener Kurve eine andere und verwickeltere sein könnte. In den Extremitäten zwar sehen wir offenbar die Länge der Gefäfsbahn sich im grofsen und ganzen stetig verändern, je mehr wir gegen das periphere Ende der Extremität rücken. In den innern Teilen des Körpers aber wird man vielfach eher vermuten können, dafs die sämtlichen Gefäfse eines grofsen Komplexes in annähernd gleicher Distanz von der Aorta endigen: solches könnte von den Gefäfsen des Gehirns, der Milz, der Nieren u. dgl. gelten. Es wird hiernach die Möglichkeit ins Auge zu fassen sein, dafs z. B. schon vor dem Hauptgipfel kleinere Gipfel in jener, zunächst hypothetisch konstruierten Kurve der Bahnlänge anzunehmen wären. In diesem Falle müfsten dann auch in den Pulswellen kleinere, den reflektierten

Wellen aus kürzeren Bahnen entsprechende Gipfel sich vor dem Nebenschlage bemerklich machen.

Zusammenfassend werden wir sagen können, dafs die verzweigte Beschaffenheit des Gefäfssystems und die ungleiche Länge seiner einzelnen Teile mit der vereinfachten Theorie, die wir in Kap. II für die Grundform des Pulses und die dikrotische Erhebung aufgestellt hatten, ganz wohl vereinbar erscheint, dafs aber anderseits auch gerade an diese Momente bei der Erklärung der nunmehr zu besprechenden feineren Details der Pulswelle, wie z. B. der Zwischenschläge, ferner der lokalen Differenz der Pulsform, des Einflusses verschiedener physiologischer und pathologischer Zustände, jedenfalls zu denken sein wird.

§ 2. Die Zwischenschläge.

Eine oder zwei zwischen Haupt- und Nebenschlag sich einschaltende Elevationen bilden, wie bekannt, eine nicht seltene Erscheinung an dem menschlichen Pulse. Es sind dies die von Landois als „Elasticitäts-Elevationen" bezeichneten Gipfel, für welche ich oben den Namen der Zwischenschläge eingeführt habe. Im Hinblick auf die nicht ganz zu vermeidende Unsicherheit aller sphygmographischen Technik wäre zuerst zu fragen, ob die betreffenden Formen nicht etwa durch Fehler des registrierenden Apparates vorgetäuscht sein können. Es ist nicht meine Absicht, hier in eine eingehende Diskussion der sphygmographischen Verfahrungsweisen einzutreten. Wiewohl es nicht möglich ist, durch irgend ein Sphygmogramm ein absolut treues Bild der arteriellen Druckschwankungen darzustellen, so reicht doch die Leistung guter Apparate hin, um die reale Existenz solcher Zwischenschläge sicher zu stellen. Man sieht dies vorzugsweise deutlich, wenn man an den Sphygmogrammen die zeitliche Lage der betreffenden Elevationen ins Auge fafst. Man betrachte z. B. die Sphygmogramme Fig. 36 und 37. In der ersteren sieht man der dikrotischen Erhebung α eine andere (β)

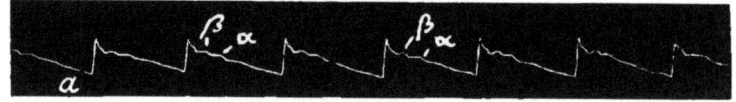

Fig. 36. Normaler Radialis-Puls mit Zwischenschlägen (stud. K — z).

vorausgehen, welche nahezu von gleicher Gröfse mit ihr ist. Es könnte sogar auf den ersten Blick zweifelhaft erscheinen, ob nicht vielleicht β als Nebenschlag in Anspruch zu nehmen wäre; doch läfst die Berücksichtigung der Zeitverhältnisse erkennen, dafs mit der regelmäfsigen dikrotischen Erhebung nicht β, sondern α übereinstimmt. Kurven von solcher Form sind nichts Ungewöhnliches; an grofsen Personen mit geringer Pulsfrequenz kommen sie, wie mir scheint, besonders häufig zur Beobachtung. In Fig. 37 ist die betreffende Erhebung nicht ganz so stark, aber gleichwohl noch sehr deutlich. In beiden Fällen aber geht dem Nebenschlage nicht blofs dieser, sondern noch ein anderer Zwischenschlag voraus, welcher in dem stark absinkenden Teile gelegen weniger als der zweite markiert ist. Die beiden Sphygmogramme sind, wie die meisten hier mitgeteilten,

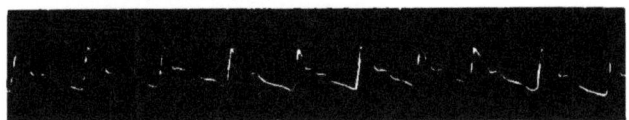

Fig. 37 Normaler Radialis-Puls mit Zwischenschlägen (stud. K—r'.

mit dem bekannten Dudgeon'schen Sphygmographen aufgenommen[1]. Jedenfalls in Bezug auf den zweiten Zwischenschlag kann nicht daran gedacht werden, dafs eine Eigenschwingung des Apparates vorliege. Denn es geht ihr gar keine schnelle Bewegung der Feder unmittelbar vorher und der Abstand des Hauptgipfels ist viel zu grofs, als dafs eine durch den ersten schnellen Anstieg hervorgerufene Eigenschwingung angenommen werden könnte.

Auch in den Tachogrammen der Armgefäfse lassen sich Zwischenschläge nicht selten, und zuweilen sogar viel deutlicher als in den Sphygmogrammen, beobachten. Man betrachte als Beleg hierfür zunächst die Figuren 1 und 3 der Tafel. In beiden erkennt man sogleich die zwei aufeinander folgenden nahezu gleichen Gipfel des Nebenschlages und des Zwischenschlages, ganz ähnlich dem Sphygmogramm Fig. 36. In Fig. 2 ist dagegen nur eine kleine, dem dikrotischen Gipfel kurz vorausgehende Zacke erkennbar, welche etwa dem zweiten Zwischenschlage des Sphygmogramms zu entsprechen scheint. Dagegen ist der im Sphygmogramm bemerkliche erste Zwischenschlag in den Tachogrammen nirgends ausgedrückt. Auf die Schlüsse, welche aus dem Verhältnis der Tachogramme und Sphygmogramme sich ziehen lassen, wird sogleich zurückzukommen sein. Vorher erwähne ich noch die Beschaffenheit anderer Pulse, namentlich des Carotispulses. Es ist bekannt, dafs auch in diesem fast immer sekundäre Erhebungen der Pulswelle noch vor der am stärksten hervortretenden dikrotischen Elevation

---

[1] Das von mir benutzte Exemplar des Dudgeon'schen Sphygmographen ist auf meine Veranlassung in der Weise modifiziert, dafs das andrückende Messingkügelchen durch einen dünnen, federnden Draht ersetzt ist. Der Apparat besitzt eine sehr stark gedämpfte Eigenschwingung von ca. 0,066 Sek.

zu beobachten sind. Man betrachte z. B. die Form des Carotidenpulses, welche Marcy[1]) zeichnet (in Fig. 38 reproduziert) oder auch diejenige bei Moens[2])

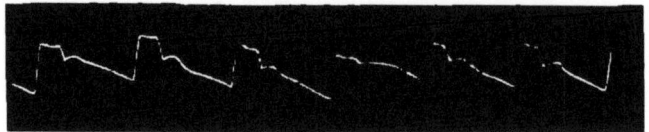

Fig. 38. Carotis-Puls des Menschen nach Marcy.

(Fig. 39). An Herrn stud. K--r, welcher die oben besprochenen Sphygmogramme Fig. 37 lieferte, wurde die Carotiskurve Fig. 40 aufgenommen. Man

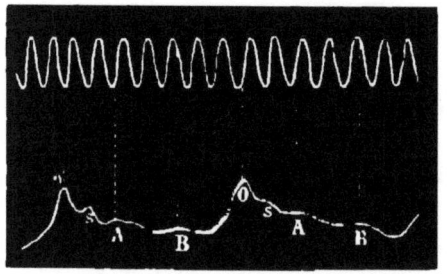

kann in dieser, trotz der erheblichen Verschiedenheit der Form, doch eine grofse Analogie mit der Radialkurve auch bezüglich der Zwischenschläge nicht verkennen. Wir finden auch hier der dikrotischen Erhebung zwei Schläge voraufgehen, von denen der erste sich dem Hauptschlage sehr eng anschliefst, der zweite deutlicher hervortritt.

Fig. 39. Carotis-Puls des Menschen nach Moens.

Auch hier kann jedenfalls bezüglich der zweiten Elevation nicht an eine Täuschung durch den Apparat gedacht werden. Da, wie sich herausstellen wird,

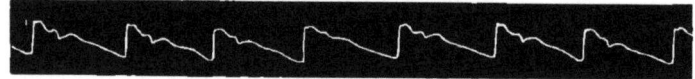

Fig. 40. Carotis-Puls (stud. K — r

überhaupt in vieler Beziehung die Dinge für den zweiten Zwischenschlag anders und einfacher als für den ersten liegen, so wollen wir jenen (den zweiten) zuerst zum Gegenstande genauerer Erörterung machen.

In Bezug auf die Deutung der Erscheinung können wir zunächst sagen, dafs nach dem, was oben über die Eigenschwingungen elastischer Schläuche aus-

1 Marcy, La circulation du sang p. 260.
2) Moens, Die Pulskurve S. 138.

einandergesetzt wurde, die Zwischenschläge jedenfalls nicht mit Landois als Elasticitätselevationen erklärt werden können; denn eine solche Erklärung würde, je nach dem Sinn, den wir diesem Worte beilegen, entweder gar nichts besagen, sofern alle Elevationen von der Elasticität der Arterienwand abhängen und von ihr bedingt sind, oder aber wenn wir in einem strengeren Sinne des Wortes Eigenschwingungen der Wand darunter verstehen wollten, zweifellos unrichtig sein. Versuchen wir soweit als möglich zu gelangen, ohne den Boden der That-sachen zu verlassen, so würde zunächst aus der Vergleichung der Sphygmo-gramme und Tachogramme zu ermitteln sein, ob wir es mit Vorgängen centri-fugalen oder centripetalen Verlaufes zu thun haben. In den Tachogrammen ist nun, wie bereits erwähnt, im allgemeinen nur ein Zwischenschlag zu beobachten. Die Zeitvergleichung ergiebt, dafs dieser mit dem zweiten Zwischenschlage des Sphygmogramms sehr annähernd zusammenfällt. So lieferte z. B. die Ausmessung der Kurven zweier Versuchspersonen folgende Zahlenwerte. Vom Beginn der Pulswelle bis zur Spitze des zweiten Zwischenschlages im Sphygmogramm betrug die Zeit bei der ersten Versuchsperson (Diener K.) 0,25 Sekunden; im Tacho-gramm war der analoge Abstand 0,23 Sekunden. Für die andere Versuchsperson fand ich die entsprechenden Zeiten 0,23 Sekunden (im Sphygmogramm) und 0,21 Sekunden (im Tachogramm) [1]. Die Vergleichung der beiden Kurven macht also wahrscheinlich, dafs in den Armgefäfsen der betreffende Zwischenschlag durch einen centrifugal laufenden Vorgang bedingt ist. Allerdings aber mufs bemerkt werden, dafs die Präzision des Nachweises schon zu wünschen übrig läfst. Die beiden angewandten Registrierungsverfahren können ja nicht als absolut zuver-lässig angesehen werden. Der Sphygmograph wird am ehesten die Zeitverhält-nisse etwas verschieben können; von der Flamme ist dies weniger zu fürchten; dafür aber gestatten die etwas unscharfen Bilder der Flamme keine so genaue Ausmessung wie das Sphygmogramm. Da aufserdem die Zeiten der Gipfel nach nicht ganz genau übereinstimmen, so werden wir fragen müssen, ob nicht vielleicht die Erscheinungen mit der Annahme eines centripetalen Verlaufes sich ebenso gut in Einklang bringen lassen. Es zeigt sich indessen doch, dafs dies nicht der Fall ist. In dem zuzweit angeführten Falle z. B. (Stud. K—r) hat die Spitze des Zwischenschlages im Sphygmogramm den Abstand 0,23 Sekunden von dem Anfang der Welle; im Tachogramm ist der entsprechende Wert 0,21 Sekunden. Die nächstfolgende Einsenkung des Tachogramms, mit welcher bei centripetalem

---

1) Die hier angegebenen Zahlen sind Durchschnittswerte aus je 4—6 Einzel-schwingungen.

Verlauf die Spitze des Zwischenschlages im Sphygmogramm koinzidieren müfste, finden wir aber erst 0,30 Sekunden nach dem Wellenanfang. Jedenfalls stimmen also die Erscheinungen zu der Annahme eines centrifugalen Verlaufs des zweiten Zwischenschlages ungleich besser als zu der gegenteiligen. Jedoch ist zuzugestehen, dafs wir hier bereits der Grenze desjenigen nahe sind, was die Vergleichung von Druck- und Strompulsen noch zu entscheiden gestattet.

Der nächste Punkt, der für die Deutung des zweiten Zwischenschlages in Betracht kommt, ist die aufserordentliche Variabilität desselben. Obwohl in Kap. IV von den Variierungen der Pulsformen besonders die Rede sein soll, ist es doch notwendig, hier sogleich noch Einiges in dieser Beziehung zu antizipieren. Man betrachte z. B. die tachographischen Kurven 3 und 4 der Tafel, welche von derselben Versuchsperson unter Anwendung genau der gleichen Methode erhalten wurden; ebenso die Sphygmogramme Fig. 37 und 41, von welchen das nämliche gilt.

Alle diese Kurven sind ohne einen besonderen experimenti causa gesetzten Eingriff erhalten, können also insofern als Normalkurven bezeichnet werden; sie

Fig. 37. Normaler Radialis-Puls mit Zwischenschlägen Stud. K — r.

sind aber an verschiedenen Tagen und zu ungleichen Tageszeiten, also jedenfalls unter verschiedenen Verhältnissen des Kreislaufs gewonnen worden. Ich bemerke noch besonders, dafs das Sphygmogramm des Herrn K — r in Fig. 41, welches

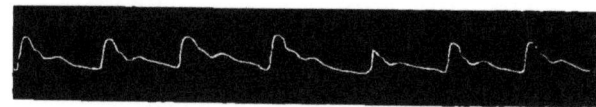

Fig. 41. Radialis-Puls derselben Person, von welcher das Sphygmogramm Fig. 37 herrührt, an einem andern Tage

die Zwischenschläge so gering zeigt, nicht etwa eine einzelne weniger gut ausgefallene Kurve darstellt, sondern dafs es damals trotz der Aufnahme einer ganzen Anzahl von Sphygmogrammen bei aller Bemühung nicht gelang, deutlicher ausgeprägte Zwischenschläge zu erhalten. Wie mir scheint, weist schon diese Thatsache darauf hin, dafs in dem variabelsten Faktor des ganzen Kreislaufes, der Gefäfsinnervation, eine wesentliche Bedingung der Zwischenschläge zu erblicken ist. Es gelingt demgemäfs auch unschwer (und wird bei weiterer Ausdehnung solcher Untersuchungen gewifs in noch gröfserem Umfange gelingen) in der Beeinflussung der Tachogramme durch physiologische Zustände bestimmte Gesetzmäfsigkeiten aufzufinden. So ist z. B. das Armtachogramm morgens vor Aufnahme von Nahrung in sehr deutlicher und regelmäfsiger Weise von demjenigen verschieden, welches kurz nach einer reichlichen Mahlzeit gefunden wird, und zwar so, dafs im ersteren Falle der Zwischenschlag relativ stark, die dikrotische Erhebung verhältnismäfsig klein ist, im letzteren Fall der Zwischenschlag sehr zurücktritt, oft ganz fehlt, die Dikrotie aber dementsprechend um so ausgeprägter wird. Als Beispiel diene Fig. 7 der Tafel, von welcher die Kurve *a* morgens vor dem Frühstück, *b* am gleichen Tage nach dem Mittagessen von der gleichen Versuchsperson erhalten wurde.

In noch höherem Mafse gelingt begreiflicherweise die Variierung der Pulsform in Bezug auf die Zwischenschläge, wenn man die Innervation der Gefäfse experimentell beeinflufst. Allen derartigen Versuchen haftet ja freilich manche Unsicherheit an; wir wissen niemals mit absoluter Sicherheit, in welcher Weise wir die Gefäfsinnervation modifizieren; namentlich ist zweifelhaft, wie sich der Eingriff auf die verschiedenen Gefäfsprovinzen verteilt. Auch kann ja nie ein strenger Beweis dafür erbracht werden, dafs nicht z. B. die Art der Herzthätigkeit gleichzeitig irgendwie beeinflufst werde. Gleichwohl erscheint es mir doch kaum möglich z. B. die Modifikation der Zwischenschläge durch Amylnitrit anders als unter der Annahme einer peripheren Entstehung zu deuten. Als Beispiel für die Veränderung der Pulse durch das Amylnitrit möge die Serie Fig. 42 (S. 92) dienen. Die Veränderung des Tachogramms zeigen die Figuren 5 und 6 der Tafel, in welcher *a* die Normalkurve, *b* die unter dem Einflusse des Amylnitrits erhaltene ist. Man bemerkt hier leicht (und ich habe in zahlreichen Fällen das Gleiche gesehen), dafs ein der dikrotischen Elevation kurz vorausgehender Zwischenschlag durch die Einatmung von Amylnitrit völlig beseitigt werden kann. Auf die sonstigen erheblichen Veränderungen, welche die Pulsform, namentlich der dikrotische Schlag selbst, aufweist, wird später einzugehen sein. Nur auf einen Punkt möchte ich hier noch hinweisen. Vergleicht man in der obigen Reihe von Sphygmogrammen (Fig. 42, S. 92) das letzte derselben (*c*) mit den vorher erhaltenen Normalkurven (*a* und *b*), so bemerkt man, dafs die in den letzteren vorhandenen Zwischenschläge in jener anderen Kurve (*c*), die bei bereits schwindender Amylnitritwirkung erhalten ist, nicht sowohl fehlt, als vielmehr mit der dikrotischen Erhebung verschmolzen ist. Man kann demgemäfs auch sagen, dafs die dikrotische Welle hier stark auseinandergezogen erscheint. Es gelingt nicht immer, aber doch zuweilen, dies auch in den Tachogrammen zur

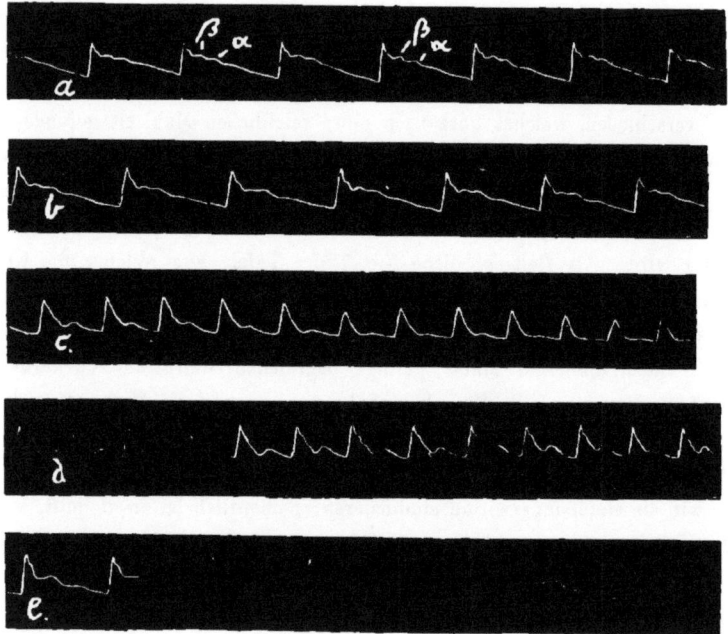

Fig. 42. Änderungen des Radialis-Sphygmogramms durch die Einatmung von Amylnitrit. *a* und *b* Normalcurven; *c* stärkste, *d* und *e* allmählich abnehmende Wirkung des Amylnitrits.

Anschauung zu bringen, so z. B. in Fig. 6. Die in 6*a* (Normalkurve) vorhandenen ziemlich scharfen Spitzen des Nebenschlages sind in 6*b* (Amylnitrit) durch einen breiten Rücken ersetzt. All dies dürfte am ehesten dafür sprechen, dafs der der dikrotischen Erhebung unmittelbar vorausgehende Zwischenschlag (welchen wir den zweiten nannten) in eben derselben Weise entsteht, wie die dikrotische Welle selbst, dafs er eine aus andern und zwar kurzen Bahnen reflektierte und in der beobachteten Arterie rechtläufige Welle darstellt.

Von vorn herein kann es nicht befremden, wenn die Differenzen der Bahnlänge sich einmal in der Weise geltend machen, dafs die reflektierte Welle zweigipfelig wird oder eine kleinere Erhebung dem Hauptgipfel derselben vorausgeht. Ob dies der Fall ist oder nicht, kann von den Verhältnissen der Innervation in den einzelnen Gefäfsgebieten abhängen. Jede Änderung der Innervation in irgend einem Teile der Gefäfsbahn wird den Anteil, welchen diese zur reflektierten Welle liefert, sowohl der Gröfse nach verändern, als auch zeitlich verschieben. Es ist daher nicht unverständlich, dafs die Gestaltung der reflektierten Welle durch das Amylnitrit stark beeinflufst wird. Indem ich die genauere Erörterung dieses Einflusses dem letzten Kapitel vorbehalte, wende ich mich sogleich zu der Frage, ob es gelingt, durch andere Eingriffe noch schärfere Beweise für die eben entwickelte Auffassung des Zwischenschlages beizubringen, eventuell die Bahn, die eine Reflexion des Zwischenschlages bedingt, speziell anzugeben. Hierzu würden Modifikationen des Pulses durch lokale Veränderungen der Gefäfszustände erforderlich sein. Solche können nun leicht erzielt werden, wenn wir die Gefäfse z. B. desselben Armes, dessen Radialpuls wir untersuchen, in verschiedene Zustände bringen. Indessen bleibt gerade in diesem Falle die Deutung der Erscheinungen schwierig, weil ja stets auch zu erwägen ist, ob man einmal reflektierte rückläufige oder im Centrum zum zweiten Male reflektierte rechtläufige Vorgänge vor sich hat. Einfacher wäre es und schlagender, wenn es gelänge festzustellen, dafs z. B. die Zwischenschläge des rechten Radialpulses durch die Gefäfszustände etwa des Kopfes oder des linken Armes beeinflufst werden. Man kann nicht verkennen, dafs die Bedingungen für einen solchen Versuch wenig günstig sind. Denn was in einer derartigen Gefäfsprovinz geschieht, ist im Vergleich zu dem gesamten Vorgange des Kreislaufes immer quantitativ geringfügig; die etwa im linken Arme erzielte Reflexion verteilt sich auf das gesamte arterielle Gebiet und wird also an einer einzelnen Stelle, wie etwa der rechten Radialis, nur schwach zur Erscheinung kommen können. Gleichwohl scheinen die Versuche, welche ich in dieser Hinsicht angestellt habe, doch unzweideutig zu ergeben, dafs eine Modifikation des rechten Armpulses z. B. durch starke Abkühlung des linken Armes in der That gelingt und dafs es namentlich der Zwischenschlag ist, der hierbei verändert wird. Als Beispiel dieser Veränderung möge die Fig. 8 der Tafel dienen. Es wurde bei diesem Versuche, nachdem einige Normalkurven *A* aufgenommen waren, der linke Arm (etwa bis zur Mitte des Oberarmes) in Eiswasser getaucht und sodann, nach etwa 1—2 Minuten, die veränderten Kurven *B* erhalten. Die Verstärkung des Zwischenschlages ist in zahlreichen Fällen sehr deutlich zu beobachten. Auch gegen die Deutung dieser Versuche können, wie ich nicht verkenne, Einwände erhoben werden. Mit der Eintauchung eines Armes in sehr kaltes Wasser ist eine sehr starke sensible Erregung der Haut verbunden; dafs sich reflektorisch die Gefäfse des gekühlten Armes zusammenziehen, ist sicher; dafs die Wirkung sich auf diese beschränkt, kann nicht mit voller Gewifsheit behauptet werden. Wer aus irgend welchen Gründen von einer andern Entstehung der Zwischenschläge überzeugt ist, wird also auf die Möglichkeit hinweisen dürfen, dafs die Abkühlung des linken Armes die Gefäfse auch des rechten oder vielleicht die Herzthätigkeit selbst modifiziere. Es scheint mir indessen zunächst nicht notwendig, auf so hypothetische Deutungen näher einzugehen. Hält man sich an das, was jedenfalls die nächstliegende Interpretation der Versuchsergebnisse ist, so wird man sagen dürfen, dafs bei stark zusammengezogenen Gefäfsen eines Armes die hier reflektierte Welle bei dem Zwischenschlage des anderen Armes beteiligt ist. Es wäre voreilig, einfach anzunehmen, der Zwischenschlag sei schlechthin und pure die aus dem anderen Arme reflektierte Welle. Es steht vielmehr zunächst durchaus dahin, welche andere Bahnen von ähnlicher oder noch geringerer Länge sich bei dem Vorgange beteiligen. Ich halte es sogar für wahrscheinlich, dafs der Zwischenschlag auch ganz ohne Beteiligung des anderseitigen Armes zustande kommen kann.

Wesentlich anders liegen die Verhältnisse für den ersten Zwischenschlag; ja, es scheint mir gewifs, dafs in diesem (wenigstens bei den Armgefäfsen) nicht selten rückläufige Wellen zur Beobachtung kommen. Doch ist es, um diese Meinung zu begründen, erforderlich, die Formen der Sphygmogramme, in denen von einem ersten Zwischenschlage gesprochen werden kann, etwas genauer zu erörtern. Es können das nämlich sehr verschiedene Formen sein, und aus diesem Grunde ist überhaupt der Begriff dieser Elevation ein zunächst sehr schwankender. Betrachten wir z. B. Formen, in welchen sogleich nach der Hauptspitze ein ziemlich starker Höcker in der absteigenden Linie des Sphygmogrammes sichtbar ist. Es hängt hier oft von ganz geringfügigen Differenzen ab, sogar von solchen, die in die Fehlergrenze sphygmographischer Methoden überhaupt fallen, ob, gewöhnlicher Bezeichnungsweise nach, überhaupt von einem Zwischenschlage oder lediglich von einer besonderen Gestaltung des Gipfels im Sphygmogramm zu sprechen ist. Die nebenstehende schematische Figur möge dies erläutern. In a könnte man einen sehr kräftigen Zwischenschlag annehmen, weil unmittelbar

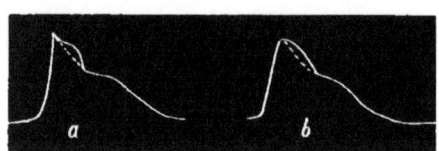

Fig. 43. Schema zur Erläuterung des ersten Zwischenschlages. Vgl. das Nähere im Text.

nach der Spitze ein kleines Stückchen der Kurve steil absinkt; hierdurch wird die Vorstellung einer Kurve wie die punktierte hervorgerufen und der thatsächliche Verlauf kann als ein starker aufgesetzter Höcker erscheinen. Bei der Form b würde man nicht veranlafst sein, die punktierte Linie so zu sagen als Normalverlauf zu betrachten, und man würde daher vielleicht gar keinen Zwischenschlag annehmen. Gleichwohl ist der reale Unterschied beider Kurven

sehr geringfügig, und derselbe Puls kann infolge kleinster Differenzen des
Registrierverfahrens beide Formen liefern. Was also als Zwischenschlag in Anspruch zu nehmen ist, das ist vielfach deswegen willkürlich, weil nicht feststeht,
was als Grundform des Pulses angenommen werden soll. Gerade hier also
scheint es mir erforderlich, zum Gegenstande der Deutung nicht schlechtweg eine
gewisse sekundäre Welle oder eine Elevation zu machen, sondern die ganze
Gestaltung der Pulsform ins Auge zu fassen. Gehen wir nun von den soeben
angeführten, als den einfachsten Fällen aus, so zeigt sogleich die Untersuchung
des Tachogramms, dafs wir ja gerade hier den Punkt vor uns haben, an welchem
Druck- und Geschwindigkeitspuls sich am stärksten unterscheiden. Die Tachogramme zeigen, so weit ich gesehen habe, niemals Formen, welche den angeführten
sphygmographischen parallelisiert werden könnten. Es wird daher berechtigt sein
zu sagen, dafs gerade hier die rückläufige Welle zur Beobachtung kommt und
dafs dieselbe gelegentlich die Form eines markierten Gipfels im Sphygmogramm
annehmen kann. Unter diesen Umständen könnte man also sagen, dafs gewisse
Formen des ersten Zwischenschlages als Ausdruck der einmal reflektierten rückläufigen Welle anzusehen sind[1]).

§ 3. Erklärung der Zwischenschläge aus centralen Ursachen.

In noch höherem Grade als für die dikrotische Erhebung ist es natürlich
nunmehr auch für die Zwischenschläge geboten zu prüfen, ob eine Erklärung
aus centralen Ursachen an Stelle der ja immerhin nicht ganz sicheren Zurückführung auf Reflexionserscheinungen gesetzt werden kann. An eine in der Herzthätigkeit selbst gelegene Ursache der Zwischenschläge würde man zunächst unter
der Annahme denken können, dafs die Zusammenziehung des Herzmuskels nicht,
wie früher meist angenommen wurde, eine Einzelzuckung wäre, sondern sich aus
mehreren Antrieben nach Art eines unvollkommenen Tetanus zusammensetze.
Wäre dies der Fall, so läge es natürlich nahe, die in der Pulswelle zu bemerkenden, in das Innere der Herzsystole fallenden Erhebungen hierauf zu beziehen.
Ich möchte, angesichts der Unsicherheit, mit welcher die Erklärung der

---

1) Mit dieser Anschauung steht, wie hier nebenbei bemerkt sein mag, in recht gutem
Einklang die Ansicht, zu der Schmalz bei seinen Untersuchungen über den Alterspuls (Deutsches Archiv für klinische Medizin. Bd. 46) gelangt ist. Er erblickt in der Deformation des
primären Gipfels den Ausdruck einer im Vergleich zur Norm ungewöhnlich hervortretenden
rückläufigen Welle. Es ist schwierig, von Greisen gute Tachogramme zu erhalten. In einem
Falle, in dem mir dies gut gelang, bei einem 73jährigen Manne), zeigte das Tachogramm des
Unterarmes keine Streckung der primären Welle, sondern ein sehr schnelles Heruntergehen
nach der Hauptspitze.

betreffenden Vorgänge aus den peripheren Verhältnissen
behaftet waren, diese Anschauung nicht a limine ab-
weisen. Doch wird ein sicheres Urteil in dieser Beziehung, abgesehen von anderen Dingen, noch durch
die Divergenz der Beobachtungsresultate erschwert. So
gehen die Erfahrungen von verschiedenen Beobachtern
ja namentlich darüber sehr auseinander, ob die Zwischenschläge (oder ondes systoliques) bei den Ventrikel- und
Aortenpulsen der Tiere (namentlich grofser Hunde) überhaupt ein regelmäfsiges Vorkommnis bilden, und es
rührt dies zum Teil wieder daher, dafs es so schwierig
ist, die hier in der Regel benutzten manometrischen Vorrichtungen gegen die Einmischung von Eigenschwingungen zu sichern.

Betrachten wir die Zeichnungen, welche Fick
giebt[1]), so finden wir ziemlich starke systolische Wellen
in den Ventrikelpulsen; allein schon der Umstand, dafs
diese in den gleichzeitig gefundenen Aortenpulsen fast
gänzlich fehlen, machte es wahrscheinlich, dafs hier nur
Eigenschwingungen des Registrierapparates vorlagen.
Solche hervorzurufen sind eben die rapiden Druckschwankungen im Herzen viel geeigneter, als die weniger
umfangreichen der Aorta. (Fig. 44.)

Die Zeichnungen, welche Fick neuerdings publi-

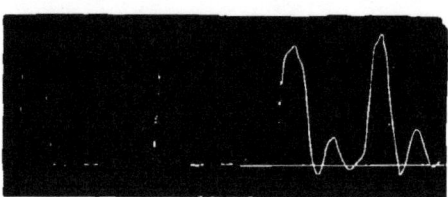

Fig. 45. Pulse des linken Ventrikels nach Fick
(neuere Darstellung).

ziert hat[2]), zeigen nur äufserst geringe systolische Wellen
in den Ventrikelpulsen. (Fig. 45.)

---

1) Pflügers Archiv Bd. 30.
2) Verhandlungen des Kongresses für innere Me lizin 1886.

Frey und Krehl fanden die systolische Herzkurve frei von irgend welchen Knickungen und auch die von ihnen beobachteten Aortenpulse zeigen systolische Wellen nicht.

Hürthle dagegen findet in zahlreichen Fällen im Arterienpulse des Hundes systolische Wellen von sehr bedeutendem Betrage.

Frédéricq findet in den Ventrikelpulsen meist ausgeprägte systolische Undulationen; jedoch sind die meisten derselben durch Registrierung der äusseren Herzbewegungen erhalten und können daher in Bezug auf die vorliegende Frage nicht ohne weiteres als beweisend gelten, abgesehen von der Unsicherheit in Bezug auf Eigenschwingungen, welche auch ihnen anhaftet.

Bedeutungsvoller würde jedenfalls die Beobachtung der elektrischen Erscheinungen sein. Frédéricq hat in einer Anzahl von Fällen gefunden, dafs der Aktionsstrom des Herzens, mittels des Kapillarelektrometers beobachtet, sich als ein oscillatorischer darstellte. Sollte sich dies als durchgängig zutreffend erweisen, so läge es freilich nahe, auch eine oscillatorische Natur der Einströmung in die Aorta anzunehmen und die Zwischenschläge oder systolischen Wellen hiermit in Verbindung zu bringen. Mir scheinen indessen die Thatsachen noch nicht vollständig genug geklärt zu sein, um in dieser Richtung ein ganz sicheres Urteil gewinnen zu können. Dafs die Einströmung in einer derartig intermittierenden Weise sich vollziehen sollte, wie es erforderlich wäre, um Blutdruckcurven zu ergeben, wie sie z. B. Hürthle mehrfach abgebildet hat, wird man von vornherein kaum glaublich finden. Ebenso scheint mir schwer denkbar, dafs in der Weise, wie sie dem Radialpuls Fig. 36 entspricht, kurz vor dem Klappenschlufs bei fast schon sistierender Einströmung noch einmal ein ziemlich kräftiger Nachschub von Blut in die Aorta stattfinden sollte. Bedenkt man endlich die vorhin betonte hochgradige Abhängigkeit gerade der Zwischenschläge von den Innervationszuständen der Blutgefäfse, so wird man doch sagen müssen, dafs in erster Linie wohl eine Zurückführung auch dieser Vorgänge auf die peripheren Faktoren gerechtfertigt erscheint.

Kapitel IV.

Die Verschiedenheiten der Pulsform.

§ 1. Lokale Verschiedenheiten des Pulses.

Die bisherigen allgemeinen Untersuchungen über die Pulsform konnten, wie ohne weiteres zugegeben werden muß, die Entstehung derselben nicht in ganz vollständiger Weise und namentlich auch nicht völlig sicher feststellen. Eine weitere Förderung des Problems ist nun naturgemäß von allen denjenigen Thatsachen zu erwarten, welche sich auf die bekanntlich sehr bedeutenden, von verschiedenen Umständen abhängigen Differenzen der Pulsform beziehen. Es handelt sich hier um mehrerlei. Erstlich ist in einem bestimmten Augenblick die Form der Pulse an verschiedenen Stellen der Gefäßbahn mehr oder weniger ungleich: wir können hier von lokalen Differenzen des Pulses sprechen. Zweitens wechselt der Puls eines bestimmten Gefäßes in mannigfaltiger Weise Form und Umfang nach physiologischen Zuständen, vornehmlich der Gefäßinnervation. Von dem Studium dieser temporären Verschiedenheiten wird man um so mehr Aufschluß erwarten dürfen, als die Möglichkeit vorliegt, auch am Menschen (in noch größerem Umfange natürlich an Tieren) die Zustände der Gefäße experimentell zu variieren. Endlich schließen sich hier die individuellen Verschiedenheiten der Pulsform an, von welchen manche, wie z. B. die bei Herzfehlern vorkommenden, sowie die senile Form, ja bereits viel studiert sind.

Ich beabsichtige im folgenden nicht, das ganze äußerst umfangreiche Material dieses Gebietes zu besprechen, sondern beschränke mich darauf, eine Anzahl von Thatsachen zusammenzustellen, welche mir für die Theorie der Pulswelle vorzugsweise bedeutsam und instruktiv erscheinen.

Ich beginne mit der Besprechung der lokalen Verschiedenheiten der Pulsform, und möchte hierbei insbesondere die Aufmerksamkeit auf die Unterschiede in dem zeitlichen Verhalten der dikrotischen Erhebung (des Nebenschlages) lenken. Es ist bekanntlich von Landois zuerst der Satz aufgestellt worden, daß die dikrotische Erhebung in der Pulscurve um so später, in um so größerem Abstande von dem Anfang der Welle auftritt, je weiter vom Herzen der Puls untersucht wird. Dieser Satz ist später mehrfach bestätigt worden, so von mir selbst und Edgren, während Moorweg am Menschen und Hürthle an Hunden Unterschiede solcher Art nicht auffinden konnten. Der Widerspruch der Ergebnisse dürfte zum Teil daher rühren, daß die Messungen nicht übereinstimmend ausgeführt wurden und nicht genau denselben Gegenstand betrafen. Landois maſs den Abstand des dikrotischen Gipfels vom Beginn der Welle; Hürthle und Hoorweg dagegen den Abstand des Anfanges der dikrotischen Erhebung von dem Anfang der Hauptwelle. Aus den Zahlen, die ich oben (S. 56) mitgeteilt habe, geht hervor, daſs der Beginn der dikrotischen Erhebung in allen Pulsen sehr nahezu gleichzeitig ist; dagegen sind die Gipfel allerdings, wie ich in Übereinstimmung mit Landois finde, stark verschieden gelegen. Der Unterschied besteht also hauptsächlich darin, daſs die dikrotische Welle in den Pulsen der unteren Extremität eine viel abgeflachtere und gestrecktere Form darbietet, als in denjenigen der Carotis oder der oberen Extremität. Dies lassen die Zeichnungen auch ganz unmittelbar erkennen und es kann wohl über die Richtigkeit dieser Thatsache kein Zweifel bestehen. Man betrachte z. B. die Femoralis- und Pediaeapulse in Fig. 46.

Suchen wir nach einer Erklärung der Erscheinung, so wird zu sagen sein, daſs die von Landois gegebene, so plausibel sie auf den ersten Blick erscheinen

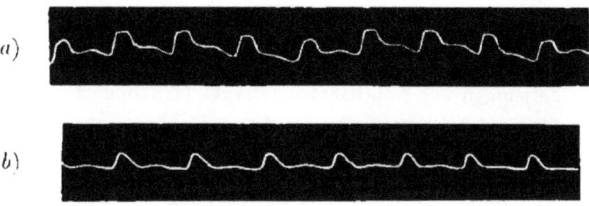

Fig. 46. Normale Pulse der Femoral-Arterie (obere) und der Pediaea (untere Kurve) vom Menschen.

mag, einer eingehenderen Prüfung sicher nicht standhält. Landois geht von dem allgemeinen Satz aus, daſs die „Rückstoſselevation" von der Hauptwelle durch ein um so längeres Intervall getrennt ist, je länger die Bahn ist, in der sie entsteht. Hieraus scheint allerdings begreiflich zu werden, daſs die betreffende Erhebung in den langen Bahnen der unteren Extremitäten später auftritt, als in den kürzeren der oberen Extremitäten und den noch kürzeren des Kopfes, um so mehr, wenn man von der weiteren (wie früher schon erwähnt wurde) von Landois urgierten Annahme ausgeht, daſs die Gestaltung der Wellen innerhalb jeder Gefäſsbahn lediglich durch ihre eigene Konfiguration bestimmt werde und ganz unabhängig von allen anderen Bahnen sei. Nun sahen wir aber bereits, daſs eine derartige Auffassung eine vollkommene physikalische Unmöglichkeit einschlieſst. Es ist schlechterdings nicht einzusehen, weshalb die aus einer Gefäſsprovinz reflektierte Welle, wenn sie von den Semilunarklappen abermals zurück-

7 '

geworfen wird, ausschliefslich wieder in diejenige periphere Bahn gelangen soll, aus der sie hergekommen ist. So lange wir für die dikrotische Erhebung überhaupt einen centrifugalen Verlauf annehmen (und gerade über diesen Punkt sind ja neuerdings fast alle Autoren einig), so lange wird auch zu erwarten sein, dafs überall die dikrotische Welle in annähernd gleichem Intervall der primären folgt. Im Aortenanfang entsteht eben, sei es nun zufolge des Zusammenwirkens aller reflektierten Wellen, sei es aus centralen Ursachen, ein zweites Druckmaximum. Dieses pflanzt sich, genau ebenso wie die primäre Welle, nach allen Seiten hin in den peripheren Bahnen fort und wird von ihr also überall durch annähernd das gleiche Zeitintervall getrennt sein müssen[1].

Thatsächlich nun entsprechen die Beobachtungen auch den Ergebnissen der Landoisschen Theorie durchaus nicht genau; denn, wie schon hervorgehoben wurde, sind die Unterschiede im Beginn der dikrotischen Erhebung sehr geringfügig und selbst für den Gipfel sind sie nicht so bedeutend, wie sie nach der Annahme von Landois erwartet werden müfsten. So ist z. B. der Abstand des dikrotischen Gipfels am Anfang der Periode (nach Landois) in der Carotis = 0,3456 Sekunden, in der Femoralis = 0,599, während die Länge der Bahnen in den unteren Extremitäten doch wohl im Durchschnitt bedeutend mehr als die doppelte von derjenigen der Kopfbahnen beträgt. (Ich finde für die Carotis 0,34, für die Femoralis und Pediaea nur 0,45—0,50.)

Die zur Erklärung bleibende Thatsache besteht also nur darin, dafs in den Arterien der unteren Extremität der Nebenschlag mit einer äufserst geringen Verspätung einsetzt, aber bedeutend gestreckter verläuft, als in den Arterien des Armes und besonders der Carotis. Zur Erklärung dieser Thatsache kann man nun wohl an die Modifikationen denken, welche die Wellen überhaupt bei Durchlaufung längerer Bahnen erfahren. Man hat darauf hingewiesen, dafs kleinere Wellen sich langsamer fortpflanzen, als hohe, und könnte hiernach die kleine Verspätung des Nebenschlages in den peripheren Arterien erklären. Man kann ferner bemerken, dafs jede Welle beim Durchlaufen eines längeren Weges flacher und gestreckter wird und könnte hierauf die Modifikation der dikrotischen Welle z. B. in der Arteria pediaea beziehen.

---

[1] Wollte man in dem Nebenschlage die peripher reflektierte und centralwärts laufende Welle erblicken, so fiele natürlich um so mehr jeder Grund weg, weshalb sie an den vom Herzen weiter entfernten Stellen später auftreten sollte. In diesem Falle würde der zeitliche Abstand zwischen primärer und sekundärer Welle wesentlich durch die Entfernung der untersuchten Stelle von der noch mehr peripherwärts gelegenen Reflexionsstelle bedingt sein; es wäre also gar nicht ersichtlich, weshalb z. B. die dikrotische Erhebung in der Carotis relativ früher als in der Pediaea sich vorfünde.

Ich mufs indessen gestehen, dafs ich diese Erklärungen nicht ganz befriedigend finde. Die Arteria femoralis z. B. ist vom Aortenanfang durch einen nicht längeren und überdies auch aus viel weiteren Gefäfsen bestehenden Weg getrennt als die Radialis. Gleichwohl ist die Gestaltung des Nebenschlages in der Femoralis von der im Radialpuls sehr ausgeprägt verschieden und demjenigen der Pediaea ganz ähnlich. Es dürfte demgemäfs wohl am Platze sein, über die lokalen Verschiedenheiten des Pulses hier noch einige Betrachtungen anzuknüpfen, die zwar in vieler Beziehung nicht über den Wert von Vermutungen hinausgehoben werden können, aber doch wohl verdienen, einmal erwähnt zu werden.

Man kann versuchen, auf die genauere Gestaltung des Gefäfssystemes und insbesondere die ungleiche Länge der verschiedenen Bahnen doch wieder, wenn auch in ganz anderer Weise, als es durch Landois geschah, zu rekurrieren. Betrachten wir zunächst ein Schema.

Es wurde bisher immer von der einfachen Voraussetzung ausgegangen, dafs jede, in irgend einem Bahnsystem entstandene rückläufige Welle bis zu dem Aortenanfang zurückliefe, dort an der geschlossenen Semilunarklappe abermals reflektiert als dikrotische Welle gegen die Peripherie sich fortpflanze. Diese einfache Vorstellung ist indessen nur dann ganz streng richtig, wenn es sich um lauter Bahnen von gleicher Länge und gleicher Beschaffenheit handelt. Ist dies nicht der Fall, so können sich die Vorgänge äufserst mannigfaltig gestalten. Streng genommen müfste jede einzelne der rückläufigen Wellen für sich verfolgt werden. Und hierbei ist dann zu beachten, dafs eine solche, sobald sie eine Vereinigungsstelle zweier oder mehrerer Äste erreicht, sich anders verhalten kann als bisher vorausgesetzt. Schon oben wurde darauf hingewiesen, dafs, wenn zwei Äste (a und b des nebenstehenden Schemas) aus einem Stamme entstehen, die beiden rückläufigen Wellen, falls sie gleichzeitig in der Verzweigungsstelle eintreffen, wie eine

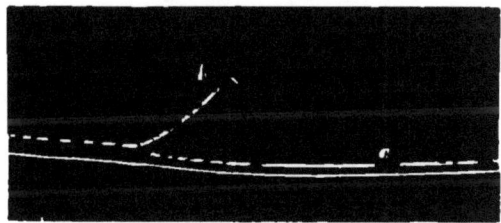

Fig. 47. Schema: Teilung eines Stammes in zwei Äste von ungleicher Länge.

einzige in den Stamm hinein sich fortpflanzen. Nehmen wir nun aber an, die Bahn a sei sehr lang, b dagegen kurz. Was wird die Folge sein? Sie läfst sich in einem so einfachen Falle noch gut übersehen. Die rückläufige Welle aus b (der kurzen Bahn) kommt in der Gabelungsstelle an, ehe die entsprechende aus a dahin gelangt. Sie mufs demgemäfs jedenfalls zum Teil negativ reflektiert werden, aufserdem aber zum Teil in dem Stamme, zum Teil in *a* sich fortpflanzen.

Hieraus ist ersichtlich, was geschehen mufs, wenn oberhalb einer langen Bahn aus dem zuleitenden Stamme umfangreiche kurze Bahnen abgehen. Es mufs alsdann in sehr kurzem Intervall auf die primäre Welle folgend eine weitere rechtläufige Welle in der langen Bahn sich bilden; oder aber, wenn die kurzen Bahnen unter einander nicht ganz gleich und die primäre Welle nicht gar zu kurz ist, so wird unter solchen Umständen sich eine Verstärkung und Streckung der primären Welle entwickeln müssen. Insbesondere ist zu beachten, dafs die aus *b* reflektierte Welle nach *a* hin bedeutend früher gelangt, als in die anderen Gefäfse, welche sich von *b* schon früher, etwa gleich am Anfang trennen.

Diese Überlegungen lassen sich nun zwar auf das Gefäfssystem des Menschen nicht in aller Strenge anwenden; dazu fehlen eben die erforderlichen ganz genauen Ermittelungen seiner physikalischen Konstanten. Sie scheinen mir aber gleichwohl geeignet, ein gewisses Licht auf die lokalen Verschiedenheiten des Pulses zu werfen. Thatsächlich sehen wir nämlich im Femoralispulse die an der dikrotischen Welle bemerkte starke Streckung in ganz ähnlicher Weise auch schon an der primären Welle, am Hauptschlage; man wird dies aus den oben mitgeteilten Pulsbildern leicht ersehen. Auch die Tachogramme[1]) zeigen, dafs die primär in das Bein hineinlaufende Welle relativ gestreckt ist im Vergleich zu der, die am Arm gefunden wird. Mir scheint nun hiernach die Vermutung gerechtfertigt, dafs in der Gestaltung der Pulse der unteren Extremität sich die in den Unterleibsbahnen reflektierten Wellen bemerklich machen und zwar derjenige Teil derselben, welcher in der Aorta sogleich wieder centrifugal läuft. In der That kann nicht in Abrede gestellt werden, dafs gerade für die unteren Extremitäten jenes Verhalten realisiert ist, von dem vorher die Rede war, der Abgang starker und relativ sehr kurzer Bahnen aus den zuleitenden Stämmen. In einer Vorstellung dieser Art würde dann auch eine, soviel ich sehe, ganz plausible Erklärung für die (oben schon erwähnte) Thatsache zu finden sein, dafs die absolute Höhe des Femoralispulses diejenige des Carotispulses erheblich übertrifft.

Ich verkenne natürlich keinen Augenblick die hypothetische Natur der hier angeregten Deutung der Erscheinungen; aber ich sehe vor der Hand keinen Weg, zu einer zuverlässigen experimentellen Prüfung dieser Anschauung zu ge-

---

1) Vgl. die Tachogramme von der unteren Extremität in meiner oben zitierten Arbeit (Über ein neues Verfahren etc.).

laugen. Eine Erwähnung derselben schien mir um so mehr geboten, als mehrere der alsbald zu besprechenden Erscheinungen bei experimenteller Variierung des Pulses zu ähnlichen Vorstellungen führen.

§ 2. Beeinflussung des Radialpulses durch die Haltung des Armes.

Unter allen Wegen, die man einschlagen kann, um die Theorie der Pulswelle zu fördern, ist vielleicht keiner, der von vornherein so aussichtsreich erscheint, wie die experimentelle Variierung der Pulsformen. Wenn es gelingt, durch bekannte Eingriffe, sei es in die Art der Herzthätigkeit, sei es in die Konfiguration der Gefäfse, die Formen des Pulses in bestimmter Weise zu verändern, so wird daraus jederzeit auch sogleich ein Schlufs darauf sich ergeben, wodurch in normalen Verhältnissen die Gestaltung der Wellen beeinflufst wird und als Resultat welcher Faktoren der gewöhnliche Pulsform anzusehen ist. Wenn sich gleichwohl die ganze Untersuchungsweise doch weniger ausgiebig und sicher zeigt als im Voraus zu vermuten scheint, so liegt der Grund dafür wesentlich darin, dafs in der Regel nicht mit hinreichender Sicherheit und Genauigkeit angegeben werden kann, in welcher Weise und in welchem Umfange namentlich der Zustand der Gefäfse durch irgend ein Moment beeinflufst wird. Schon bei einem Mittel von so eklatantem Effekt, wie es das Amylnitrit ist, können wir wohl die allgemeine Richtung seiner Wirkungen auf die Gefäfse mit voller Sicherheit angeben; ob es aber alle Gefäfse, und ob es alle Gefäfse in gleichem Mafse beeinflufst, ist sehr zweifelhaft; daneben ist auch seine Wirkung auf die Herzthätigkeit eine höchst bedeutende und so sehen wir denn thatsächlich, wenn die Modifikation der Pulsform durch das Amylnitrit gedeutet werden soll, uns vor eine keineswegs ganz einfache Aufgabe gestellt. In diesem wie in manchen anderen Fällen können daher die Erscheinungen nicht in so einfacher Weise aus der Theorie a priori deduziert werden, wie dies auf anderen Gebieten gelingt und wie es eine allseitig vollständige Theorie leisten sollte [1]. Gleichwohl scheint mir, dafs viele der hierher gehörigen Thatsachen doch theoretisch sehr bedeutungsvoll sind und in dieser Richtung mehr Beachtung verdienen, als ihnen meist zu Teil geworden ist.

In ziemlich bedeutendem Mafse kann der Puls der Arm-Arterien schon durch

---

1) Für die Schwierigkeit, mit welcher in der That alle derartigen Deutnngen zu kämpfen haben, giebt es wohl keine sprechendere Illustrierung, als dafs Mosso in seinen schönen und umfangreichen Untersuchungen (Sulle variazioni locali del polso. Torino 1879) überhaupt keinen Versuch macht, die beobachteten zahlreichen und mannigfaltigen Veränderungen des Pulses nach mechanischen Prinzipien zu erklären.

einen sehr einfachen Umstand, nämlich durch die Haltung der Extremität, beeinflufst werden. Von den Veränderungen, die der Puls erleidet, je nachdem der Arm in erhobener oder gesenkter Stellung gehalten wird, sind am auffälligsten diejenigen der Gröfse, welche an den Strompulsen beobachtet werden können. Bringt man dieselben mittels einer Gasflamme zur Anschauung, so genügt schon die Beobachtung derselben in einem graduierten Cylinder, um die Erhöhung der Ausschläge mit der Erhebung des Armes zu konstatieren. Veranlafst man die Versuchsperson abwechselnd den Arm gerade in die Höhe strecken und frei herabhängen zu lassen, so findet man die Ausschläge im ersteren Falle etwa um 0,5 bis 1,5 Centimeter höher als im letzteren. Als Beleg diene die nachstehende, ohne weitere Erläuterung verständliche kleine Tabelle.

Anderung der Strompulse am Unterarm durch die wechselnde Haltung des Armes.

Mittelhöhe der Flamme = 4 cm.

| Versuchsperson | Arm herabhängend | | Arm hochgehalten | |
	Erreichte Flammenhöhe in cm	Betrag d. Strompulses (ccm pro Sek.)	Erreichte Flammenhöhe in cm	Betrag d. Strompulses (ccm pro Sek.)
A.	6,0	2,63	7,0	4,07
B.	6,5	3,34	7,5	4,69
H.	7,5	4,69	9,0	6,30
K.	7,0	4,07	8,25	5,45

Gleich deutlich zeigen die photographischen Aufzeichnungen die gleiche Thatsache. Ich teile als Beispiel dafür die Figuren 10 und 11 mit, welche die Pulse des Unterarmes respektive der Hand bei a in gesenkter, bei b in gehobener Haltung zeigen. Es ist für die Erscheinung ohne wesentliche Bedeutung, ob ein gröfserer oder kleinerer Teil der Extremität beobachtet wird. Die Erhebung des Armes vergröfsert den Strompuls in der Brachialarterie in der Mitte des Oberarmes ebensowohl, wie den der Radialis nahe dem Handgelenk.

Was die anderen Methoden der Pulsbeobachtung anlangt, so lassen auch die mittels eines Tambours aufgezeichneten Volumpulse regelmäfsig die gleiche Abhängigkeit ihrer Gröfse von der Haltung des Armes erkennen. Als Beispiel hierfür diene Fig. 48 (S. 105), welche die Volumpulse des Unterarmes bei gesenkter (a) und gehobener (b) Haltung der Extremität zur Darstellung bringt. Dieselben wurden so aufgezeichnet, dafs der Arm (bis zur Mitte des Oberarmes) in der plethysmographischen Kapsel steckte. Die Hebung und Senkung des Armes läfst sich nur sehr schlecht bewerkstelligen, wenn die Kapsel mit Wasser gefüllt ist.

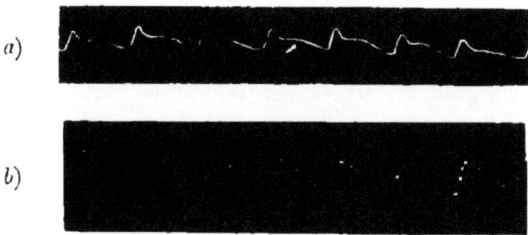

Fig 48. Volumpulse des Unterarmes in gesenkter Haltung (*a*) und in gehobener (*b*).

Es wurde also hiervon abgesehen und die ganze Kapsel mit Luft gefüllt gelassen. Mit einem hinreichend empfindlichen Tambour erhält man auch auf diese Weise recht gute Volumpulsdarstellungen.

Es würde nicht ohne Bedeutung sein, festzustellen, ob die Gröfse der pulsatorischen Druckschwankungen in ähnlicher Weise von der Haltung des Armes abhängt. Bei der bekannten Schwierigkeit, die Druckschwankungen quantitativ zu ermitteln, ist es aber kaum möglich, hierüber etwas Sicheres auszusagen. Wie Marey mitteilt[1]) ist von Lorrain und Lépine die analoge Thatsache in Bezug auf die sphygmographischen Pulse gefunden worden, Vergröfserung bei erhobenem, Verkleinerung bei gesenktem Arme. Allein es ist zunächst zweifelhaft, ob hier wirklich eine wechselnde Gröfse in den Druckschwankungen zum Ausdruck kommt. Marey führt die Erscheinung lediglich darauf zurück, dafs die Gefäfswand bei dem geringeren Drucke in der erhobenen Stellung eine gröfsere Dehnbarkeit besitzt; er sieht die Ursache für die Vergröfserung des Sphygmogramms in einer Vergröfserung der Bewegung der Arterienwand, nicht aber in einer Zunahme der Druckschwankungen, eine Annahme, die zunächst jedenfalls zulässig erscheint. Ich halte eine quantitative Bestimmung der pulsatorischen Druckschwankungen mittels des Sphygmographen für so schwierig und unsicher, dafs ich eine bestimmte Antwort auf die Frage, wie dieselbe durch die Haltung des Armes beeinflufst wird, nicht geben kann. Geht man aus der erhobenen in die gesenkte Stellung über, so mufs, wegen der bedeutenden Änderung des Druckes in der Arterie, jedesmal die Spannung der Feder mehr oder weniger geändert werden. Sucht man beidemale möglichst umfangreiche Sphygmogramme zu erhalten, so ist in der Regel der Puls in der gehobenen Stellung umfang-

1 La circulation du sang p. 287.

reicher. Man mufs aber bedenken, dafs entsprechend den sehr starken Höhendifferenzen auch die absoluten Druckwerte in der Radialarterie sich sehr bedeutend verändern und dafs die Bewegung der Sphygmographenpelotte durchaus kein genaues Mafs für die Schwankungen des auf sie einwirkenden Druckes ist.

Trotz der Schwierigkeit, welche sich hier der Verfolgung quantitativer Unterschiede entgegenstellt, ist es mir der Mühe wert erschienen, die Veränderungen der Sphygmogramme durch die Haltung des Armes genauer zu studieren und zwar deshalb, weil ganz regelmäfsig auch sehr ausgeprägte Veränderungen der Puls-Form dabei eintreten. Ich mufs der Besprechung dieser Versuche einige Bemerkungen über die dabei benutzte Methode vorausschicken.

Da die Anwendung der gewöhnlichen sphygmographischen Methoden bei stark wechselnder Haltung des Armes äufserst unbequem ist, so habe ich mich bei diesen Versuchen eines Transmissionssphygmographen bedient. Um indessen von der Radialarterie mittels eines solchen gute Sphygmogramme zu erhalten, mufs man schon sehr empfindliche Tambours und starke Vergröfserung anwenden, und es sind alsdann die Eigenschwingungen des Schreibhebels nicht mit genügender Sicherheit auszuschliefsen. Aus diesem Grunde habe ich den Tambour zwar beibehalten, die Bewegung der Membran aber mit sehr schwacher Vergröfserung auf ein Glimmerblättchen übertragen und die Bewegung des letzteren in erheblicher Vergröfserung photographisch (mit Sonnenlicht) aufgezeichnet. Das Glimmerblättchen war zu diesem Zwecke mit Stanniol bezogen, in welchem durch Schnitte mit einem scharfen Messer eine Reihe horizontaler Spalten hergestellt waren. Das reelle Bild eines dieser Spalte fiel auf den vor der Kymographiontrommel befindlichen vertikalen Spalt; die sehr kleinen vertikalen Bewegungen des Glimmerblättchens wurden somit auf bekannte Weise aufgezeichnet.

In einer gröfseren Zahl derartiger Versuche habe ich nun stets sehr ausgeprägte Veränderungen des Sphygmogramms gefunden. Figur 9 der Tafel zeigt in a den Puls bei gesenktem, in b bei gehobenem Arm; die Kurven wurden unmittelbar nach einander, mit einer Zeitdifferenz von wenigen Minuten, aufgenommen. Ihr Unterschied ist so erheblich, dafs man auf den ersten Blick kaum glauben sollte, den Puls der gleichen Arterien vor sich zu haben. Man bemerkt, dafs bei gesenktem Arm die sphygmographische Linie nach der Hauptspitze ziemlich steil absinkt, um sodann zu einer sehr starken dikrotischen Erhebung wieder anzusteigen. Das Sphygmogramm des erhobenen Armes zeigt dagegen ein viel langsameres Absinken. Auf dem absteigenden Schenkel ist eine stärkere dikrotische Erhebung, welche der des anderen Sphygmogramms analog zu setzen wäre, nur mit Mühe wahrnehmbar. Dagegen zeigt sich ganz regelmäfsig schon im aufsteigenden Schenkel des Sphygmogramms ein kleiner Vorschlag; der Puls erscheint also, gewöhnlicher Bezeichnungsweise nach, anakrot. Die kleinen Oscillationen, welche mehrere Pulsbilder außerdem noch an verschiedenen Stellen zeigen, dürften wohl ihren Platz im Sphygmogramm nicht mit Recht einnehmen, sondern leichten Zitterbewegungen des Armes ihre Entstehung verdanken, welche bei gehobener Haltung des Armes kaum ganz zu vermeiden sind. Jedenfalls wird also sowohl das, was man die Grundform des Pulses nennt, als auch die Gestaltung der dikrotischen Erhebung durch die Haltung des Armes in ausgeprägter Weise beeinflußt. In schematischer Darstellung können wir etwa den Radialpuls bei erhobenem und den bei gesenktem Arme so wie in den beiden Zeichnungen der Figur 49 gegenüberstellen; die erste entspräche der gesenkten, die zweite der gehobenen Haltung des Armes.

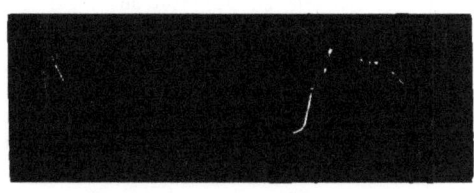

Fig. 49. Schema der Radialis-Sphygmogramme bei gesenkter und erhobener Haltung des Armes.

Wenden wir nunmehr unsere Aufmerksamkeit den vorher schon erwähnten Änderungen der Volum- und Strompulse wieder zu, so erkennen wir leicht, daß auch hier neben den zuerst erörterten Änderungen der Größe auch solche der Form vorhanden sind. Die Fig. 48 zeigt dieselben recht stark, und wiewohl anerkannt werden muß,

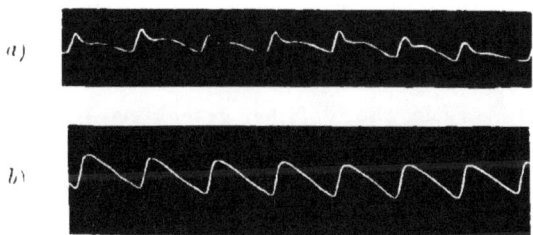

Fig. 48. Volumpulse des Unterarmes in gesenkter Haltung a) und in gehobener b).

daß die benutzte Methode (wie alle anderen) die Volumpulse vielleicht nicht mit voller Genauigkeit zur Anschauung bringt, so kann es doch keinem Zweifel unterliegen, daß die Form durch die Haltung des Armes stark beeinflußt wird. Die Tachogramme endlich lassen bei genauer Betrachtung eine ganz entsprechende Abhängigkeit erkennen. Vergleicht man in Fig. 10 und 11 die Kurven a und b, so sieht man, daß das Absinken des Tachogramms nach der Hauptspitze bei erhobenem Arme (*b*) langsamer erfolgt, als in der gesenkten Stellung. Die gauze, den Hauptschlag ausmachende Zacke erscheint daher in *b* bedeutend breiter als in *a*.

Schon ohne den Versuch einer speziellen Deutung scheinen mir diese Versuche wichtig, weil sie erkennen lassen, wie sehr und in wie gesetzmäfsiger Weise die Form der Pulswelle durch rein lokale Einflüsse modifiziert werden kann. Dafs es sich wirklich um solche handelt, geht in einfachster Weise daraus hervor, dafs die Hebung und Senkung eines Armes die Form der Pulse in dem andern Arm nicht merklich modifiziert. Es ist also unzweifelhaft, dafs die in einer Radialarterie zu beobachtende Pulsform durch die Gefäfskonfiguration des betreffenden Armes in ganz entscheidender Weise beeinflufst wird, ohne dafs gleichzeitig in den Verhältnissen des Gesammtstroms merkliche Veränderungen einträten.

Es kann aber auch der Versuch gemacht werden, die Änderungen der Reflexionsverhältnisse, welehe bei wechselnder Haltung des Armes eintreten, genauer zu bestimmen. Vergleichen wir Sphygmogramm und Tachogramm der Radialarterie bei erhobenem und bei gesenktem Arme, so springt zunächst in die Augen, dafs die Differenz der beiden Pulsformen bei gehobenem Arm viel bedeutender ist. In der That ändern sich die Tachogramme überhaupt relativ wenig. Das Sphygmogramm dagegen ändert sich sehr stark; und zwar nähert es sich bei herabhängendem Arm der Form des Tachogramms an, während es bei gehobenem Arm ganz anders aussieht. Dasjenige Verhältnis von Tachogramm und Sphygmogramm, welches überhaupt den Beweis für die positive Reflexion der primären Welle liefert (das starke Absinken des Tachogramms, während das Sphygmogramm nur langsam heruntergeht), ist bei erhobenem Arm viel stärker ausgeprägt. Hieraus folgt also, dafs bei gesenktem Arm eine verhältnismäfsig geringe, bei gehobenem Arm eine viel stärkere Reflexion der Welle stattfindet. Beachtet man ferner, dafs, wie vorher erwähnt, auch das Tachogramm seine Form und zwar in dem Sinne verändert, dafs das Absinken nach der Hauptspitze etwas langsamer erfolgt, so ergiebt sich weiter, dafs auch die Form der in die Radialarterie gelangenden rechtläufigen Welle sich etwas ändert, und zwar bei gehobenem Arme etwas gestreckter verläuft. Doch ist diese Änderung relativ gering im Vergleich zu der ersterwähnten. Für diese beiden Thatsachen wäre nun eine Erklärung zu suchen. Eine solche ist, wie mir scheint, sehr leicht dafür zu finden, dafs die Reflexion der Welle bei erhobener Haltung des Armes eine bedeutendere wird. Fragen wir nämlich, welche Änderungen der Gefäfsbahn überhaupt durch wechselnde Haltung des Armes involviert werden, so steht jedenfalls das eine fest, dafs der Druck bei erhobener Haltung viel geringer ist als bei gesenkter. Änderte sich in der Gestalt der Gefäfse dabei gar nichts, so würde der volle, der Höhendifferenz entsprechende Wert für diese Änderung in Anschlag zu bringen sein, also für die Gefäfse der Hand eine Wasser- (resp. Blut-) Säule von ca. 1300 mm = nahe 100 mm Quecksilber. So bedeutend sind nun die Änderungen aller Wahrscheinlichkeit nach nicht; immerhin müssen sehr beträchtliche Wechsel des Druckes jedenfalls stattfinden. Für die Weite der Gefäfse müssen diese Differenzen um so mehr ins Gewicht fallen, je kleiner der Druck an sich ist und je dehnbarer die Wände sind. Es kann also wohl als sicher gelten, dafs die Kapillarbahnen, vielleicht auch die kleinsten Arterien der Hand, bei gesenkter Haltung des Armes erheblich stärker gefüllt sind als bei erhobener. Im Hinblick auf die allgemeinen Gesetze der Reflexion ist hiernach ohne weiteres verständlich, dafs die primäre Welle relativ stärker bei gehobenem und schwächer bei gesenktem Arme zurückgeworfen wird.

Nicht ganz so einfach ist die Deutung der Thatsache, dafs auch die Form der primären Welle verändert ist. Wir sehen bei erhobenem Arm die Einströmung, wenn auch nicht sehr viel, so doch deutlich länger andauern, als bei gesenktem. Man kann zur Erklärung dieser Thatsache, so viel ich sehe, an zweierlei denken. Erstlich könnte man auf die allmähliche Streckung hinweisen, welche jede Welle bei Durchlaufung längerer Wege in engen Schläuchen erleidet, eine Erscheinung, welche wir oben kennen lernten und als Deformation der Welle durch die Reibung besprachen. Je länger und enger die Gefäfse sind, um so mehr deformiert kommt die Welle an dem Ende derselben an; so sehen wir in der That schon die Tachogramme des Unterschenkels einen flacheren Abstieg darbieten, als diejenigen des Oberarmes. Es ist also wohl denkbar, dafs in den engeren Gefäfsen des erhobenen Armes diese Deformation der Welle sich stärker geltend macht, als bei der gröfseren Weite, welche die entgegengesetzte Haltung mit sich bringt. Näher indessen dürfte wohl eine andere Deutung liegen. Wir müssen berücksichtigen, dafs allemal auch in denjenigen Partieen eine Änderung der Gefäfskonfiguration eintritt, welche im Sinne der Strömung oberhalb der untersuchten Stelle liegen. Nun wurde vorhin schon gezeigt, dafs diese oberhalb stattfindenden positiven Reflexionen die Form des Absinkens nach der Hauptspitze wesentlich beeinflussen können. Jeder Wellenanteil, der in den der Schulter nächsten Partien reflektiert wird, mufs als rechtläufige Welle in den mehr peripherwärts gelegenen Arterien erscheinen. Dafs durch Vermehrung dieser Reflexion eine Protrahierung der Hauptwelle erfolgt, scheint von vorn herein wenigstens sehr denkbar.

Was endlich die Größenveränderungen der Pulse anlangt, so sind dieselben wohl auch ohne Schwierigkeit verständlich zu machen. Die Wand der Arterien ist, wie wir wissen, von solcher Beschaffenheit, daß ihre Dehnbarkeit mit zunehmender Spannung immer kleiner wird. Es nimmt demgemäß mit wachsendem Druck die Fortpflanzungsgeschwindigkeit der Wellen zu. Eine positive Welle nun, die mit einer bestimmten Drucksteigerung einhergeht, bewirkt eine um so stärkere Zunahme der Strömung, je dehnbarer die Wand, je kleiner die Fortpflanzungsgeschwindigkeit der Welle ist $\left(\text{nach der mehrerwähnten Formel } \varDelta v = \frac{\varDelta p}{\sigma \alpha}\right)$. Demgemäß muß also die primäre Welle, selbst wenn sie mit gleicher Druckschwankung aufträte, in den schwächer gespannten Gefäßen des erhobenen Armes stärkere Strompulse hervorrufen. Für die von der Schulter entfernter gelegenen Getäfse, wie z. B. die Radialis am Handgelenk, mag hierzu noch der eben vorher erwähnte Umstand, die Reflexion in den oberhalb abgehenden Gefäßen kommen, welche mit der Streckung auch eine Erhöhung der primären Welle und zwar auch eine Erhöhung der Druckschwankung herbeiführen muß. Von dieser Anschauung ausgehend, werden wir dann die Anakrotie, welche der Radialpuls bei erhobener Hand annimmt, ganz verständlich finden. Der Vorschlag ist eigentlich die Hauptspitze der primären Welle; der thatsächlich höchste Gipfel ist aber auf die, in diesem Falle sehr starke, reflektierte Welle zurückzuführen, und und zwar sowohl auf die in der Radialis rückläufige (welche in der Hand entstanden ist), als auf die in dem ganzen übrigen Arm reflektierte, welche in der Radialis rechtläufig sich der vom Herzen ausgegangenen Welle unmittelbar anschließt.

Als besonders bemerkenswert muß an dem eben besprochenen Versuche bezeichnet werden, daß die Stärke des Dikrotismus in dem Radialpuls (so weit es sich um das Sphygmogramm handelt) durchaus nicht mit der Stärke derjenigen Reflexion parallel geht, die innerhalb des Armgebietes stattfindet.

In der That ist dies Ergebnis durchaus begreiflich und im Einklang mit dem, was die Theorie fordern muß. Das starke Hervortreten des Dikrotismus in dem Druckpulse ist offenbar zum größten Teile dadurch bedingt, daß der Druck nach dem Hauptschlage ziemlich stark absinkt. Die zweite Erhebung, welche den Nebenschlag darstellt, ist allerdings dadurch bedingt, daß die primäre Welle in der Peripherie reflektiert wird. Die Zweischlägigkeit des Pulses wird aber im allgemeinen dadurch sehr vermindert, daß die rückläufige Welle sich zwischen die erste und zweite rechtläufige einfügt und auf diese Weise ein erhebliches Absinken des Druckes zwischen den beiden Gipfeln verhindert. Fragen wir also, unter welchen Bedingungen der ausgesprochenste dikrotische Typus des Pulses zu erwarten ist, so werden wir sagen dürfen: er muſs gefunden werden in Arterien, deren eigene Bahnen stark erweitert sind, während dagegen andere Bahnen noch in solchem Zustande sich befinden, daſs sie eine stark reflektierte Welle geben können. Es ergiebt sich hieraus eine gewisse Modifikation der gewöhnlichen Art, in der man aus der Form der Pulse auf den Zustand der Gefäſse Schlüsse zu ziehen pflegt, ein Punkt, auf den später noch zurückzukommen sein wird.

§ 3. Einfluſs der Abkühlung und Erwärmung des Armes auf den Radialpuls.

Auf Erscheinungen, welche der eben beschriebenen sehr ähnlich sind, wird man geführt, wenn man die Modifikationen der Pulsform durch Änderungen der Gefäſsinnervation untersucht und auch hier zunächst diejenigen ins Auge faſst, welche durch Eingriffe in die Bahn des untersuchten Gefäſses selbst herbeigeführt werden. An den Extremitäten lassen sich solche bekanntlich sehr leicht und in sehr ausgeprägter Weise durch Abkühlung oder Erwärmung hervorbringen. Die Abkühlung einer Extremität hat, wie als bekannt gelten kann, wie übrigens auch die zu besprechenden Versuche selbst unzweideutig lehren, eine starke Zusammenziehung der betreffenden Gefäſse zur Folge; diese betrifft in erster Linie wohl die Hautgefäſse, es ist aber sehr wahrscheinlich, daſs auch die gröſseren Gefäſsstämme davon ergriffen werden, und so die Durchblutung der ganzen Extremität stark vermindert wird. Ob daneben noch andere Veränderungen des Kreislaufes stattfinden, mag dahingestellt bleiben. Ein bestimmter Grund liegt, so viel ich sehe, für eine solche Annahme nicht vor.

Was nun die Änderungen des Pulses durch die genannten Eingriffe anlangt, so findet man an den Sphygmogrammen der Radialarterie, wenn man dieselben abwechselnd bei erwärmtem und bei abgekühltem Unterarme aufnimmt, vor allem den Unterschied der Gröſse sehr beträchtlich. Fig. 50 (S. 112) zeigt ein Beispiel hierfür. Hand und Unterarm der Versuchsperson wurden durch Eintauchen in warmes Wasser (von solcher Temperatur, wie sie noch ohne Unbequemlichkeit ertragen werden konnte) während mehrerer Minuten stark erwärmt und gleich danach die Kurve a aufgenommen; ebenso wurde b erhalten, nachdem Hand und Unterarm einige Minuten in sehr kaltem Wasser gesteckt hatten. In beiden Fällen war der Arm bei der Aufnahme der Kurve in gewöhnlicher Weise auf eine Tischplatte aufgelegt, so daſs die Radialarterie etwa in der Höhe des Herzens sich befand. Der Unterschied der Gröſse ist hier sehr eclatant; man findet in der That immer, daſs nach Abkühlung des Armes Sphygmogramme von solcher Höhe,

wie sie in erwärmtem Zustande leicht erhalten werden, in keiner Weise herzustellen sind. Trotz der Unsicherheit also, welche im Allgemeinen ja der

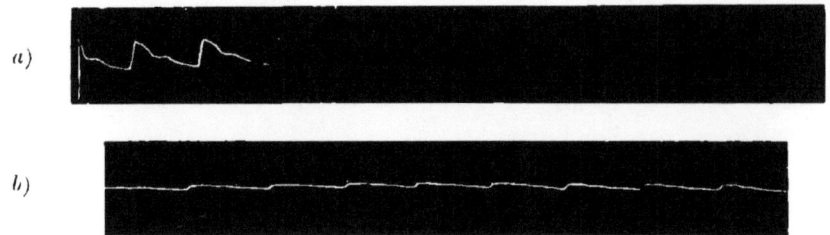

Fig. 50. Sphygmogramm der Radialis nach Erwärmung von Hand und Unterarm (*a*) und nach
Abkühlung der gleichen Teile (*b*).

sphygmographischen Methode gerade in quantitativer Beziehung anhaftet, können
wir es doch als sicher gestellt ansehen, dafs die Sphygmogramme sich durch
Abkühlung sehr verkleinern.

Die Tachogramme werden durch die Temperatur der Extremität in ähnlicher Weise beeinflufst. Es wurde, um diese Verhältnisse zu studieren, die ple-
thysmographische Kapsel, abgesehen von dem Ansatzrohr, welches zur Verbindung mit der Flamme dient, noch mit zwei andern Ansatzstücken versehen,
durch welche erwärmtes oder gekühltes Wasser ein- und abströmte. Auf diese
Weise konnte die gewünschte Variierung der Temperatur vorgenommen werden,
ohne dafs es nötig fiel, den Arm aus der Kapsel zu entfernen und wieder einzuführen. Natürlich mufste, wenn der Arm dem (warmen oder kalten) Bade aus-
gesetzt gewesen war, das Wasser zunächst aus der Kapsel abgelassen werden,
ehe die Verbindung mit der Flamme geöffnet und die Tachogramme dargestellt
wurden. Immerhin konnte die Beobachtung sehr kurze Zeit nach der Beendigung
des Bades stattfinden und so der Effekt der veränderten Innervation noch in
vollem Mafse zur Darstellung gebracht werden. Beispiele derartiger Effekte sind
in Fig. 12 der Tafel gegeben (*a* Erwärmung, *b* Abkühlung).

Im ganzen zeigt sich, dafs die Temperaturveränderungen die Gröfse der
Pulse sehr stark modifizieren, während die Änderungen der Form jedenfalls weniger auffällig sind, als bei dem Wechsel der Haltung. Analysieren wir zunächst
die Thatsache der Gröfsenveränderung, so erscheint insbesondere die starke Beeinflussung im Strompulse leicht verständlich. Denn in der zusammengezogenen
Arterie wird selbst die gleiche Druckschwankung nur eine geringere Schwankung
der Strömung erzielen können, als in der erweiterten. Die starke Verkleinerung
der Sphygmogramme weist indessen darauf hin, dafs auch die Druckschwankungen

sich vermindern, und es möchte hieraus wohl der Schluß zu ziehen sein, daß nicht nur an der beobachteten Stelle selbst, sondern sogar schon oberhalb derselben die Zusammenziehung der Arterien eine bedeutende ist und somit die Welle in erheblicherem Maße geschwächt wird. Was die Reflexionserscheinungen anlangt, so scheint es mir wohl begreiflich, daß dieselben durch Abkühlung und Erwärmung des Armes in geringerem Maße als durch die Veränderungen der Haltung herbeigeführt werden; denn man muß bedenken, daß die Reflexionen, die durch die Differenz der Sphygmogramme und Tachogramme sich bemerklich machen, ja höchst wahrscheinlich in der Hauptsache an dem Übergange der kleinen Arterien in den Kapillaren stattfinden. Die durch die Kälte hervorgerufene Zusammenziehung bewirkt nun zwar jedenfalls eine bedeutende Entleerung und Verengerung der betreffenden Kapillargebiete; allein die zuführenden kleinen Arterien sind auch ihrerseits hochgradig verengt, da ja ihre Kontraktion gerade das wirksame Moment der ganzen Zirkulationsänderung ist. Danach ist es also a priori nicht ohne weiteres festzustellen, wie die Reflexionsverhältnisse sich ändern müssen; eine gewisse Steigerung ist immerhin wahrscheinlich, da die Verengerungen in der Hauptsache doch wohl in Gefäßen von geringerer Größe als der Radialis am Handgelenk, also jenseits der untersuchten Stelle, stattfinden. Hiermit stehen die Versuche auch im Einklange. Betrachtet man die

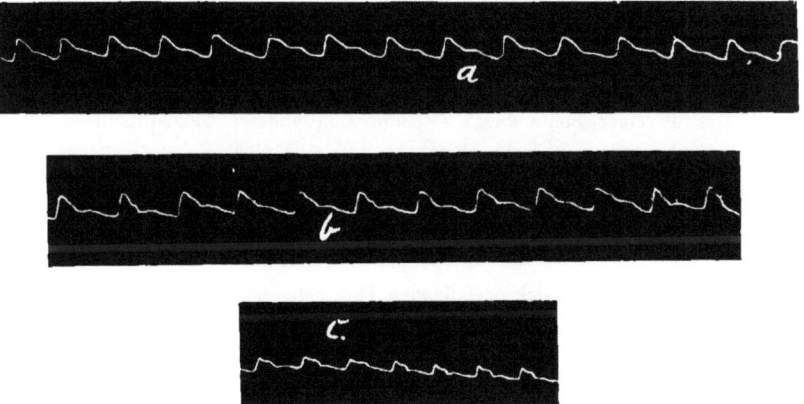

Fig. 51. Sphygmogramme der Radialis bei gewöhnlicher Temperatur (a), nach Erwärmung (b) und nach Abkühlung (c) von Unterarm und Hand.

oben mitgeteilte, bei Abkühlung des Unterarmes und der Hand gewonnene Radialiskurve, so findet man die Grundform des Pulses derart, daß der absteigende Schenkel fast geradlinig in seiner ganzen Länge absinkt. Die dikrotische Erhebung ist demgemäfs nur sehr schwach bemerkbar. Bei Erwärmung ist die Form die gewöhnliche, indem der absteigende Schenkel erst schneller und dann langsamer heruntergeht. Ähnliches zeigen die Kurven Fig. 51 (S. 113); die Hand wurde hier immer in etwas gesenkter Stellung (auf dem Knie aufliegend) untersucht. *a* zeigt das Sphygmogramm bei gewöhnlichem Temperaturzustande, *b* nach Erwärmung, *c* nach Abkühlung von Unterarm und Hand. Die Modifikation der Sphygmogramme im ersten Drittel ist sehr deutlich. Bei *c* kommt ein Zwischenschlag zur Erscheinung, der fast die Höhe des Hauptschlages erreicht. Derselbe rührt, da er in dem Tachogramm in ganz ähnlicher Weise sich vorfindet, jedenfalls zum Teil von den oberhalb stattfindenden Reflexionen her. In den Tachogrammen zeigt übrigens auch der Umstand eine Vermehrung der Reflexion durch die Abkühlung an, dafs die Linie des Tachogramms gleich nach dem Hauptschlage bedeutend tiefer heruntergeht, wie dies an den beiden mitgeteilten Kurven deutlich zu erkennen ist.

§ 4. **Beeinflussung des Pulses einer Arterie durch Eingriffe, welche andere Körperteile betreffen.**

In den bisher besprochenen Fällen haben wir durch Eingriffe, die einen bestimmten Teil der ganzen Gefäfsbahn betrafen, die Erscheinungsform der Pulswelle in eben diesem Teile modifizieren können. Da wir nun immer von der Anschauung ausgegangen sind, dafs die Gestaltung des Pulses an jeder einzelnen Stelle durch die Verhältnisse des gesamten Gefäfssystems bestimmt wird, so werden wir erwarten müssen, dafs es im allgemeinen auch gelingt, Modifikationen des Pulses an einer Stelle durch Beeinflussung anderer Gefäfsprovinzen herbeizuführen. Es wurde nun schon früher erwähnt, dafs die so zu erzielenden Veränderungen im allgemeinen sehr gering sind und wir sahen, dafs dieser Umstand z. B. Landois zu der Behauptung veranlafst hat, es gingen die in einem Gefäfsabschnitt entstandenen Wellen überhaupt in keinen andern über. Der Grund der ganzen, auf den ersten Blick auffallenden Thatsache liegt indessen darin, dafs wir zumeist nur sehr kleine Abschnitte des ganzen Gefäfssystems (eine Carotis oder allenfalls beide, einen Arm u. dgl.) mit unserer Einwirkung treffen. Thun wir dies, so können wir einen Einflufs auf irgend einen andern Gefäfsabschnitt natürlich nur in dem Mafse erwarten, als es gelingt, den Vorgang in dem ganzen Gefäfssystem, oder wie wir auch sagen können, im Aortenanfang zu modifizieren. Nun liegt es in der Natur der Sache, dafs dies immer nur in sehr geringem Betrage möglich ist. Eine positive in irgend einem Gefäfs rückläufige Welle bewirkt, bei ihrer Einmündung in die Aorta, nur eine sehr geringe Drucksteigerung in dieser. Gerade also, weil die Wellengestaltung überall das Produkt der reflektierten Welle in allen Gefäfsbahnen ist, kann der Ausfall oder die Verstärkung einer einzelnen verhältnismäfsig wenig ausmachen. Hierzu kommen dann noch andere Umstände. Verschliefsen wir mehrere grofse Gefäfsbahnen, so bewirkt dies sogleich eine merkliche Steigerung des arteriellen Druckes in den anderen Bahnen und eine Erhöhung der Pulswelle. Nach allem, was wir wissen, treten alsbald auch Änderungen der Gefäfsinnervation auf, die dies zum Teil kompensieren, kurz, die Erscheinungen werden sehr kompliziert.

Trotz alledem wäre die Behauptung, dafs es nicht gelingt, durch Eingriffe in einen Teil der Gefäfsbahn die Pulserscheinungen in anderen zu beeinflussen, durchaus unrichtig. In den oben erwähnten Versuchen von Landois zeigte sich, dafs im Puls der Cruralis sich die Gestaltung der dikrotischen Erhebung doch merklich änderte, nachdem die Carotiden und sodann, nachdem die Axillararterien unterbunden wurden. Ferner zeigten die vorhin schon besprochenen Versuche über die Natur der Zwischenschläge, dafs es ganz wohl gelingt, durch starke Abkühlung eines Armes die Welle im andern Arm deutlich zu beeinflussen. Ich mufs dabei allerdings anführen, dafs es sich bei Versuchen dieser Art am Menschen immer um nur geringfügige Modifikationen handelt; ohne die Methode der Flammentachographie gelingt es schwer, dieselben mit Sicherheit nachzuweisen. Man ist eben bei dem gewöhnlichen sphygmographischen Verfahren in hohem Grade durch die kleinen Differenzen des Pulsbildes gestört, welche auch ohne Modifikation des Pulses, durch kleine Verschiedenheiten in der Applikation des Instrumentes bedingt werden.

Verschliefst man durch Kompression oder durch Umschnürung des Oberschenkels mit einem elastischen Bande die Gefäfse des Beines, so läfst sich die an der Verschlufsstelle reflektierte Welle ebenfalls nicht selten in den Armpulsen recht gut erkennen. Man vergleiche z. B. das Tachogramm Fig. 13; a ist der ursprüngliche Puls, b der nach elastischer Umschnürung beider Oberschenkel. Verschliefst man beim Tiere die Aorta descendens, so ist die Umgestaltung des Carotidenpulses sehr deutlich. Ich habe bei einem mittelgrofsen Hunde die Aorta in der Brusthöhle auf einen Ligaturstab genommen und den durch Zuschnürung bedingten Wechsel des Carotidenpulses beobachtet. Das Ergebnis zeigt Fig. 52 (S. 116), in welcher a den Carotidenpuls bei geschlossener, b bei offener Aorta descendens darstellt.

Ich glaube, dafs alle diese Versuche direkt nichts zeigen, was sich nicht aus den allgemeinen Gesetzen der Wellenbewegung mit Sicherheit voraussehen läfst. Denn wer zweifelt überhaupt daran, dafs an einer verschlossenen Stelle die Welle positiv reflektiert wird? Wenn aber der Einfluß einer solchen, doch ganz zweifellos stattfindenden Reflexion auf die Gestaltung der Pulswelle in son-

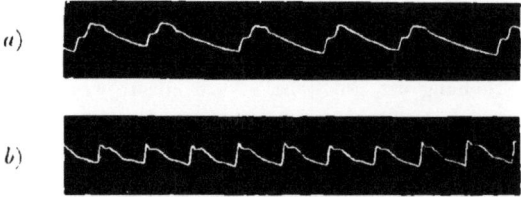

Fig. 52. Carotis-Puls eines Hundes bei Verschluß der Brust-Aorta (a). Bei b der gleiche Puls nach Öffnung der Aorta.

stigen Bahnen immer nur gering, oft sogar kaum wahrnehmbar ist, so kann man eben hieraus nur den Schluß ziehen, daß die Welle eines einzelnen, selbst großen Gefäßes für die Gesamtheit aller übrigen, resp. für den Aortenanfang doch nur relativ wenig bedeutet.

Ähnliche Überlegungen sind, wie ich glaube, geeignet, einen andern Modus experimenteller Variierung des Pulses aufzuklären.

Auf den ersten Blick sollte man meinen, daß es gelingen müßte, in viel stärkerer Weise als durch die Veränderungen der Innervation lokale Modifikationen des Pulses dadurch hervorzurufen, daß man die untersuchte Arterie selbst (natürlich unterhalb der untersuchten Stelle) durch Unterbindung oder Kompression ganz verschließt. Diese Versuchsweise und die an sie geknüpften Betrachtungen sind, wie ich glaube, die Quelle verschiedener Irrtümer gewesen. Marey z. B. stellt folgende Überlegung an[1]): Si la deuxième onde qu'on perçoit dans le pouls dicrote était une onde de retour, il suffirait pour la faire disparaître, de comprimer l'artère immédiatement au dessous du point d'application du sphygmographe. Alors, en effet, l'onde centrifuge ne pourrait franchir le point comprimé et, la réflexion se faisant au lieu même où l'artère est explorée, il n'y aurait plus de séparation entre l'onde centrifuge et l'onde centripète; on aurait seulement une onde unique mais plus haute qu'à l'état normal. Or, en comprimant la radiale au poignet au dessous du point d'application du sphygmographe on ne supprime pas la deuxième onde; celle-ci est donc centrifuge comme la première onde ... In Bezug auf die Sache selbst (die centrifugale Natur des Nebenschlages) bin ich mit Marey ganz einer Meinung; aber der hier gegebene Beweis erscheint mir, wie sogleich zu zeigen sein wird, nicht stichhaltig. Ganz ähnlich

1) Marey. La circulation du sang p. 256.

argumentiert neuerdings auch Hürthle[1]). Er fand, dafs „durch den Abschlufs der Zweige der Carotis communis, durch welchen ein Ort totaler Wellenreflexion geschaffen wird, die sekundären Wellen am Anfang dieser Arterie nicht verändert werden. Dadurch wird es nun sehr unwahrscheinlich, dafs eine allfällige im Kapillarsystem auftretende partielle Reflexion der sekundären Wellen die Pulskurve wesentlich zu beeinflussen vermag". Diese Betrachtung mufs nun, wie mir scheint, deshalb Bedenken erwecken, weil sie eigentlich zu viel beweist. Dafs unter normalen Verhältnissen keine Reflexion an den Kapillarbahnen stattfindet, wollen wir für den Augenblick gelten lassen und uns damit einverstanden erklären, dafs die sekundären Wellen auf irgend eine andere Weise zustande kommen. Dafs aber totale Reflexion, die wir künstlich herstellen, die sekundären Wellen gar nicht beeinflussen, dafs also die periphere Reflexion so zu sagen als ein Moment erscheinen soll, welches seiner Natur nach gar nicht geeignet ist, sekundäre Wellen hervorzubringen oder vorhandene zu modifizieren, wie sollen wir das verstehen? Wie läfst sich dies mit den Grundlagen aller physikalischen Vorstellungen über die Wellenbewegung in Einklang bringen?

Die Sache hängt meines Erachtens so zusammen, dafs bei den eben erwähnten Betrachtungen die Verzweigung der Gefäfsbahn nicht genügend in Rechnung gezogen wird. Die Bahn einer Carotis, um bei diesem Beispiele stehen zu bleiben, stellt von der gesamten Gefäfsbahn nur einen sehr kleinen Teil dar, und es ist also zunächst ganz begreiflich, dafs der Verschlufs einer Carotis den Aortenpuls nicht erheblich modifiziert. Auf der andern Seite aber ist klar, dafs der Puls am Anfange der Carotis sich von demjenigen des Aortenbogens niemals erheblich unterscheiden kann. Die Carotis verhält sich hier ähnlich, wie ein an ein weites Reservoir angesetztes Rohr. Die in der Carotis selbst etwa vorhandenen rückläufigen Wellen werden daselbst negativ reflektiert, da sie im Aortenbogen keine erhebliche Modifikation des Druckes bewirken können; der Druckverlauf im Anfange der Carotis wird also wesentlich durch den im Aortenbogen vorhandenen bestimmt und durch periphere Unterbindung der Carotis nicht mehr beeinflufst, als eben der Aortenpuls selbst und der Puls in allen anderen Gefäfsbahnen. An dem geschlossenen Ende selbst kann eher eine Modifikation der Welle auftreten, wenigstens wenn das peripher verschlossene Stück sich in unverzweigter Erstreckung über eine erhebliche Länge ausdehnt. Ist das nicht der Fall, so mufs man auch am geschlossenen Ende den Puls des Aortenbogens

1. Hürthle, Über den Ursprungsort der sekundären Wellen der Pulskurven. Pflüger Archiv Bd. 47 S. 29.

in nahezu unveränderter Form erhalten. Demgemäfs pflegt man ja auch anzunehmen, dafs, wenn man in der üblichen Weise mittels einer in die Carotis endständig eingesetzten Kanüle den Blutdruck beobachtet, man ein richtiges Bild des Aortenpulses erhält. Das die Verbindung mit dem Manometer herstellende Stück Carotis verhält sich hierbei ebenso wie ein Stück Gummischlauch, das zur Zuleitung benutzt wird. Falls diese eingeschalteten Gefäfse von ziemlich starker Wand und nicht sehr lang sind, so treten am verschlossenen Ende derselben in der That Druckschwankungen auf, welche mit den auf den Anfang einwirkenden (d. h. also den in der Aorta stattfindenden) sehr nahe übereinstimmen. Das Gleiche gilt nun so ziemlich überall. Schliefsen wir eine Arterie zu, so hängt das abgeschlossene Stück derselben als toter Arm an dem nächsthöheren Stamme. Im allgemeinen kann man sagen, dafs schon in mäfsiger Entfernung oberhalb der Verschlufsstelle das betreffende Stammgefäfs erheblich höherer Gröfsenordnung ist als das verschlossene; demgemäfs ist denn dort der Einflufs der an der Verschlufsstelle reflektierten Wellen schon klein und in dem Stammgefäfs ist der Druckverlauf nahezu der ursprüngliche; auch an der Verschlufsstelle selbst kommt ein Druckverlauf zur Erscheinung, der demjenigen des Stammgefäfses nahe entspricht. Die dikrotische Welle des Radialpulses könnte daher (um auf den Marey'schen Versuch zurückzukommen) recht wohl eine rückläufige sein, auch wenn sie bei Kompression der Arterie unterhalb des Sphygmographen bestehen bleibt. Denn auch wenn sie von der peripheren Reflexion herrührte, so müfste doch, sobald die Radialis verschlossen ist, sich notwendig die im Ulnarisgebiet und in den höheren Teilen des Armes nach wie vor entstehende dikrotische Welle auf die Radialis und den Sphygmographen übertragen. — Diejenige Welle, die nach Verschlufs der Radialis beobachtet wird, ist eine centrifugale, das ist gewifs; darum könnte aber doch die bei offener Radialarterie vorhandene centripetal laufen. Der Verschlufs einer Arterie ist also, wie man kurz sagen kann, deswegen eine wenig geeignete Methode, um Pulsveränderungen zu beobachten, weil stets alsbald oberhalb der verschlossenen Stelle eine gröfsere Anzahl anderer Aste abzweigen, deren unverändert gebliebene Verhältnisse für die Gestaltung der Pulswelle mafsgebend sind. Will man deutlichere Veränderungen erzielen, so mufs man den Puls an einer Stelle untersuchen, die mitten innerhalb des veränderten Gefäfsgebietes liegt. Dies ist bei den vorhin beschriebenen Variierungen der Haltung, sowie bei Abkühlung und Erwärmung der Fall.

§ 5. Einflufs des Amylnitrits auf die Pulserscheinungen.

Am meisten studiert und in vieler Hinsicht auch am interessantesten sind die Veränderungen der Pulsbilder durch solche Umstände, welche das gesamte Gefäfssystem oder wenigstens einen sehr grofsen Teil desselben betreffen. Hierher gehört (abgesehen vom Fieber) eine Reihe medikamentöser Stoffe, unter welchen das Amylnitrit durch die Promptheit und Prägnanz seiner Wirkung jedenfalls die erste Stelle einnimmt. Ich habe über die Wirkung desselben auf den Puls (wie schon zahlreiche Autoren vor mir) Versuche angestellt und will über das Ergebnis derselben berichten. Untersucht man die Veränderungen der von der Radialis zu gewinnenden Sphygmogramme, so findet man zunächst, dafs dieselben nicht einheitlich beschrieben werden können; vielmehr verändert sich die Pulsform fortwährend und bietet so successive eine Anzahl verschiedener Bilder dar. Die Wirkung pflegt, wenn man den Stoff in einigen Atemzügen kräftig einatmen läfst, sehr schnell ihr Maximum zu erreichen und dann allmählich abzusinken. Da man mit dem Dudgeon'schen Sphygmographen die einzelnen Aufnahmen in sehr kleinen Intervallen machen kann, so gelingt es ohne grofse Schwierigkeit, eine Serie herzustellen, die den ganzen Ablauf der Erscheinungen am Sphygmogramm zu übersehen gestattet. Eine derartige Serie lege ich in der (bereits oben erwähnten) Fig. 42 (S. 120) vor. Es handelt sich hier um einen Puls, der zu Anfang sehr ausgeprägte Zwischenschläge darbot. Die Kurven a und b zeigen den Normalpuls (vor Einatmung des Amylnitrits), Kurve c ist unmittelbar nach Beginn der Einatmung aufgenommen. Man sieht hier die Pulsform von Schlag zu Schlag sich verändern. Gegen Ende der Reihe c ist das Sphygmogramm wohl am stärksten von dem ursprünglichen entfernt. Die Reihen d und e zeigen die allmähliche Rückkehr zur Norm, welche jedoch am Ende von e noch nicht völlig erreicht ist. Versucht man die zu beobachtenden Änderungen zu beschreiben und fafst man zunächst die dikrotische Erhebung ins Auge, so zeigt sich, dafs es nicht richtig ist, schlechthin zu sagen, das Amylnitrit lasse dieselbe stärker hervortreten oder mache den Puls im prägnanten Sinne des Wortes dikrot. Man sieht vielmehr, dafs ein (allerdings schnell vorübergehendes) Stadium gefunden wird, in welchem die dikrotische Erhebung klein, ja fast unmerklich wird. Sie tritt erst im Anfang von d auf, um dann allerdings bis zum Schlufs des Versuches sehr ausgeprägt zu bleiben. Weiter ist dann folgendes zu bemerken. Die sphygmographische Kurve sinkt nach dem Hauptgipfel schneller und stärker herab als in der Norm, dergestalt, dafs sie unmittelbar nach derselben sehr nahezu oder sogar vollständig auf die geringsten Höhe anlangt, die sie

überhaupt erreicht; die Kurve sinkt, mit andern Worten, im Gegensatz zur Norm
in der zweiten Hälfte des Sphygmogrammes wenig oder gar nicht mehr; der An-

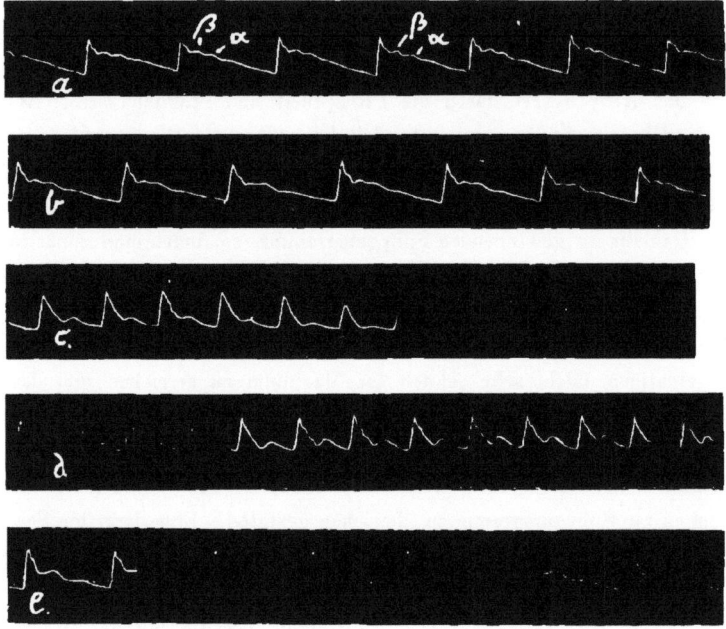

Fig. 12. Änderungen des Radialis - Sphygmogramms durch die Einatmung von Amylnitrit.
a und *b* Normalcurven; *c* stärkste, *d* und *e* allmählich abnehmende Wirkung des Amylnitrits.

fang der dikrotischen Erhebung liegt also bedeutend tiefer als in der Norm.
Ferner zeigt sich die Gestalt der dikrotischen Welle in den Kurven *d* und *e* selbst
verändert, nämlich, im Vergleich zur Norm, mehr gestreckt. Vergleicht man die
Reihen *a* und *e*, so kann man bemerken, dafs an Stelle der beiden getrennten
Gipfel, welche in *a* wahrnehmbar sind, ein einziger vorhanden ist. Die Elevation,
die in *a* unserer früheren Bezeichnung nach als zweiter Zwischenschlag vorhanden
ist, findet sich in *e* nicht mehr als getrennter Gipfel; sie scheint aber hier mit
dem Nebenschlage zu einem einzigen breiteren Rücken verschmolzen zu sein. Die
in *a* vorhandenen Zwischenschläge sind in *c* auf der Höhe der Amylnitritwirkung
verschwunden; der erste tritt alsbald wieder in seiner ursprünglichen Form auf,
der zweite aber in der eigentümlichen, eben erwähnten Modifikation seines Verhältnisses zum Nebenschlage. Endlich wäre noch die starke Beschleunigung der

Herzaktion und die Verkleinerung der Sphygmogramme zu erwähnen, Punkte, die uns hier relativ weniger interessieren.

Betrachten wir, ehe wir an die Deutung der Vorgänge herantreten, noch die durch das Amylnitrit bedingten Veränderungen der Tachogramme. Diese finden sich in den Figg. 5 und 6 dargestellt (*a* Norm, *b* Einwirkung des Amylnitrits). Man sieht, dafs die Tachogramme, im Gegensatz zu den Sphygmogrammen, nicht kleiner, sondern gröfser werden (trotz der Zunahme der Herzfrequenz), was übrigens zum Teil daher rühren mag, dafs dasjenige Stadium, in welchem die Sphygmogramme verkleinert sind, nicht gerade zur Darstellung gekommen ist[1]). Im übrigen bemerkt man leicht (worauf schon früher hingewiesen wurde) das Verschwinden des Zwischenschlages. Und in Fig. 6 ist, ganz in Übereinstimmung mit den Sphygmogrammen, auch die Formveränderung des Nebenschlages, die bedeutende Verbreiterung desselben deutlich zu erkennen. Dagegen finden sich keine Formen, welche den letzten Sphygmogrammen der Reihe *c* (Fig. 42) ähnlich wären.

Was nun die Deutung der besprochenen Veränderungen angeht, so scheint mir dieselbe in ganz befriedigender Weise möglich zu sein und in Übereinstimmung mit dem zu bleiben, was man über die Wirkungsweise des Amylnitrits anzunehmen pflegt. Jedenfalls zeigen sich, durch die veränderten Zustände der Gefäfsbahn, tiefgreifende Veränderungen der Reflexionsverhältnisse. Auf der Höhe der Wirkung (Ende der Reihe *c* des Sphygmogramms Fig. 42) ist der Puls fast gar nicht mehr dikrot.

Wir können hieraus, glaube ich, den Schlufs ziehen, dafs die durch das Amylnitrit bewirkte hochgradige Erweiterung zahlreicher Gefäfsbahnen hinreicht, um die sonst daselbst stattfindende periphere Reflexion ganz oder nahezu zum Verschwinden zu bringen. Mir erscheint dies deswegen von Wichtigkeit, weil wir ohne derartige experimentelle Feststellungen kaum in der Lage sein würden, zu beurteilen, in welchem Grade die Gefäfserweiterungen die Reflexionsverhältnisse beeinflussen können. Dagegen hat es allerdings, nach unseren allgemeinen Vorstellungen über die Reflexionen in der Gefäfsbahn, nichts Befremdliches, erscheint vielmehr ganz verständlich, dafs durch die Erweiterung der kleinsten Gefäfse und die dadurch bedingte stärkere Füllung der Kapillaren die Reflexion abgeschwächt und auch aufgehoben wird.

---

1) Die Aufnahme guter Tachogramme erfordert, wie bekannt, eine ganz ruhige Haltung der betreffenden Extremität. Es ist deswegen schwierig, die Veränderungen der Tachogramme schon während der Einatmung des Amylnitrits zu untersuchen, weil dadurch leicht eine gewisse Unruhe der Haltung bewirkt wird.

^{61.} In dem Stadium also, welches die Curve c darstellt, befindet sich der gröfste Teil der Gefäfse in einer so hochgradigen Erweiterung, dafs die primäre Welle nicht mehr erheblich reflektiert wird.

Das Eintreten eines solchen Stadiums bei der Wirkung des Amylnitrits bildet, soweit ich habe feststellen können, durchaus die Regel, wenn nicht gar zu wenig des Stoffes zugeführt wird. Fig. 53 zeigt den gleichen Effekt, wie er

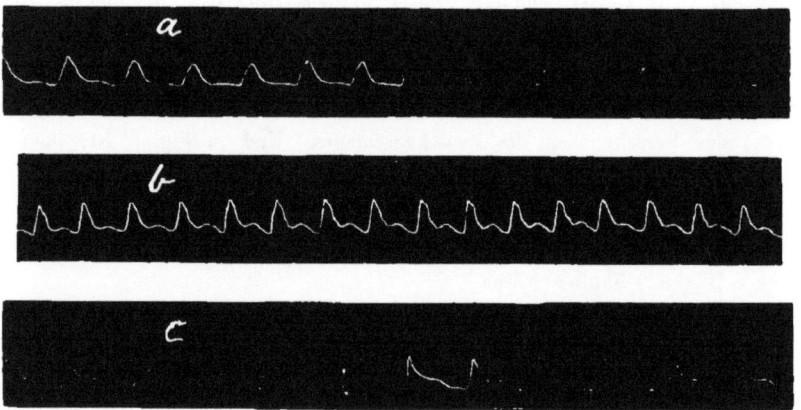

Fig. 53. Radialis-Sphygmogramme unter dem Einflufs des Amylnitrits (a stärkste, b und c allmählich schwindende Wirkung).

bei einer anderen Versuchsperson sich darstellt (bei a höchster Grad, bei b und c allmähliches Schwinden der Wirkung des Amylnitrits).

Es ist dabei ganz bemerkenswert, dafs das Aufhören der Reflexion gerade für den Arm nicht zu gelten scheint. Denn die Tachogramme zeigen (soviel ich habe bemerken können) regelmäfsig noch eine dikrotische Form, welche von einer sehr starken Senkung nach dem Hauptschlage herrührt. Es liegt also hier wohl der Fall vor, dafs eine noch deutliche Reflexion im Arm stattfindet, gleichwohl aber das Sphygmogramm der Radialis nicht dikrot erscheint, weil in dem gröfseren Teil der gesamten Gefäfsbahn die Reflexion nahezu verschwunden ist. Auch hier zeigt sich also, wie wenig es zulässig sein würde, die Gestaltung des Radialpulses allein auf die Gefäfsverhältnisse im Arm zurückzuführen.

Die Vergröfserung der Strompulse weist darauf hin, dafs auch in den grofsen Arterien des Armes eine Erweiterung stattgefunden hat; doch könnte vielleicht auch lediglich die Verminderung des Druckes und die damit bewirkte gröfsere Dehnbarkeit der Arterienwand der Erscheinung zu Grunde liegen.

Das Verschwinden der Zwischenschläge wird ebenfalls aus der Aufhebung gewisser Reflexionen zu begreifen sein. Für die Umgestaltung des Nebenschlages oder (wie es den Anschein hat) seine Verschmelzung mit dem zweiten Zwischenschlage, die sich in den späteren Stadien der Wirkung bemerken läfst, wage ich keine spezielle Erklärung zu geben. Es handelt sich hier um ganz leichte Modifikationen der Reflexionsverhältnisse, die sich einer genaueren Feststellung entziehen. Im ganzen kann man sich hiernach von der Wirkung des Amylnitrits etwa folgendes Bild machen. Dasselbe wirkt auf die Gefäfsmuskulatur erschlaffend ein, wenn auch wohl nicht auf alle Teile gleich stark und in gleichen Zeitverhältuissen. Bei geringem Grade der Wirkung sind namentlich gewisse kurze Bahnen erweitert, woraus sich das starke Absinken nach dem Hauptschlage erklärt. Finden dabei in gewissen längeren Bahnen (Gefäfsen des Unterleibes) noch erhebliche Reflexionen statt, so wird der Puls stark dikrot, sind dagegen auch jene sehr stark erweitert, so hört der Dikrotismus in den Sphygmogrammen ganz auf (Höhepunkt der Wirkung). — Wenn die hier zu Grunde gelegte Anschauung richtig ist, so ist zu erwarten, dafs der Ausfall des Dikrotismus bei starker Amylnitritwirkung, die wir im Radialpuls beobachteten und auf die Gestaltung der rechtläufigen Welle zurückführten, sich in gleicher Weise an der Carotis beobachten läfst. Dies ist in der That der Fall. Man kann auf der Höhe der Amylnitritwirkung leicht auch Carotispulse beobachten, welche der eigentümlichen (in Kurve c der Fig. 41 dargestellten) Form der Radialpulse ganz ähnlich sind; ein Beispiel eines derartigen Carotispulses bei starker Amylnitritwirkung bietet Fig. 54. Ein ächter Dikrotismus ist auch hier kaum bemerkbar; die Kurve sinkt

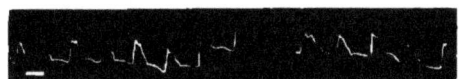

Fig. 54. Carotis-Puls bei starker Einwirkung von Amylnitrit.

nach dem Hauptgipfel sogleich auf ihre geringste Höhe ab, um auf dieser bis zum Einsetzen der neuen Pulswelle zu verharren[1]).

§ 6. Schlufsbemerkungen.

Entsprechend der in den beiden vorigen Kapiteln eingehaltenen Betrachtungsweise will ich auch hier noch die Frage berühren, ob und inwieweit eine „centrale Theorie" der Pulswelle mit den vorgebrachten Thatsachen in Einklang zu bringen ist. Ich mufs bekennen, dafs ich dies eigentlich in keiner Richtung

1) Die Zweispitzigkeit des Hauptgipfels dürfte artefact sein; es ist dies bei der Aufzeichnung des Carotispulses mittels Tambour nicht zu vermeiden.

abzusehen vermag. Stellt man sich auf den Standpunkt, dafs eine periphere Reflexion der Pulswelle nicht stattfindet, so wird man versuchen müssen, alle die Veränderungen, die wir hier kennen gelernt haben, auf Modifikationen der Herzthätigkeit oder der „Klappenschlufswelle" zurückzuführen. In Bezug auf die letztere mag man es noch wahrscheinlich finden, dafs sie sich je nach der Höhe des Aortendruckes verschieden gestaltet. Aber wie kann daraus auch nur z. B. der verwickelte Einflufs der Amylnitrits auf die dikrotische Erhebung der Pulswelle verständlich gemacht werden? Wie soll es erklärt werden, dafs sie bei hochgradiger Amylnitritwirkung fast gänzlich schwindet, bei geringen Graden vorzugsweise deutlich auftritt? Wie sollen ferner die gewaltigen Veränderungen der Radial-Sphygmogramme durch Hebung oder Senkung des betreffenden Armes begreiflich gemacht werden? Und sollten auf diese Fragen noch irgendwelche Antworten möglich sein, so wird die centrale Theorie doch stets der Thatsache gegenüber in Verlegenheit bleiben, dafs die Pulswelle durch lokale Einwirkungen lokal modifiziert werden kann, dafs die Erhebung eines Armes z. B. den Puls in diesem sehr stark verändert, in dem anderseitigen kaum merkbar beeinflufst u. dgl. m. Die Thatsache, dafs überhaupt die Pulswelle nicht an allen Stellen des Körpers übereinstimmende Formen zeigt und dafs unter mancherlei besonderen Verhältnissen solche Formverschiedenheiten in sehr hohem Mafse auftreten, kann wohl kaum in Abrede gestellt werden. Und wie will man sie begreiflich machen, ohne auf den Einflufs derjenigen Faktoren zurückzugehen, welche für die verschiedenen Körperstellen ungleiche sind, d. h. der peripheren? Ohne daher verkennen zu wollen (wovon ich sehr durchdrungen bin), dafs die Deutungen, welche wir auf Grund der Annahme von mannigfaltig variierbaren Reflexionserscheinungen zu geben versuchten, in vieler Hinsicht willkürlich sind und vielleicht andern werden Platz machen müssen, glaube ich doch, dafs die ganze Reihe hier vorgeführter Thatsachen den grofsen Einflufs peripherer Faktoren auf die Pulsformen sehr deutlich hervortreten läfst. Da es sich dabei auch keineswegs blofs um eine verschieden starke Dämpfung der Pulswelle handelt, so wird man immer sagen müssen, dafs ganz im allgemeinen die starke Variabilität der Pulsformen das Vorhandensein wechselnder Reflexionsbedingungen wahrscheinlich macht. Insofern also können wohl die in diesem Kapitel besprochenen Thatsachen als eine wichtige Stütze der in den früheren skizzierten Theorie der Pulswelle in Anspruch genommen werden. Doch können natürlich diese Dinge den Gegenstand weiterer Diskussion erst dann bilden, wenn die Vertreter einer centralen Theorie der Pulswelle in dieser Hinsicht Stellung genommen haben.

Gerade diejenigen Thatsachen, welche sich auf die experimentelle Variierung der Pulsformen beziehen, würden auch am ersten bei der praktisch am meisten interessierenden Fragestellung zu berücksichtigen sein, in welcher Weise aus beobachteten Pulsformen Schlüsse auf den jeweiligen Zustand der Gefäfsbahn gezogen werden können. Während eine rein centrale Theorie der Pulswelle für derartige Schlüsse überhaupt keinen Raum läfst, werden wir die Berechtigung derselben ganz im allgemeinen als zweifellos betrachten müssen. Auf der andern Seite aber werden freilich die obigen Auseinandersetzungen darüber keinen Zweifel bestehen lassen, dafs solche Schlüsse allemal mit grofsen Schwierigkeiten behaftet sind und dafs sie relativ sicherer erfolgen können, wenn Sphygmogramme und Tachogramme, als wenn nur die einen oder die andern aufgezeichnet worden sind. Auch können die Erscheinungen in diesem Gebiete ohne Zweifel zu mannigfaltig sich gestalten, als dafs es denkbar wäre, eine einfache Regel anzugeben, wie sich der Zustand der Gefäfsbahn aus den Sphygmogrammen der Radialarterien erkennen lasse. Gleichwohl mag es nützlich sein, namentlich auch im Hinblick auf die bislang hier üblichen Schlufsweisen, einige Bemerkungen über diesen Gegenstand hier anzuschliefsen. Im grofsen und ganzen ist man gewohnt, auf hohe Spannung im Gefäfssystem zu schliefsen, wenn die Sphygmogramme nach dem Hauptgipfel langsam und gleichmäfsig herabsinken und demgemäfs die dikrotische Erhebung nur wenig hervortritt, auf geringe Spannung, wenn das Absinken nach dem Hauptgipfel schnell erfolgt und der Puls sich der par excellence so genannten dikrotischen Form annähert. Ich glaube, dafs diese Anschauung, welche in den unter dem Finger fühlbaren Eigenschaften der Radialarterien eine gewisse Stütze gefunden hat, in der Hauptsache als zutreffend anerkannt werden mufs. Wir fanden ja auch, dafs die Ursache für das langsame Absinken nach dem Hauptgipfel im wesentlichen in der peripheren Reflexion zu suchen ist. Je mehr dieselben (bei hohem Kontraktionszustande der kleinen Gefäfse) hervortritt, um so mehr mufs auch die Pulswelle sich derjenigen Form annähern, bei welcher das Absinken nach dem Hauptgipfel fast gleichmäfsig bis zum Beginn der nächsten Periode erfolgt, um so mehr nähert sich das ganze Verhalten demjenigen eines Reservoirs mit engem Ausgange. Dabei ist indessen doch zu beachten (und insofern müssen wir von den älteren in dieser Hinsicht aufgestellten Regeln abweichen), dafs gerade in dieser Beziehung für jede beobachte Pulsform in erster Stelle der Zustand derjenigen Gefäfse mafsgebend ist, in deren Gebiet die beobachtete Arterie gelegen ist. So konnte ja z. B. die Form eines Radialpulses durch die Erhebung des betreffenden Armes sehr bedeutend modifiziert werden, wodurch ohne Zweifel der Zustand der Gefäfse nur in diesem Arm ver-

ändert wird. Beobachtet man demgemäfs einen Radialpuls, welcher das eine Mal
ein schnelles, das andere Mal ein langsames Absinken nach dem Hauptgipfel
zeigt, so wird man daraus in erster Linie nur auf eine, in einem Falle geringere,
im andern höhere Kontraktion der Gefäfse dieses Armes schliefsen dürfen. Eine
Ausdehnung dieses Schlusses auf andere Gefäfsbahnen wird nur in dem Mafse
gerechtfertigt sein, als man aus andern Gründen anzunehmen berechtigt ist, dafs die
Zustände der Gefäfse die gleichen seien. In gewissem Umfang ist dies ohne Zweifel
meistens der Fall; so wird z. B. in der Regel das Verhalten beider Arme, sehr oft
auch wohl aller vier Extremitäten das nämliche sein. Gewagt aber wäre es, was
von den Gefäfsen der Extremitäten und vielleicht auch den Hautgefäfsen des
Rumpfes gilt, ohne weiteres auf die Gefäfsbahnen der inneren Teile zu übertragen. Ob also der exquisit dikrotische Puls, der in vielen fieberhaften Zuständen zur Beobachtung kommt, eine allgemeine Erschlaffung sämtlicher Gefäfsbahnen anzeigt, das kann sehr bezweifelt werden, um so mehr, wenn wir sehen,
dafs der Dikrotismus auf der Höhe der Amylnitritwirkung sogar ganz verschwindet.

Diejenige Pulsform, aus welcher man auf hohe Spannung in der Gefäfsbahn zu schliefsen pflegt, kann durch lokale Zustände des betreffenden Armes,
aber sie kann natürlich auch dadurch bedingt sein, dafs in zahlreichen andern
und namentlich kurzen Bahnen die Reflexionen sehr stark hervortreten. Für die
Entscheidung zwischen diesen beiden Möglichkeiten wird die vergleichende Untersuchung des Tachogramms und des Sphygmogramms vorzugsweise förderlich
sein. Denn diese stellt heraus, ob die rechtläufige, in den Arm hineingelangende
Welle jene Form besitzt, oder ob die Form erst im Arme selbst unter Beteiligung der reflektierten Welle entsteht.

Ich mufs mich zur Zeit auf diese wenigen Andeutungen in Bezug auf die
diagnostische Verwertung der Pulsbilder beschränken. Dafs ein grofser Teil der
in dieser Richtung gemachten Versuche einer schärferen Kritik gegenüber nicht
standhält, dies wird wohl gegenwärtig allgemein zugegeben. Es wird erst Aufgabe der Zukunft sein, Sicherheit und Vollständigkeit in diesen schwierigen
Untersuchungen zu gewinnen. Den Zweck dieser Mitteilungen werde ich als
erreicht betrachten, wenn sie einerseits zur Klärung der theoretischen Vorstellungen in diesem Gebiet und anderseits zu der Erweiterung der Beobachtungs-
methoden ein weniges beitragen können.

Anmerkungen.

I. Mathematische Theorie der Schlauchwellen.

Die mathematische Betrachtung der Schlauchwellen kann, sofern man sich mit annähernd Giltigem begnügen will, von den im Text bereits angedeuteten Beziehungen zwischen Druck und Strömung ausgeben und diese zunächst einfach formulieren.

Es bezeichne x den längs der Axe des Schlauches gemessenen Abstand eines Querschnittes von einem beliebigen Anfangspunkte, v die in der Richtung der wachsenden x positiv gerechnete Geschwindigkeit, p den Druck, Q die Gröfse des Querschnittes, t die Zeit, und es werde zunächst vorausgesetzt, dafs Druck und Geschwindigkeit stets in allen Punkten eines Querschnittes die nämlichen seien. Dann ergiebt sich zuerst für die Veränderungen des Querschnittes infolge ungleicher Geschwindigkeit die Gleichung

$$\frac{\partial Q}{\partial t} = - \frac{\partial}{\partial x}(Q \cdot v).$$

Hierfür kann man, sofern die Veränderungen des Querschnittes nicht bedeutend im Vergleich zu seinem ganzen Werte sind und auch v keine sehr grofsen Beträge erreicht, setzen:

$$\frac{\partial Q}{\partial t} = - \frac{\partial v}{\partial x}. \qquad 1$$

Anderseits steigt mit der Vermehrung des Querschnittes der Druck in einer bestimmten, durch die Weite des Schlauches und die Beschaffenheit seiner Wand bestimmten Weise. Wir drücken dies durch die Gleichung

$$dp = e\, dQ \qquad 2)$$

aus, in welcher e den durch die eben genannten Momente bestimmten Differenzialquotienten $\frac{dp}{dQ}$ bedeutet. Aus 1) und 2) ergiebt sich

$$\frac{\partial p}{\partial t} = - e\, Q \frac{\partial v}{\partial x}. \qquad 3)$$

Anderseits erfahren in jedem Querschnitt die Flüssigkeitsteilchen in der der Axe parallelen Richtung eine dem Druckabfall proportionale Beschleunigung, gemäfs der Gleichung

$$\frac{\partial v}{\partial t} = - \frac{1}{\sigma} \frac{\partial p}{\partial x}, \qquad 4)$$

wo σ das spezifische Gewicht der Flüssigkeit ist.

Aus den Gleichungen 3) und 4) ergiebt sich unmittelbar

$$\frac{\partial^2 p}{\partial x^2} = \frac{\sigma}{e\, Q} \cdot \frac{\partial^2 p}{\partial t^2} \qquad 5\,\mathrm{a})$$

und ganz ebenso

$$\frac{\partial^2 v}{\partial x^2} = \frac{\sigma}{e\, Q} \cdot \frac{\partial^2 v}{\partial t^2}. \qquad 5\,\mathrm{b})$$

Dies sind die bekannten Differenzialgleichungen einer Wellenbewegung, welche durch die Gleichungen

$$p = \varphi\,(x - \alpha\, t) \quad \text{und} \quad p = \psi\,(x + \alpha\, t.$$

befriedigt werden, wenn $\alpha = \sqrt{\frac{d\,Q}{\sigma}}$ ist. Die erstere entspricht einem in der Richtung der wachsenden x, die zweite einem in der entgegengesetzten Richtung sich fortpflanzenden Wellenzuge; α ist die Fortpflauzungsgeschwindigkeit, deren Wert somit

$$\alpha = \sqrt{\frac{d\,p}{d\,Q} \cdot \frac{Q}{\sigma}}$$ 6)

sich findet.

Die hier gegebene Theorie ist in verschiedenen Hinsichten eine nicht ganz genaue. Erstlich wurde für die Veränderungen des Querschnittes in der Gleichung $\frac{\partial Q}{\partial t} = - \frac{\partial}{\partial x}(Q \cdot v)$ statt des letzteren Wertes einfach (nach dem Vorgange W. Webers) $Q \frac{\partial v}{\partial x}$ gesetzt. Berücksichtigt man noch das zweite Glied $v \cdot \frac{\partial Q}{\partial x}$, so wird die mathematische Betrachtung viel verwickelter. Man erhält dann für p und v nicht mehr die einfachen Differenzialgleichungen, welche der gewöhnlichen Wellenfortpflanzung entsprechen und durch die Lösung $p = \varphi\,(x \pm \alpha t)$ befriedigt werden, sondern Differenzialgleichungen vierter Ordnung, deren Behandlung bis jetzt nicht möglich gewesen ist. Welche Abweichungen von den gewöhnlichen Formen der Wellenbewegung dadurch etwa bedingt werden, würde nicht uninteressant sein zu ermitteln und könnte vielleicht an sehr dehnbaren Schläuchen geprüft werden. Für alle Fälle, die beim Arterienpuls in Betracht kommen, dürfte die Vernachlässigung kein Bedenken haben. Ganz streng ist ferner auch die Gleichung 4) nicht richtig. Bei der Aufstellung derselben ist von der einfachen Annahme ausgegangen, dafs die Geschwindigkeit stets in dem ganzen Querschnitt dieselbe sei. Thatsächlich nun ist dies, wegen des Haltens der Flüssigkeit an der Wand, ja nicht der Fall. Über die Art und Weise, wie sich die Geschwindigkeit über den Querschnitt verteilt, ist zur Zeit nur das bekannt, was sich auf die stationären Ströme in engen Röhren bezieht (auf die Fälle, in denen das Poiseuille'sche Gesetz gilt). Man kann indessen den Wert v hier für die mittleren Geschwindigkeiten nehmen, und die Gleichung ist dann jedenfalls mit grofser Annäherung richtig, so lange die Reibung nicht erheblich in Betracht kommt. Auf den Einflufs dieser letzteren wird später im Zusammenhang einzugehen sein. Ganz aufser Acht gelassen sind ferner die zur Axe senkrechten Komponenten der Strömung und die longitudinalen Streckungen der Schlauchwand. Die Berücksichtigung dieser beiden Momente kann um so eher unterbleiben, als sie zwar die Fortpflanzungsgeschwindigkeit der Wellen ein wenig modifizieren, im Übrigen aber an der ganzen Gestaltung der Vorgänge nichts Erhebliches ändern könnten.

II. Über die Abhängigkeit des Querschnittes vom Druck, sowie über die Beziehungen zwischen Druck und Wandspannung.

Die Abhängigkeit, welche zwischen der Gröfse des Querschnittes in einem elastischen Rohr und der Höhe des hydrostatischen Druckes in seinem Innern stattfindet, läfst sich relativ leicht unter der Voraussetzung entwickeln (an welcher auch hier zunächst festgehalten werden soll), dafs der Querschnitt durchgängig ein kreisförmiger sei. Nennen wir den Radius r, so ist alsdann der Querschnitt

$$Q = r^2\pi.$$

Wenn ferner r_0 die Länge des Radius bei ungespanntem Zustande der Schlauchwand ist, δ die Dicke und E den Elasticitätskoeffizienten der Wand bezeichnet, so ist die transversale Spannung der Wand

$$S = \frac{\delta \cdot E\,(r - r_0)}{r_0}$$ 7)

und

$$\frac{dS}{dr} = \frac{\delta \cdot E}{r_0}.$$

Um die entsprechenden Änderungen des Druckes zu erhalten, müssen wir nun die Beziehung zwischen Druck und Wandspannung ins Auge fassen. Dieselbe besteht bekanntlich für den elastischen Schlauch darin, dafs ist [1]).

$$p = \frac{S}{r} \qquad\qquad 8$$

Hieraus folgt nun

$$p = \frac{\delta E\,(r - r_0)}{r \cdot r_0} = \frac{\delta E}{r_0} - \frac{\delta E}{r}$$

und

$$\frac{dp}{dr} = +\frac{\delta E}{r^2}.$$

Da

$$dQ = 2\,r\pi\,dr$$

ist, so wird

$$\frac{dp}{dQ} = \frac{\delta E}{2\,r^3\pi}$$

und

$$Q\,\frac{dp}{dQ} = \frac{\delta E}{2\,r},$$

1) Eine ebenso elegante als anschauliche Ableitung dieser Formel giebt Helmholtz in seiner Abhandlung über die Mechanik der Gehörknöchelchen (Pflügers Archiv Bd. I S. 48. Gesammelte Abhandlungen II S. 568). Die Betrachtung eines Halbkreises läfst unmittelbar erkennen, dafs zwischen den aufwärts und abwärts treibenden Kräften nur dann Gleichgewicht bestehen kann, wenn der auf den ganzen Durchmesser wirkende Druck $(p \cdot 2\,r)$ gleich dem auf die Wand an den beiden Endpunkten des Durchmessers ausgeübtem Zuge $(2\,S)$ ist, also

$$2\,p\,r = 2\,S$$
$$p\,r = S.$$

Die Beziehung ist hier vorzugsweise einfach, weil die Wand nur in einer Richtung gekrümmt ist; die Gleichung bleibt demgemäfs auch giltig, unabhängig davon ob die Schlauch-wand in longitudinaler Richtung gespannt ist oder nicht; der Druck hängt nur von der hier mit S bezeichneten transversalen Spannung ab. Ist die Fläche in beiden Richtungen gekrümmt, so besteht eine relativ einfache Beziehung zwischen Druck und Spannung nur für den Fall, dafs die Spannung in allen Richtungen die gleiche ist, wie dies z. B. für die kapillare Spannung der Flüssigkeitsoberflächen und für kugelförmige Blasen aus homogenem Material gilt. In diesem Falle besteht die in der theoretischen Physik geläufige Formel

$$p = S\left(\frac{1}{r_1} + \frac{1}{r_2}\right),$$

worin r_1 und r_2 die Hauptkrümmungsradien der Fläche bedeuten. Für die Kugel folgt daraus

$$p = \frac{2\,S}{r},$$

ein Satz, der ebenfalls leicht elementar abzuleiten ist. Am einfachsten sieht man, ganz in Analogie der Helmholtz'schen Ableitung für den Halbkreis, dafs für die Halbkugel d e Gesamtheit der auf die Peripherie ausgeübten Züge $(2\,r\pi \cdot S)$ gleich dem auf die ganze begrenzende Kreisfläche ausgeübten Druck $(r^2\pi \cdot p)$, also

$$2\,r\pi \cdot S = r^2\pi \cdot p$$
$$2\,S = r \cdot p$$

sein mufs. Vgl. auch die Ableitung des gleichen Satzes von R. A. Fick (Ein neues Ophthal-motonometer; Verhandl. der physikal.-medizinischen Gesellschaft zu Würzburg Bd. XXV. 1881) die Berechnung ist hier, da nicht von der Halbkugel, sondern von einem beliebig kleinen Kugelstück ausgegangen wird, etwas umständlicher.

woraus sich dann

$$\alpha = \sqrt{\frac{\delta E}{2 r \sigma}}$$
9)

ergiebt.

Diese Formel, die in den meisten Verhältnissen ausreichend ist, trifft indessen nur insoweit zu, als die oben zu Grunde gelegte Formel

$$S = \frac{\delta \cdot E \cdot (r - r_0)}{r_0}$$

genau giltig ist, d. h. so lange die Dehnungen der Schlauchwand (die Werte $r - r_0$) den cirkulären Spannungen genau proportional zunehmen. Dafs dies durchaus nicht allgemein zutrifft, ist hinlänglich bekannt. Über die hierdurch bedingten Erscheinungen ist ebenso wie über die Bedeutung der elastischen Nachwirkung im Text (S. 5) das Erforderliche gesagt.

Dagegen mag hier noch daran erinnert werden, dass alle die hier benutzten Formeln für den Wert $\frac{dp}{dQ}$ nur unter der Voraussetzung eines sehr annähernd kreisförmigen Querschnittes gelten. Dünnwandige Schläuche, unter geringem Druck gefüllt, besitzen nun aber eine Form des Querschnittes, die von der kreisförmigen sich sogar sehr erheblich unterscheiden kann, ein Punkt, auf den später noch zurückzukommen sein wird (vgl. Anm. VII). Die für die Fortpflanzungsgeschwindigkeit entwickelte Formel gilt also nur, sofern der Druck niemals unter solche Beträge sinkt, welche noch hinreichen, um den Querschnitt sehr annähernd kreisförmig zu erhalten.

III. Die Reflexion der Schlauchwellen.

Zur Vervollständigung des im Text Ausgeführten will ich hier noch die Erscheinungen der Reflexion, welche an der Grenze zweier Schläuche von verschiedener Beschaffenheit statthaben, quantitativ behandeln, d. h. die Grösse der reflektierten und der durchgehenden Welle im Vergleich zu der ursprünglich vorhandenen berechnen.

Die Stelle der Diskontinuität sei $x = l$; die beiden hier zusammenstofsenden Schläuche werden mit I und II bezeichnet. Im Schlauche I laufe gegen II hin (wir wollen diese Richtung als die rechtläufige bezeichnen) eine Welle, welche für sich allein (d. h. ohne Reflexion) an der Grenzstelle die Druckschwankung

$$p_1{}^0 = \varphi(x)$$

ergeben würde; aus ihr entstehe durch Reflexion eine zurücklaufende Welle, welche in $x = l$ die Druckschwankung

$$p_1' = \delta \cdot \varphi(x)$$

bedingt.

Man kann dann sagen, dafs von der rechtläufigen Welle der Bruchteil δ reflektiert wird. (δ ist natürlich stets ein echter Bruch, kann aber positiv sowohl als negativ sein.) Der wirkliche Verlauf des Druckes im Schlauch I ist dann an der Grenzstelle

$$p_1 = (1 + \delta) \varphi(t).$$

Ferner möge zufolge des weitergehenden Teiles der Welle in Schlauch II an der Grenze die Druckschwankung

$$p_2 = \varepsilon \varphi(t)$$

stattfinden.

Der Wert ε bezeichnet die Gröfse der weitergehenden Welle im Vergleich zu der ankommenden. Die Werte δ und ε, welche den ganzen Vorgang quantitativ bestimmen, sind nun aus den Kontinuitätsbedingungen leicht zu ermitteln.

Zunächst mufs wegen der Kontinuität des Druckes

$$p_1 = p_2,$$

also

$$(1 + \delta) = \varepsilon$$
10)

sein.

Die Kontinuität der Strömung liefert ferner die Bedingung

$$r_1 Q_1 = r_2 Q_2,$$

wenn r_1 und r_2 die Geschwindigkeiten, Q_1 und Q_2 die Querschnitte in den beiden Schläuchen sind. Nennen wir α_1 und α_2 die Werte der Fortpflanzungsgeschwindigkeit der Welle in I und II, so ist für Schlauch I (weil $\varphi(t)$ rechtläufig und $\delta\varphi(t)$ rückläufig ist)

$$r_1 = \frac{(1 - \delta)\,\varphi(t)}{\sigma\alpha_1},$$

für Schlauch II

$$v_2 = \frac{\varepsilon\,\varphi(t)}{\sigma\alpha_2}.$$

Wir erhalten demgemäfs

$$\frac{(1 - \delta)\,Q_1}{\alpha_1} = \frac{\varepsilon\,Q_2}{\alpha_2}. \qquad 11)$$

Aus Gleichung 1) und 2) berechnet sich leicht

$$\frac{1 - \delta}{1 + \delta} = \frac{Q_2\,\alpha_1}{Q_1\,\alpha_2}$$

oder

$$\delta = \frac{1 - \dfrac{Q_2\,\alpha_1}{Q_1\,\alpha_2}}{1 + \dfrac{Q_2\,\alpha_1}{Q_1\,\alpha_2}}$$

und

$$\varepsilon = \frac{2}{1 + \dfrac{Q_2\,\alpha_1}{Q_1\,\alpha_2}}. \qquad 12)$$

Hieraus geht hervor, dafs keine Reflexion stattfindet ($\delta = 0$ ist), wenn

oder

$$Q_2\,\alpha_1 = Q_1\,\alpha_2$$

$$\frac{Q_2}{Q_1} = \frac{\alpha_2}{\alpha_1}, \qquad 13)$$

d. h. wenn sich an der Stelle der Diskontinuität die Fortpflanzungsgeschwindigkeiten in demselben Verhältnis ändern wie die Querschnitte; alsdann ist auch, wie sich von selbst versteht, $\varepsilon = 1$.

Wenn $Q_2\,\alpha_1 < Q_1\,\alpha_2$, so ist δ positiv, es findet eine positive Reflexion des Druckes statt. In diesem Fall ist, wie noch besonders bemerkt werden mag, $\varepsilon > 1$; in Folge der positiven Reflexion findet an der Übergangsstelle eine stärkere Druckschwankung statt als sie der ursprünglich in I vorwärts laufenden Welle eigen war. Ist $Q_2\,\alpha_1 > Q_1\,\alpha_2$, so wird δ negativ; die Reflexion ist der an einem offenen Ende stattfindenden gleichsinnig.

Ich bemerke, dafs die Darstellung von Grashey in Bezug auf den soeben erörterten Punkt nicht ganz korrekt ist. Grashey giebt die Bedingung dafür, dafs keine Reflexion stattfinde, dahin an, dafs die durch die gleiche Drucksteigerung bewirkte Volumzunahme pro Längeneinheit in den beiden zusammenstofsenden Schläuchen die gleiche sei; dies heifst in unserer Bezeichnungsweise, dafs der Wert $\dfrac{\varDelta Q}{\varDelta p}$ für die beiden Schläuche übereinstimme. In Wirklichkeit ist aber erforderlich, dafs für beide Schläuche die Werte $\dfrac{Q}{\alpha}$ gleich sind. Erinnern wir uns, dafs $\alpha = \sqrt{\dfrac{Q\,\varDelta p}{\sigma\,\varDelta Q}}$, so können wir die Bedingung auch dahin angeben, dafs für beide Schläuche $\dfrac{Q\,\varDelta Q}{\varDelta p}$ denselben Wert habe. Es mufs also die einer bestimmten Drucksteigerung entsprechende Volumzunahme nicht für beide Schläuche gleich, sondern den Querschnitten umgekehrt proportional sein.

9 *

Teilt ein Stamm sich in mehrere Äste, so bleibt die obige Betrachtung auf die Verzweigungsstelle anwendbar; nur erhält Gleichung 11) die Form

$$\frac{(1 - \delta)\, Q_1}{v_1} = \varepsilon \sum \frac{Q_2}{\alpha_2},$$

und die Bedingung dafür, dafs keine Reflexion stattfinden wird,

$$\frac{Q_1}{\alpha_1} = \sum \frac{Q_2}{\alpha_2}. \qquad 14)$$

In Anknüpfung an diese Formel und an die oben für die Fortpflanzungsgeschwindigkeiten ermittelten Werte läfst sich die folgende, für die Pulslehre nicht uninteressante Frage behandeln: Ein Stamm möge sich in eine Anzahl gleicher Äste auflösen; welche Beziehungen müssen zwischen der Weite des Stammes und derjenigen der Äste, der Zahl der Äste und den Wandstärken bestehen, wenn keine Reflexion stattfinden soll, vorausgesetzt, dafs die Wände allenthalben aus dem gleichen Material gebildet sind? Es sei der Radius des Stammes $= r$, die Zahl der Äste $= n$, und der Radius eines jeden $= \beta \cdot r$. Der Wert $n \beta^2$ stellt dann die Änderung des Gesamtquerschnittes dar. Die Bedingung für das Fehlen der Reflexion erhält, wenn δ die Wandstärke im Stamm und δ' in den Ästen ist, die Form

$$\frac{r^2}{\sqrt[]{\dfrac{\delta}{r}}} = \frac{n \beta^2 r^2}{\sqrt[]{\dfrac{\delta'}{\beta r}}}$$

oder

$$\sqrt[]{\dfrac{\delta}{} } = \frac{\sqrt[]{\dfrac{\delta'}{\beta}}}{n \beta^2},$$

$$\frac{\delta'}{\delta} = n^2 \beta^5.$$

Nehmen wir an, dafs $n \beta^2 = 1$ ist, also der Gesammt-Querschnitt bei der Teilung der gleiche bliebe, so müfste

$$\frac{\delta'}{\delta} = \beta$$

sein, d. h. die Wandstärke sich proportional dem Radius der Einzelgefäfse ändern.

Da bei der Verzweigung der Arterien der Gesamtquerschnitt beständig zunimmt, so müfste, damit keine Reflexion stattfindet, die Wandstärke nicht in dem Mafse wie der Radius der Äste abnehmen, sondern in den kleinen Gefäfsen relativ gröfser sein.

IV. Einfluſs der Reibung auf die Schlauchwellen.

Um den Reibungswiderstand in die mathematische Betrachtung der Schlauchwellen einzuführen, können wir die einfache Voraussetzung machen, dafs die Reibung eine der eweiligen Geschwindigkeit proportionale verzögernde Kraft darstelle. Anstatt der Gleichung 4) in Anmerkung 1 erhält man dann die Gleichung

$$\frac{\partial v}{\partial t} = - \frac{1}{\sigma} \frac{\partial p}{\partial x} - \eta v. \qquad 15)$$

Die für p geltende Differenzialgleichung nimmt dann die Form an

$$\frac{\partial^2 p}{\partial t^2} = \frac{c\, Q}{\sigma} \frac{\partial^2 p}{\partial x^2} - \eta \frac{\partial p}{\partial t} \qquad 16)$$

und eine analoge gilt für v.

Diese Gleichung ergiebt ein einfaches Resultat für den Fall, dafs p an einer bestimmten Stelle eine bestimmte periodische Funktion der Zeit ist. Wenn z. B. für $x = 0$

ist, so kann

$$p_0 = A \cos qt$$

$$p = e^{-\epsilon x} A \cos q \left(t - \frac{x}{\alpha} \right) \qquad 17)$$

gesetzt werden, eine Gleichung, welche die in der Richtung der zunehmenden x mit abnehmender Amplitude sich fortpflanzenden Wellen anzeigt. Was die Werte ϵ und α anlangt, welche die Größe der Dämpfung und der Fortpflanzungsgeschwindigkeit anzeigen, so ergiebt sich aus Gleichung 16) und 17)

$$\epsilon^2 - \left(\frac{q}{\alpha} \right)^2 = - \frac{q^2 \sigma}{e Q},$$

$$\frac{2\epsilon}{\alpha} = \frac{\eta \sigma}{e Q}.$$

Wenn nun η und somit auch ϵ klein ist, so kann ohne erheblichen Fehler

$$\left. \begin{array}{l} \alpha = \sqrt{\dfrac{e Q}{\sigma}} \quad \text{und} \\[3mm] \epsilon = \dfrac{\eta}{2 \sqrt{\dfrac{e Q}{\sigma}}} = \dfrac{\eta}{2\alpha} \end{array} \right\} \qquad 18)$$

gesetzt werden, d. h. es ist bei geringem Reibungswiderstande noch zulässig, eine für alle Wellenlängen gleiche Fortpflauzungsgeschwindigkeit und Dämpfung anzunehmen. Die genauen Werte aber sind, wenn wir der Kürze halber den Wert $\sqrt{\dfrac{e Q}{\sigma}}$ mit α_0 bezeichnen,

$$\frac{1}{\alpha^2} = \frac{1}{2\alpha_0^2} \left(1 + \sqrt{1 + \frac{\eta^2}{q^2}} \right). \qquad 18\,\text{a)}$$

Der Wert $\dfrac{1}{\alpha}$, der reciproke der Fortpflanzungsgeschwindigkeit, wird also mit steigendem η, sobald dies erhebliche Beträge erreicht, größer (bei starker Reibung nimmt die Fortpflanzungsgeschwindigkeit ab); außerdem ist alsdann die Fortpflanzungsgeschwindigkeit um so größer, je größer q, d. h. je kürzer die Wellenlänge ist. Ferner wird

$$\epsilon^2 = \frac{q^2}{2\alpha_0^2} \left(\sqrt{1 + \frac{\eta^2}{q^2}} - 1 \right)$$

$$= \frac{1}{2\alpha_0^2} (\sqrt{q^4 + \eta^2 q^2} - q^2), \qquad 18\,\text{b)}$$

ein Wert, der mit steigendem q wächst; es werden also die kurzen Wellen jederzeit stärker gedämpft, als die langen.

Die Beziehungen zwischen Druck und Geschwindigkeit, wie sie sich bei erheblichen Reibungswiderständen gestalten, lassen sich ebenfalls für den Fall einfach periodischer Bewegungen gut verfolgen. Es sei wiederum für den Anfang des Schlauches

$$p_0 = A \cos qt$$

und für den Verlauf des Schlauches

$$p = e^{-\epsilon x} A \cos q \left(t - \frac{x}{\alpha} \right).$$

Für den korrespondierenden zeitlichen Verlauf der Geschwindigkeit finden wir nach Gleichung 3)

$$\frac{\partial v}{\partial x} = - \vartheta \frac{\partial p}{\partial t},$$

wenn der Kürze halber

$$\frac{1}{\varrho Q} = \vartheta$$

gesetzt wird. Wir erhalten

$$\frac{\partial v}{\partial x} = \vartheta e^{-\epsilon x}\, A\, q\, \sin q \left(t - \frac{x}{\alpha} \right).$$ 19)

Wir setzen nun

$$v = e^{-\epsilon x}\left\{ P \sin q \left(t - \frac{x}{\alpha} \right) + R \cos q \left(t - \frac{x}{\alpha} \right) \right\}$$ 20)

und werden die Koefficienten P und R mit Hilfe von Gleichung 19) zu bestimmen haben. Nun wird nach 20)

$$\frac{\partial v}{\partial x} = - e^{-\epsilon x}\left\{ \left(\frac{q}{\alpha} P + \epsilon R \right) \cos q \left(t - \frac{x}{\alpha} \right) - \left(\frac{q}{\alpha} R - \epsilon P \right) \sin q \left(t - \frac{x}{\alpha} \right) \right\}.$$

Es ergiebt sich hieraus in Verbindung mit 19)

$$\frac{q}{\alpha} P + \epsilon R = 0,$$

$$\frac{q}{\alpha} R - \epsilon P = \vartheta q A,$$

somit

$$P = - \vartheta q A \, \frac{\epsilon}{\left(\frac{q}{\alpha} \right)^2 + \epsilon^2},$$

$$R = \vartheta q A \, \frac{\frac{q}{\alpha}}{\left(\frac{q}{\alpha} \right)^2 + \epsilon^2}.$$

Somit wird

$$v = e^{-\epsilon x} \vartheta q A \left\{ \frac{\frac{q}{\alpha}}{\left(\frac{q}{\alpha} \right)^2 + \epsilon^2} \cos q \left(t - \frac{x}{\alpha} \right) - \frac{\epsilon}{\left(\frac{q}{\alpha} \right)^2 + \epsilon^2} \sin q \left(t - \frac{x}{\alpha} \right) \right\}$$ 21)

oder

$$v = e^{-\epsilon x} \vartheta q A \, \frac{1}{\sqrt{\left(\frac{q}{\alpha} \right)^2 + \epsilon^2}} \cos q \left(t - \frac{x}{\alpha} + \delta \right),$$

wenn

$$\delta = \text{arc. tg} \, \frac{\epsilon}{\frac{q}{\alpha}}$$

ist. Nehmen wir an, der Betrag der Reibung sei gering, und es könne also, gemäfs den obigen Ausführungen für α der Wert $\sqrt{\frac{\varrho Q}{\sigma}}$ noch als giltig betrachtet werden, so wird dann

$$\vartheta = \frac{1}{\sigma \alpha^2}$$

und

$$v = e^{-\epsilon x} \frac{A}{\sigma \alpha} \, \frac{\frac{q}{\alpha}}{\sqrt{\left(\frac{q}{\alpha} \right)^2 + \epsilon^2}} \cos q \left(t - \frac{x}{\alpha} + \delta \right),$$

welche Gleichung den Unterschied gegen diejenigen Beziehungen zwischen Druck und Geschwindigkeit, die ohne Reibung stattfinden $\left(v = \frac{p}{\sigma \alpha} \right)$, sehr durchsichtig macht. Man sieht, dafs (bei sinusförmigen Wellen) das Verhältnis in doppelter Weise modifiziert ist. Erstlich ist der absolute Betrag der Geschwindigkeitsschwankungen kleiner; zweitens findet eine gewisse Phasenverschiebung statt. Beides ist, wie Gleichung 21) erkennen läfst, in noch höherem Mafse der Fall, wenn ε bedeutende Werte erreicht. Die im Text zur Veranschaulichung angeführte Gestaltung der betreffenden Beziehungen bei sprungweisen rhythmischen Schwankungen des Druckes oder der Geschwindigkeit sind insofern nicht genau, als dabei von der Voraussetzung ausgegangen ist, es seien für Dämpfung und Fortpflanzungsgeschwindigkeit für alle Wellenlängen die gleichen Werte anzunehmen, was ja nicht streng der Fall ist.

V. Über Reflexionen durch Änderung des Reibungswiderstandes.

Um die Reflexion, welche durch eine Diskontinuität des Reibungswiderstandes bedingt wird, theoretisch zu behandeln, beschränke ich mich auf den einfachen Fall, dafs ein Schlauch, in dem die Reibung nicht merklich ist, an einen andern gefügt ist, in welchem ein erheblicher Widerstand stattfindet[1]. Ich beschränke mich ferner auf die Betrachtung einer einfachen sinusförmigen Welle.

Der Punkt, in dem die Diskontinuität stattfindet, sei der Anfangspunkt der X, und es werden dieselben positiv gezählt in der Richtung desjenigen Schlauches, in dem die Reibung stattfindet. Die auf diese bezüglichen Werte sollen durch die Indices 2, die auf den ersten (reibungslosen) Schlauch sich beziehenden durch die Indices 1 bezeichnet werden. Wir können dann unbeschadet der Allgemeinheit annehmen, dafs im zweiten Schlauch der Verlauf des Druckes durch die Gleichung

$$p_1 = e^{-\varepsilon x} A_2 \cos q \left(t - \frac{x}{\alpha_2} \right) \qquad 22)$$

gegeben sei, d. h. dafs im zweiten Schlauche eine Wellenbewegung nur in dem einen Sinne (den wir den rechtläufigen nennen wollen) stattfinde. Wir können uns diese durch eine in Schlauch I etablirte, gleichfalls rechtläufige Wellenbewegung gleicher Periode unterhalten denken; zu prüfen würde sein, ob und welche rückläufige Wellenbewegung zugleich in I stattfindet. Die aus den Gleichungen sich ergebenden Beziehungen der drei Wellen (nach Gröfse und Phase) lassen dann erkennen, in welchem Mafse eine in I rechtläufige Welle sich rechtläufig in II fortsetzt und rückläufig in I reflektirt wird. Wir setzen nun zu diesem Zwecke

$$p_1 = A_1 \cos q \left(t - \frac{x}{\alpha_1} \right) + B_1 \sin q \left(t - \frac{x}{\alpha_1} \right)$$
$$+ C_1 \cos q \left(t + \frac{x}{\alpha_1} \right) + D_1 \sin q \left(t + \frac{x}{\alpha_1} \right),$$

so dafs die Werte A_1 und B_1 die rechtläufige, C_1 und D_1 die rückläufige Welle bestimmen würden. Diese vier Werte würden nun aus Gleichung 22), sowie aus den Kontinuitätsbedingungen für Druck und Geschwindigkeit zu ermitteln sein. Da für $x = 0$, $p_1 = p_2$ sein mufs, so ergiebt sich zunächst

$$A_1 + C_1 = A_2$$
$$B_1 + D_1 = 0 . \qquad 23)$$

Ferner ist die Geschwindigkeit im Punkte $x = 0$

$$v_1 = \frac{1}{\alpha_1 \sigma} (A_1 - C_1) \cos qt + \frac{1}{\alpha_1 \sigma} (B_1 - D_1) \sin qt .$$

1) Man kann sich dies in mehrfacher Weise realisirt denken, z. B. so, dafs ein Teil eines Schlauches mit einer leicht beweglichen Flüssigkeit gefüllt wäre, und der andere, daran stofsende mit einer Flüssigkeit von gleichem spezifischen Gewicht und grofser Zähigkeit. Aber auch der Fall würde dem hier gewählten Schema entsprechen, dafs ein Schlauch sich in viele sehr enge Äste auflöst.

Der Wert für r_2 ergiebt sich aus Gleichung 21). Um ihn etwas übersichtlicher zu gestalten, wollen wir mit α_2' den Wert $\sqrt{\dfrac{e_2 Q_2}{\sigma_2}}$ bezeichnen, d. h. denjenigen Wert der Fortpflanzungsgeschwindigkeit, der im Schlauche II stattfinden würde, falls daselbst die Reibung unmerklich wäre. Es ist dann

$$\vartheta = \frac{1}{\sigma_2 \, \alpha_2'};$$

und v_2 wird

$$r_2 = \frac{\zeta A_2}{\sigma_2 \alpha_2'} \cos q \, t - \frac{\eta A_2}{\sigma_2 \alpha_2'} \sin q \, t,$$

wenn wir die Koeffizienten

$$\frac{q}{\alpha_2'} \frac{\dfrac{q}{\alpha_2}}{\left(\dfrac{q}{\alpha_2}\right)^2 + \varepsilon^2} = \zeta$$

und

$$\frac{q}{\alpha_2'} \cdot \frac{\varepsilon}{\left(\dfrac{q}{\alpha_2}\right)^2 + \varepsilon^2} = \eta$$

setzen.

Ist wieder Q_1 der Querschnitt des ersten und Q_2 der des zweiten Schlauches, so mufs $Q_1 r_1 = Q_2 r_2$ sein; ist überdies das spezifische Gewicht der Flüssigkeit in beiden Schläuchen das nämliche, so ergiebt sich

$$A_1 - C_1 = \zeta \frac{\alpha_1 Q_2}{\alpha_2' Q_1} A_2$$

und

$$B_1 - D_1 = - \eta \frac{\alpha_1 Q_2}{\alpha_2' Q_1} A_2 .$$

24)

In Verbindung mit 23) finden wir somit

$$A_1 = \frac{1}{2} \left(1 + \frac{\alpha_1 Q_2}{\alpha_2' Q_1} \zeta\right) A_2$$

$$C_1 = \frac{1}{2} \left(1 - \frac{\alpha_1 Q_2}{\alpha_2' Q_1} \zeta\right) A_2$$

$$B_1 = - \frac{1}{2} \frac{\alpha_1 Q_2}{\alpha_2' Q_1} \eta \, A_2$$

$$D_1 = \frac{1}{2} \frac{\alpha_1 Q_2}{\alpha_2' Q_1} \eta \, A_2 .$$

25)

Man kann hieraus ersehen, dafs die durch Reibung bedingten Reflexionen sich sehr mannigfaltig gestalten können, und dafs es dabei nicht blofs auf den Wert des Reibungswiderstandes, sondern zugleich auch immer auf diejenigen Momente, die sonst die Reflexion bestimmen, namentlich die Quotienten $\dfrac{Q_2 \alpha_1}{Q_1 \alpha_2'}$, ankommt. Auch die Wellenlänge ist, wie die Werte von ζ und η erkennen lassen, von Einflufs.

Da ich vor der Hand keine Möglichkeit sehe, diese Dinge einer detaillierteren experimentellen Prüfung zu unterziehen, und da auch für das tierische Gefäfssystem diejenigen Konstanten, die zu einer theoretischen Ableitung der Reflexionserscheinungen erforderlich wären, nicht bestimmt werden können, so mögen wenige Bemerkungen hier genügen.

Wir hätten den gewöhnlichen Fall einer positiven (und zwar vollständigen) Reflexion, wenn $A_1 = C_1 = \frac{1}{2} A_2$, dagegen $B_1 = D_1 = 0$ wäre. Dieser Fall ist annähernd realisirt, wenn die Reibung in Schlauch II sehr bedeutend ist, wodurch ζ und η klein werden, und wenn zugleich der Wert $\dfrac{\alpha_1 Q_2}{\alpha_2' Q_1}$ nicht sehr grofs ist. Dies dürfte der im Experiment (S. 24) verwirklichte Fall sein; auch die von Fick zur Illustration der Reflexion durch Erlöschen der Wellen benutzte Versuchsanordnung dürfte ebenso aufzufassen sein; und ebenso verhält sich wohl auch unter gewöhnlichen Verhältnissen das Gefäfssystem beim Übergang in die Kapillaren.

Eine negative Reflexion, trotz grofsen Reibungswiderstandes in 11 könnte stattfinden, wenn der Weit $\frac{\alpha_1 \, Q_2}{\alpha_2 \, Q_1}$ sehr hohe Werte erreichte, somit C_1 annähernd $= - A_1$ würde.

Von besonderem Interesse ist natürlich die Frage (gerade auch im Hinblick auf die Modifikationen, welche die Pulswelle z. B. unter der Einwirkung des Amylnitrits erfährt), ob durch passende Wertbestimmungen jenes Quotienten $\frac{\alpha_1 \, Q_2}{\alpha_2 \, Q_1}$, mit anderen Worten dadurch, dafs Querschnitt und Wandbeschaffenheit des Schlauches in gewisser Weise bestimmt werden, es dahin gebracht werden kann, dafs trotz erheblicher Reibung daselbst gar keine Reflexion stattfindet. Dies würde der Fall sein, wenn B_1, C_1 und $D_1 = $ Null oder wenigstens gegen A_1 verschwindend klein werden. Obgleich es auf den ersten Blick so scheint, als sei dies nicht möglich (und in der That ist es das auch nicht allgemein und genau), so glaube ich doch, dafs dieser Fall mit einer gewissen Annäherung hergestellt werden kann. Man mufs nämlich beachten, dafs bei bedeutender Reibung (vgl. die Formeln 18a und 18b) in dem Mafse wie ε wächst, auch der Wert $\frac{q}{\alpha}$ zunimmt, ja dieser sogar stets gröfser bleibt als ε. Demgemäfs kann denn auch ζ erheblich gröfser als η sein und der Wert $\frac{\alpha_1 \, Q_2}{\alpha_2 \, Q_1} \zeta$ sich der Eins annähern, während $\frac{\alpha_1}{\alpha_2}, \eta$ noch relativ klein ist. Namentlich wird dies für kurze Wellen gelten. Überdies ist zu berücksichtigen, dafs durch die Erweiterung der Kapillaren auch die Reibung sehr erheblich abnehmen mufs.

VI. Erzwungene Schwingungen.

Die erzwungenen Schwingungen im Schlauch sind sehr leicht für den Fall zu behandeln, dafs die Reibung aufser Acht gelassen werden kann. Es sei für $x = 0$ der Druck gegeben, und zwar dargestellt durch die periodische Funktion der Zeit

$$p_0 = A_0 \cos 2\pi \, \frac{t}{\tau} \, .$$

Ferner sei L die Länge des Schlauches, so dafs für $x = L$ entweder p konstant gehalten würde (offenes Ende), oder aber die Strömung und somit $\frac{\partial p}{\partial x} = $ Null wäre (geschlossenes Ende). Die Lösung mufs von der Form sein

$$p = A \cos 2\pi \, \frac{t}{\tau} \, \cos 2\pi \, \frac{x + \xi}{\lambda} \, ,$$

worin A und ξ zu bestimmen wären.

Wir erhalten aus der Bedingung für $x = 0$

$$A = \frac{A_0}{\cos 2\pi \, \dfrac{\xi}{\lambda}} \, .$$

Ferner mufs im ersten Fall für $x = L$

$$A \cos 2\pi \, \frac{L + \xi}{\lambda} = 0$$

sein. Der Bedingung wird genügt, indem wir

$$\xi = \frac{\lambda}{4} - L$$

setzen und man erhält

$$A = \frac{A_0}{\cos\left(\frac{\pi}{2} - \frac{L}{\lambda} 2\pi\right)} \qquad 26)$$

und

$$p = -A \cos 2\pi \frac{t}{\tau} \sin 2\pi \frac{x - L}{\lambda}.$$

Die Amplituden werden sehr grofs, wenn L sich einem Werte annähert, der ein ganzes Vielfaches von $\frac{\lambda}{2}$ ist. Die Druckschwankungen werden dann im Innern des Schlauches sehr grofs, ebenso an den beiden offenen Enden die Strömungen. Falls L genau $= n \cdot \frac{\lambda}{2}$ ist, liefert die Lösung $A = \infty$. Die Schwingungen würden unendlich grofs werden, wenn nicht der Einflufs der Reibung (der hier aufser Acht gelassen ist) dies natürlich verhinderte. Es tritt also, wie man sieht, dieser einen maximalen Resonanz vergleichbare Fall dann ein, wenn an dem einen Ende eines beiderseits offenen Schlauches eine periodische Druckschwankung unterhalten wird und die Länge des Schlauches ein ganzes Vielfaches von der halben Wellenlänge der betreffenden Oscillation ist.

Im zweiten Falle (geschlossenes Ende bei $x = L$) erhält man ganz ähnlich die Bedingung

$$A \sin 2\pi \frac{L + \xi}{\lambda} = 0,$$

woraus

$$\xi = -L$$

und

$$A = -\frac{A_0}{\cos 2\pi \frac{L}{\lambda}} \qquad 27)$$

$$p = A \cos 2\pi \frac{t}{\tau} \cos 2\pi \frac{x - L}{\lambda}.$$

Der Fall maximaler Mitschwingung tritt ein, wenn L ein ungerades Vielfaches von $\frac{\lambda}{4}$ ist.

Wird am Anfang des Schlauches eine periodische Strömung unterhalten, so ist im Falle des geschlossenen Endes maximale Mitschwingung für $L = n \cdot \frac{\lambda}{2}$ und bei offenem Ende für $L = (2n + 1) \frac{\lambda}{4}$. Das Verhalten ist dem soeben erörterten so völlig analog, dafs es nicht nötig ist, diese Ergebnisse noch besonders abzuleiten.

VII. Ruhelage und Schwingungen des Schlauches unter dem Einflufs der Schwere. Hüpfungen.

Der Einflufs der Schwere auf die Gestaltung und Bewegung eines auf horizontaler Unterlage ruhenden und mit Flüssigkeit gefüllten Schlauches ist in mehreren Beziehungen beachtenswert, da er unter Umständen sowohl für die Ruhelage als auch für die Wellenbewegungen von Bedeutung ist.

Was zunächst die Gleichgewichtslage anlangt, so ist streng genommen der Schlauchquerschnitt niemals kreisförmig. Die Form, die er annimmt, läfst sich unter der Voraussetzung entwickeln, dafs die Schlauchwand als absolut biegsam behandelt und ihre Dicke vernachlässigt werden darf, was für dünnwandige Gummischläuche sowie für die venösen Gefäfse des Tierkörpers annähernd zutrifft. Der Querschnitt mufs alsdann stets eine Gestalt, wie die nebenstehend gezeichnete (Fig. 55) besitzen. Der Umfang besteht aus einem der Unterlage anliegenden geradlinigen Stück, wie dies in der Figur markiert ist, dessen Länge $= l$ sei und aus einem gekrümmten, aber nicht genau kreisförmigen, welches an den bezeichneten Punkten in das erstere übergeht und zwar derart, dafs seine Richtung stetig (ohne sogenannten Randwinkel) in die Horizontale übergeht. Was die Länge l anlangt, so ist die e leicht daraus zu ermitteln, dafs der vom Schlauch auf die Unterlage ausgeübte Druck seinem Gewicht gleich sein mufs; anderseits ist dieser Druck für die Längeneinheit $= l \cdot p_0$, wenn p_0 der hydrostatische Druck im Innern des Schlauches an der tiefsten Stelle ist. Es ist somit

$$l \cdot p_0 \quad Q\sigma \cdot g \quad \text{oder} \quad l = \frac{Q\sigma g}{p_0}.$$

Denken wir uns p_0 gegeben durch eine Säule eben der Flüssigkeit, die den Schlauch erfüllt und in dieser Einheit p_0' (also $p_0 = p_0' \sigma \cdot g$), so wird

$$l = \frac{Q}{p_0'}.$$

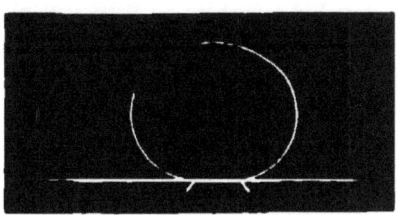

Fig. 55. Querschnitt des auf horizontaler Unterlage ruhenden Schlauches.

Bei einem mit Wasser gefüllten Schlauche von 10 mm Durchmesser würde also, wenn der Druck im Innern (an der tiefsten Stelle) 1000 mm Wasser betrüge, das Stückchen l eine Länge von circa 1,256 mm besitzen, bei geringerem Druck aber entsprechend länger sein.

Für die Kurve, die der übrige Teil der Schlauchwand darstellt, gilt dasselbe Gesetz, welches von Quincke für langgestreckte Luftblasen und Tropfen ermittelt ist. Da nämlich in der Höhe h über der tiefsten Stelle der Druck

$$p_h = p_0 \cdot h \sigma g$$

ist, die Spannung der Schlauchwand aber überall die nämliche (sie heifse S), so ergiebt sich, dafs der Krümmungsradius, ϱ, nach oben zu immer gröfser werden mufs und zwar entsprechend der Gleichung

$$\frac{S}{\varrho} = p_0 - h \sigma g,$$

aus welcher die Gröfse des Krümmungsradius ϱ sich als Funktion der Höhe h ergiebt[1].

Übrigens ist zu bemerken, dafs der Druck an der höchsten Stelle des Schlauches nie negativ werden kann, wohl aber = Null, in welchem Falle die Peripherie dann oben auch wieder ein längeres oder kürzeres geradliniges Stück besitzt und eine Form wie die in Fig. 56 gezeichnete aufweisen wird.

Es ist nun ersichtlich, dafs die Abhängigkeit des Querschnittes vom Druck sich erheblich komplizierter gestaltet, sobald die Abweichungen von der Kreisform bedeutend sind und namentlich, wenn der Schlauch auch oben platt ist. Es soll auf diese Verhältnisse hier nicht weiter eingegangen werden; doch ist klar, dafs die Schlauchwellen unter diesen Umständen sich dem Charakter der Flüssigkeitswellen auf freien Oberflächen, wie sie durch die Schwere bedingt sind, annähern.

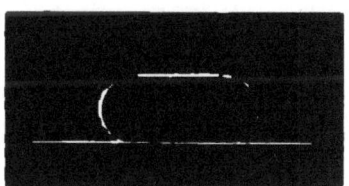

Fig. 56. Querschnitt eines auf horizontaler Unterlage ruhenden Schlauches bei Füllung unter sehr geringem Druck.

Bei Füllung des Schlauches unter so hohem Druck, dafs der hydrostatische Wert der Flüssigkeitssäule im Schlauche selbst dagegen sehr gering ist, wird der Querschnitt sehr annähernd kreisförmig. Für die gewöhnlichen Wellen gelten also dann die oben entwickelten Formeln.

1 Genaueres über die Gestalt der Kurve bei Quincke Poggendorff's Annalen Bd. 139. S. 6.

Für die Hüpfungen indessen bleiben die Verhältnisse kompliziert. Allerdings sind diese den analogen Erscheinungen an festen elastischen Körpern ganz ähnlich. Gleichwohl ist es mir nicht gelungen, eine befriedigende und mit den Beobachtungen übereinstimmende Theorie derselben zu entwickeln und zwar deswegen, weil sich nicht ohne weiteres übersehen läfst, welche Formänderungen der Querschnitt während der betreffenden Bewegungen erfährt. Unschwer läfst sich indessen konstatieren, dafs die Oscillationsfrequenz mit steigendem Druck zunimmt, mit steigendem Querschnitt geringer wird, und dafs sie in erster Annäherung vom Druck resp. der Wandspannung, nicht aber von der Dehnbarkeit, insbesondere der Dicke der Wand abhängt, wie dies zu vermuten ist.

VIII. Elliptische Schwingungen der Schläuche.

Aus der von Lord Rayleigh entwickelten Theorie der in einem Flüssigkeitsstrahl unter Einflufs der Oberflächenspannung stattfindenden Schwingungen mag hier folgendes angeführt werden.

Wir bezeichnen mit dem Verfasser die Längsaxe des Schlauches mit z, und die auf dieselbe bezogenen Polarkoordinaten mit r und ϑ. Die Oberfläche kann alsdann dargestellt werden durch die Gleichung

$$r = a_0 + f(\vartheta, z).$$

Die willkürliche Funktion f ist zu ersetzen durch eine Reihe von Gliedern von der Form $\alpha_n \cos n\vartheta \cos kz$, worin n alle positiven ganzen Zahlen (einschliefslich Null) bedeuten kann. Jeder dieser Ausdrücke bedeutet, wie ersichtlich, eine bestimmte, in der Länge des Schlauches sich periodisch wiederholende Gestaltsveränderung. Die Untersuchung zeigt, dafs jeder für sich behandelt werden kann und dafs α_n sich im allgemeinen als eine periodische Funktion der Zeit ergiebt, so dafs jedem Deformationstypus eine bestimmte Frequenz der Oscillationen entspricht. Uns interessieren hier hauptsächlich die Fälle $n = 0$ und $n = 2$. Der erstere stellt ein Verhalten des Schlauches dar, bei welchem der Querschnitt längs der Axe abwechselnd erweiterte und verengerte Stellen zeigt; dies entspricht also dem in der Theorie der Schlauchwellen gewöhnlich allein in Betracht gezogenen Falle. Ich will diese Wellen, bei denen jeder Querschnitt stets kreisförmig bleibt, als cirkuläre bezeichnen[1]. Der Fall $n = 2$ bedeutet dagegen eine annähernd elliptische Deformation des Querschnittes. Wenn α_2 eine periodische Funktion der Zeit ist, so durchläuft der Querschnitt Veränderungen, bei welchen die lange Axe zur kurzen wird und umgekehrt.

Die Frequenz der Oscillationen ist von dem Werte k abhängig, d. h. von der Periode, in welcher die betreffende Deformation längs der Schlauchaxe vorhanden ist. Der einfachste Fall ist der, dafs der Wert ka sehr klein, also diese Wellenlänge sehr grofs gegen den Schlauchradius ist. In diesem Falle ergiebt die Berechnung, wenn α_n prop. $\cos pt$ gesetzt wird,

$$p^2 = (n^3 - n)\frac{T}{\varrho a^3},$$

wo T die Oberflächenspannung, ϱ das spezifische Gewicht der Flüssigkeit, a der Schlauchradius ist. Ersetzt man hierin den Wert T durch $P \cdot a$, wo P den Druck bedeutet, und berücksichtigt, dafs die Schwingungsperiode $\tau = \frac{2\pi}{p}$ ist, so erhält man für $n = 2$

$$\tau = 2\pi a \sqrt{\frac{\varrho}{6P}},$$

---

1) Der Fall $n = 1$ würde totalen seitlichen Verschiebungen des Schlauches entsprechen und kann im allgemeinen nicht realisiert werden, da derartigen Verschiebungen keine widerstehenden Kräfte entgegen wirken.

die im Text angeführte Formel. Daß es sich nun bei der beobachteten Oscillation am hängenden Schlauch wirklich um elliptische Deformationen handle, läßt sich durch direkte Beobachtung wohl kaum feststellen. Doch finde ich für diese Vermutung eine wesentliche Stütze in der annähernden Übereinstimmung der beobachteten Oscillationsfrequenzen mit den nach der Rayleigh'schen Formel berechneten.

So ergab sich für drei verschiedene Schläuche von 0,7, 1,0 und 2,4 mm Wandstärke folgendes:

Wandstärke	Druck in mm Wasser	Durchmesser des Schlauches in mm	Beobachtete Schwingungsdauer in Sek.	Berechnete Schwingungsdauer in Sek.
0,7	564	28,2	0,013—0,014	0,0153
	612	27,7	0,0145	0,0145
	779	29,7	0,0130	0,0138
	1014,5	31,8	0,0095	0,0129
1,0	533	27,2	0,0149	0,0153
	552	27,2	0,0143	0,0150
	1250	29,5	0,0108	0,0108
	1564	31,3	0,0110	0,0103
2,4	1593	30,0	0,0093	0,0097.

Die Beobachtungen stofsen auf mancherlei Schwierigkeiten, da dünnwandige Schläuche von der erforderlichen Weite keinen hohen Druck aushalten, während an solchen mit dickerer Wand, wohl wegen der Sprödigkeit derselben, die Erscheinung überhaupt nur schwer und bei relativ hohen Spannungen zu beobachten ist. Ein mit Quecksilber gefüllter Schlauch von geringerer Weite lieferte folgende Resultate:

Wandstärke	Druck in mm Hg.	Durchmesser des Schlauches	Beobachtete Schwingungsdauer	Berechnete Schwingungsdauer
1,0	57,3	15,5	0,023	0,0215
1,0	73,3	15,5	0,023	0,0189.

Die Übereinstimmung der Versuchsergebnisse mit der Rechnung ist, wie man sich leicht überzeugt, keine sehr genaue. Sie dürfte indessen wohl genügen, um die vorgeschlagene Deutung der Erscheinung sehr wahrscheinlich zu machen, und zwar um so mehr, wenn man bedenkt, dafs eine ganz genaue Übereinstimmung aus mehreren Gründen gar nicht erwartet werden kann. In dieser Beziehung ist namentlich zu erwähnen, dafs der Schlauch bei den Versuchen nicht linear gestreckt, sondern im Bogen aufgehangen ist; aus diesem Grunde ist die cirkuläre Spannung der Wand nicht an allen Stellen der Peripherie die gleiche, das ganze Verhalten also verwickelter als in der Theorie vorausgesetzt ist. Ferner bezieht sich die hier zu Grunde gelegte Formel Lord Rayleighs auf den Fall, dafs die Wellenlängen unendlich grofs sind, mit anderen Worten, dafs die Deformationen über die ganze Länge des Schlauches hin sich gleichmäfsig und in gleicher Phase vollziehen. Ob dies wirklich der Fall ist, kann wohl auch bezweifelt werden. Endlich verhält sich natürlich auch die Gummimembran nicht ganz ebenso wie Wasser.

Es liegt sehr nahe, die in gewisser Hinsicht sehr vollständige Entwicklung Lord Rayleighs, welche sowohl die longitudinalen Streckungen der Wand als auch die kinetische Energie der transversalen Bewegung berücksichtigt, auch zu einer genaueren Ermittelung der Fortpflanzungsgeschwindigkeit für gewöhnliche (cirkuläre) Wellen heranzuziehen und ihr namentlich die Berücksichtigung der senkrecht zur Axe gerichteten Wasserbewegungen sowie der longitudinalen Streckungen der Schlauchwand zu entnehmen. Hierbei wären zunächst die sehr wesentlichen Unterschiede zu beachten, welche zwischen dem Schlauch und dem Strahl bestehen. Diese beruhen vor allem darauf, dafs die Spannung der Flüssigkeitsoberfläche, welche den Vorgängen am Strahl zu Grunde liegt, konstant ist, während die Spannung der elastischen Wand mit steigender Ausdehnung zunimmt. Hierin hat es seinen Grund, dafs die Bedingungen der Stabilität für den Schlauch ganz andere sind, als für den Strahl. Bei dem letzteren ist[1]) eine Deformation nicht mehr stabil, sobald die Wellenlänge gröfser als die Peripherie ist; in solchen Fällen würden also die dünneren Stellen sich noch immer mehr zusammenziehen, die dickeren sich noch mehr erweitern und gar keine Schwingung stattfinden. Beim Schlauch dagegen ist selbst für unendlich lange Wellen noch die Stabilitätsbedingung erfüllt, wenn nur $\dfrac{dp}{d\,Q}$ $\left(\text{oder } \dfrac{dp}{d\,r}\right)$ einen positiven Wert hat, was ja, von besonderen Ausnahmefällen abgesehen, stets der Fall ist.

Aus dem gleichen Grunde kann auch der Ausdruck für die einer bestimmten Deformation entsprechende potentielle Energie, welche für den Strahl gilt, nicht auf den Schlauch übertragen werden, sobald es sich um cirkuläre Deformationen handelt. Die Veränderungen der Spannung nämlich, welche in erster Annäherung vernachlässigt werden können, wenn es sich um Deformationen der Querschnitte handelt, wobei die Peripherie überall länger wird, fallen sehr ins Gewicht, wenn, wie bei den cirkulären Wellen, die Querschnitte teils vergröfsert, teils verkleinert sind. Es hat nun zwar keine Schwierigkeit, den Ausdruck für die potentielle Energie den Bedingungen des Schlauches anzupassen. Soweit ich aber sehe, stöfst die Anwendung der Betrachtungen Lord Rayleighs auf gewöhnliche fortschreitende Schlauchwellen auch noch aus anderen Gründen auf Bedenken, welche auszuführen hier nicht der geeignete Ort wäre. Ich habe aus diesem Grunde von einer Anwendung der Theorie auf diese Fälle Abstand genommen.

IX. Ableitung der rechtläufigen und rückläufigen Wellenanteile durch Vergleichung der Vorgänge an zwei verschiedenen Stellen eines Schlauches.

Es hat keine Schwierigkeit, bietet übrigens einiges mathematische Interesse dar, zu verfolgen, wie aus dem Vergleich der Wellen an zwei verschiedenen Stellen der rechtläufige und rückläufige Anteil ermittelt werden kann, jedoch, wie im Text erwähnt, nur unter der vereinfachenden Voraussetzung, dafs eine Deformation und Schwächung der Welle durch Reibung nicht stattfindet. Es sei der Druckverlauf an der centralen Stelle

$$p_c = f(t).$$

Derselbe sei die algebraische Summe eines rechtläufigen Wellenvorganges $\varphi(t)$ und eines rückläufigen $\psi(t)$, so dafs

$$f(t) = \varphi(t) + \psi(t)$$

ist. An einer peripheren Stelle, deren Abstand von jenem centralen in der Zeit δ durchlaufen wird, mufs dann der Verlauf des Druckes p, wir nennen ihn $f'(t)$, durch die Gleichung

$$f'(t) = \varphi(t - \delta) + \psi(t + \delta)$$

gegeben sein. Die Aufgabe bestände darin, aus den beobachteten Funktionen f und f', φ und ψ herzuleiten. Man wird hierbei sogleich auf eine unendliche Reihe geführt. Es ist nämlich

$$\varphi(t) = f(t) - \psi(t)$$
$$= f'(t) - f'(t - \delta) + \varphi(t - 2\,\delta).$$

Ebenso ist

$$\varphi(t - 2\,\delta) = f(t - 2\,\delta) - \psi(t - 2\,\delta)$$
$$= f(t - 2\,\delta) - f'(t - 3\,\delta) + \varphi(t - 4\,\delta).$$

[1]) Lord Rayleigh a. a. O. S. 92.

Es giebt sich

$$\varphi(t) = f(t) - f'(t-\delta) + f(t-2\delta) - f'(t-3\delta) + f(t-4\delta) - f'(t-5\delta) +$$

und ähnlich

$$\psi(t) = f(t) - f'(t+\delta) + f(t+2\delta) - f'(t+3\delta) + f(t-4\delta) - f'(t+5\delta) +$$

Es geht hieraus hervor, wie übrigens einfache Überlegungen auch bestätigen, dafs die Analyse nur dann nach dieser Methode vollständig ausgeführt werden kann, wenn es sich, wie man zu sagen pflegt, nur um einmalige Wellen handelt, also sowohl φ als ψ für alle Werte von t, die aufserhalb eines begrenzten Zeitabschnittes liegen, gleich Null sind.

In der That würde bei Wellenzügen, die beständig andauern, die Untersuchung eines Punktes immer auf den Wert des Druckes rekurrieren müssen, der an der andern Stelle um den Zeitwert δ früher (oder später) stattgefunden hat. Aus diesem aber mufs wieder der centrifugale und centripetale Anteil gesondert werden, was dann wieder auf die Prüfung von Druckverhältnissen führt, die nochmals um δ früher oder später stattgefunden haben etc. Bei den Pulswellen würde die Behandlung jeder einzelnen für sich vielleicht zulässig erscheinen (vgl. S. 30), aber die Deformation und Dämpfung der Wellen dürfte der Methode wohl unübersteigliche Schwierigkeiten entgegensetzen.

X. Methodisches über die Flammen-Tachographie.

Da die Ergebnisse bezüglich der Pulswelle, zu denen ich gelange, sich zum grofsen Teil auf die vergleichende Untersuchung der Druck- und Strömungsverhältnisse gründen, so scheint es angemessen, über die Methode, welche ich zum Studium der letzteren benutzt habe, die Flammen-Tachographie, einige Bemerkungen anzufügen, um so mehr, da vor kurzem von Hoorweg gewisse Bedenken gegen dieselbe geäufsert worden sind. Von den Einwürfen Hoorwegs erledigen sich einige sehr leicht. Wenn nämlich H. sagt, die Gasflamme sei nicht ein Geschwindigkeitsmesser oder Tachymeter, sondern, wie es König gezeigt habe, ein Manometer, so übersieht er dabei, dafs dies gar keine gegensätzlichen, sondern vielmehr ganz dieselben Auffassungen sind. In der That wird die Höhe der Gasflamme, darüber kann denn doch wohl kein Zweifel bestehen, durch die Geschwindigkeit bestimmt, mit der das Gas ausströmt, genauer gesagt durch die Gröfse des in der Zeiteinheit aus der Brenneröffnung heraustretenden Gasvolums. Natürlich aber entspricht diese Ausströmungsgeschwindigkeit ganz genau dem jeweils im Brennerraum herrschenden Gasdruck; sie kann dem Überschufs desselben über den aussen vorhandenen atmosphärischen Druck direkt proportional gesetzt werden.

Bei einer hinreichend weiten Ausströmungsöffnung finden nun in dem Kapselraum sehr kleine Druckschwankungen statt, und es ist alsdann (je gröfser die Öffnung ist, um so genauer) der jeweilige (positive oder negative) Druckzuwachs und ebenso die Ausströmungsgeschwindigkeit dem Differenzialquotienten des Arm-Volums nach der Zeit proportional: bei zunehmendem Volum haben wir einen wenig vermehrten, bei abnehmendem einen wenig verminderten Druck. Wir könnten daher, rein theoretisch gesprochen, auch statt der Luftströmungen die Druckschwankungen beobachten, beides käme ganz auf dasselbe heraus. Die Sache ist nur die, dafs unter den gemachten Voraussetzungen die Druckschwankungen von minimalem Betrage werden. Dafs man die von mir angeführten Versuche, welche die physikalischen Verhältnisse der Flammenbewegung illustrieren sollen, ebenso gut mit jedem Tambour machen könne, der recht undicht oder leck ist, wie Hoorweg sagt, ist in gewissem Sinne ganz richtig. Der undichte Tambour ist (von seinen Eigenschwingungen abgesehen) eine Vorrichtung zur Messung derjenigen Druckschwankungen, welche bestehen bleiben, wenn die Luft, den Volumschwankungen des Armes entsprechend, herausgestofsen und wieder eingezogen wird. Sobald der Tambour undicht genug ist, um die Druckschwankungen wirklich den Geschwindigkeiten entsprechen zu lassen, mit denen das Volum des Armes sich ändert, zeigt aber der Tambour nichts mehr an; die Druckschwankungen sind dazu zu gering. Käme man in die Lage, diese minimalen Druckschwankungen zu beobachten und sicher zu registriren, so würde ich dies als einen Fortschritt betrachten; man könnte dann dasselbe, was die Flammenbewegungen zeigen, auch noch auf andere Weise zur Darstellung bringen. Vorläufig ist hierzu keine Methode bekannt geworden; wir müssen daher die Strömungen selbst beobachten, wie sie sich in den wechselnden Flammenhöhen ausprägen.

Beachtenswerter sind gewisse andere Bedenken Hoorwegs, welche im wesentlichen darauf hinauslaufen, dafs die Flammenbewegungen den Volumschwankungen deswegen nicht entsprechen möchten, weil die Druckschwankungen sich nach dem Gasometer fortpflanzen, hier reflektiert würden etc. Indessen habe ich gerade zur Ausschliefsung einer derartigen Möglichkeit das Gasometer unter ziemlich hohen Druck gesetzt und demgemäfs zwischen dem Brennerraume und dem zuleitenden Gasraume stets einen Widerstand gehabt, welcher sehr bedeutend gegen den der Ausströmungsöffnung war. Die minimalen Druckschwankungen, welche überhaupt stattfinden, müssen sich allerdings in das Gasometer hinein fortpflanzen, sind aber jedenfalls zu gering um die Strömung merklich zu modifizieren. Wäre dies nicht der Fall, so könnten ja allerdings Wellenreflexionen in der Gaszuleitung entstehen. Beachtet man indessen, dafs Luftwellen in dickwandigen Gummischläuchen sich annähernd mit der Geschwindigkeit der Schallwellen fortpflanzen (im Leuchtgas noch schneller), so ist ersichtlich, dafs bei den kurzen, in unseren Versuchen zur Verwendung kommenden Leitungsstücken reflektierte Wellen wohl kaum zur Beobachtung gelangen können. Dafs diejenige Form des Tachogramms, welche hauptsächlich bedeutsam ist, nämlich das schnelle Absinken nach der Hauptspitze, nicht auf einer derartigen Täuschung beruht, folgt auch schon daraus, dafs bei Verengerung der Ausströmungsöffnung das Bild der Flammenbewegung sich ganz in der theoretisch zu erwartenden Weise der Form der Volumpulse annähert [1]).

Immerhin mufs zugegeben werden, dafs es wünschenswert erscheinen kann, über die Art und Weise der Flammenreaktion noch durch besondere Kontrolversuche Aufschlufs zu erhalten. Der Augenschein lehrt allerdings, dafs die Flamme ein äufserst prompter Registrier-apparat ist; denn wenn wir ihre Höhe durch sehr kurz dauernde Vergröfserung und Ver-kleinerung der Ausflufsgeschwindigkeit verändern, so stellt sie sich fast momentan auf ihre Normalhöhe wieder ein. Nichtsdestoweniger versteht es sich wohl von selbst, dafs die Flamme, wiewohl sie eine Eigenschwingung im gewöhnlichen Sinne des Worts nicht haben kann, doch kein völlig idealer Registrierapparat sein kann; ein solcher ist, bei Anwendung ponderabler Massen, ja überhaupt undenkbar. Ich habe aus diesem Grunde schon vor längerer Zeit schematische Versuche ausgeführt, welche geeignet sind, die Art und Weise der Flammen-reaktion völlig klar zu stellen. Ich verband zu diesem Ende den Brennerraum der Pulsflamme statt mit der Extremitätenkapsel mit einer Spritze, genauer gesagt, mit einem Metallcylinder, in welchem ein exakt eingeschliffener Stempel bewegt werden konnte. Der Stempel besafs einen Anschlag, welcher gestattete, die Vorbewegung desselben (mit Austreibung der Luft und Vergröfserung der Flamme) mit einer fast absoluten Plötzlichkeit zu sistiren. Anderseits konnte die Bewegung bei freier Führung mit der Hand in weniger schroffer Weise gewechselt werden. Wäre die Reaktion der Flamme eine völlig ideale, so müfste dieselbe in dem Augen-blicke, in dem der Stempel anschlägt (also in Ruhe versetzt wird), momentan auf ihre Mittel-höhe herabgehen, ohne aber unter dieselbe herunterzusinken. Der Versuch zeigt nun, dafs dies nicht ganz der Fall ist; vielmehr gelingt es, sie durch den plötzlichen Anstofs des Stempels etwas unter ihre Mittelhöhe herunterzucken zu lassen. Dies ist aus Fig. 14a der Tafel ersichtlich. Aus der Zeichnung 14b erhellt aber auch zugleich, dafs ein derartiger Nachschlag (wenn ich mich dieses Ausdrucks bedienen darf) kaum noch bemerkbar ist, sobald die Flamme nur um ein weniges langsamer heruntergeht. Dafs bei der physiologi-schen Anwendung des Verfahrens ähnlich brüske Geschwindigkeitswechsel, wie sie der

---

1) Vgl. von Kries, Über ein neues Verfahren etc. Du Bois-Reymonds Archiv. 1887. S. 267.

Anschlag des Stempels bewirkt, ja zweifellos nicht vorkommen [1]), ja selbst ein Absinken der Flamme in dem Tempo, wie in Fig. 14 b, kaum vorkommt, so scheint es mir ausgeschlossen, dafs die Tachogramme durch diese Eigenschwingung der Flamme irgendwie entstellt werden. Insbesondere wird wohl, wenn man die Figuren 1 a, 3, 4, 5 meiner ersten Arbeit mit der hier vorgelegten Zeichnung zusammenhält, der Gedanke nicht aufkommen können, die starke Senkung des Tachogramms sei durch eine Art Eigenbewegung der Flamme vorgetäuscht.

Ich habe trotz alledem und zum Überflufs die Flammenmethode noch in der Weise modifizicrt, dafs ein Herunterzucken unter die Gleichgewichtslage ganz ausgeschlossen ist. In gewissem Mafse wirkt so schon der, bei den physiologischen Versuchen stets verwirklichte Umstand, dafs die auf die Flamme wirkenden Volumänderungen in einem Luftraume von ziemlich bedeutender Gröfse vor sich gehen; dieser dämpft an sich schon den Wechsel der Strömungen, und so plötzliche Geschwindigkeitsschwankungen, wie wir sie erhalten, wenn man direkt die Spritze an den Brennerraum ansetzt, können da überhaupt nicht vor sich gehen. Um nun ganz übereinstimmende Verhältnisse zu haben, bestimmte ich den Luftraum, der bei Einführung des Unterarmes meiner Versuchsperson noch in der Blechkapsel blieb; er betrug ca. 600 ccm. Nunmehr schaltete ich eine Glasflasche mit dem gleichen Luftraume zwischen der Metallspritze und dem Brennerraum ein und bewirkte alsdann durch passende Stellung des Hahnes der zwischen Brennerraum und Spritze sich befand, dafs selbst beim heftigsten Anschlage des Spritzenstempels die Flamme nicht unter ihre Gleichgewichtslage herabzuckte. Endlich wurden bei der gleichen Einstellung des Hahnes, derselben Brennerspitze, und dem Gesagten zufolge mit gleichem dämpfenden Luftvolum, die Unterarmtachogramme aufgezeichnet. Die Ergebnisse dieses Versuchs zeigt Figur 15.

In a ist die, wenn ich der Kürze halber so sagen darf, aperiodische Einstellung der Flamme zu sehen, welche beim schärfsten Anschlage des Stempels, also plötzlichstem Geschwindigkeitswechsel, erfolgt. In b sieht man die Tachogramme, welche immer noch ganz typisch den tiefsten Punkt der Zeichnung unmittelbar nach dem Hauptschlage zeigen. Die Reaktion der Flamme ist, bei den gewählten Versuchsbedingungen, bereits etwas träg, wie sich dies in dem relativ langsamen Absinken nach dem Hauptschlage bemerklich macht. Um so weniger kann ein Zweifel darüber bestehen, dafs das schnelle Absinken des Armvolums gleich nach dem Hauptschlage nicht durch die Reaktion der Flamme vorgetäuscht ist, sondern realiter besteht.

Am kürzesten endlich kann ich wohl über die Bemerkungen Hoorwegs hinweggehen, welche ganz allgemein die Unbrauchbarkeit der Flammenmethode deswegen statuieren, weil man nur eine diffuse weifse Masse erhalte, welche mit der Schärfe des Sphygmogramms keinen Vergleich aushalte. Es versteht sich von selbst, dafs es auf die Breite der Zeichnung gar nicht ankommt, da nur der Verlauf des oberen oder unteren Umrisses mafsgebend ist. Dafs dieser hinlänglich scharf ist, um diejenigen Punkte, auf die es zunächst ankommt, mit jeder wünschenswerten Sicherheit zu erkennen, das wird wohl selbst auf die photolithographischen Reproduktionen hin niemand in Abrede stellen können. Nicht ganz verständlich ist mir, wie Hoorweg die Behauptung aufstellen kann, der Versuch, mittels der Methode Sphygmogramme zu erhalten, zeige die Unbrauchbarkeit. Allerdings sind die Zeichnungen, Figur 17 u. 18, meiner öfter citierten Abhandlung nicht Sphygmogramme im gewöhnlichen Sinne und sie sind weit entfernt, wie Sphygmogramme thun, den zeitlichen Verlauf des Druckes in den Arterien darzustellen. Aber ich habe ja auch eben dies mit hinreichender Deutlichkeit auseinandergesetzt und gezeigt, dafs, wenn man die Flamme von den Bewegungen der Arterie selbst beeinflussen läfst, gerade die eigentümliche Natur der Flammenreaktion es mit sich bringt, dafs nicht Sphygmogramme, sondern andere Kurven (differenzierte Sphygmogramme, wie ich sie

1) Am allerwenigsten könnten sie dann vorkommen, wenn der zeitliche Verlauf der Strömungen wirklich demjenigen des Druckes parallel ginge.

dort genannt habe) erhalten werden. Diese theoretische Voraussetzung bestätigen die Kurven in vollem Mafse. Es ist also nicht ersichtlich, wie hieraus ein Einwand gegen die Methode hergeleitet werden soll.

Im Übrigen bin ich gegen die Mängel des Verfahrens keineswegs blind und werde es Jedem Dank wissen, der es verbessert oder ein vollkommeneres an seine Stelle setzt. Vor der Hand aber scheint mir allerdings die Sache so zu liegen, dafs für die Theorie der Pulswelle die Vergleichung von Druck- und Strömungsverhältnissen die sicherste Grundlage bietet und dafs für die Erforschung der Strömungsverhältnisse, namentlich beim Menschen, die Flammenmethode die einzige von hinlänglicher Zuverlässigkeit ist.

Erklärung der Figuren der Tafel.

(Die Figuren sind sammtlich von links nach rechts zu lesen.)

Fig. 1—4. Normale Tachogramme des Unterarmes (herabhängend). 1 und 3 mit starkem, 2 und 4 mit schwachem Zwischenschlage.

„ 5 und 6. Einflufs des Amylnitrits auf die Unterarm-Tachogramme. 5*a* und 6*a* Normalkurven; 5*b* und 6*b* die unter der Einwirkung des Amylnitrits entstehenden Pulsformen.

„ 7*a* und *b*. Unterarm-Tachogramme derselben Person morgens vor der ersten Mahlzeit (*a*) und kurze Zeit nach dem Mittagessen (*b*).

„ 8. Änderung der Tachogramme durch Abkühlung des anderseitigen Armes. *a* Normalkurve (Tachogramm des rechten Unterarmes), *b* die gleiche Kurve nach starker Abkühlung des ganzen linken Armes.

„ 9*a* und *b*. Sphygmogramme der Radialarterie bei gesenkter Haltung des Armes (*a*) und bei erhobener Haltung (*b*).

„ 10. Tachogramme des Unterarmes bei gesenktem Arm (*a*) und bei erhobenem Arm (*b*).

„ 11*a* und *b*. Gleicher Versuch, nur mit dem Unterschiede, dafs blofs die Hand in der plethysmographischen Kapsel steckt. *a* gesenkte, *b* gehobene Haltung des Armes.

„ 12. Einflufs der Temperatur des Armes auf die Tachogramme. Der untersuchte Arm ist unmittelbar vor der Aufnahme von *a* durch ein warmes Bad stark erwärmt, vor der Aufnahme von *b* durch kaltes Wasser stark abgekühlt.

„ 13. Änderung des normalen Unterarm-Tachogramms (*a*) durch elastische Umschnürung beider Oberschenkel (*b*).

„ 14*a*. Kleine Nachschläge der Flamme nach einem kurzen Aufzucken derselben bei Vorschiebung eines Stempels und plötzlichem Anschlag desselben.

„ 14*b*. Desgl., wenn die Bewegung des Stempels etwas weniger plötzlich unterbrochen wird.

„ 15*a*. Gedämpfte Bewegung der Flamme durch Einschaltung eines Luftvolumens und Erschwerung des Luftausflusses.

„ 15*b*. Unterarm-Tachogramme, bei der gleichen Einrichtung der Flamme aufgenommen.

Die Geschwindigkeit der Trommelbewegung betrug in allen Fällen sehr nahe 15 mm pro Sek. Von der Benutzung einer Zeitschreibung wurde bei den hier mitgeteilten Kurven abgesehen. Nur Fig. 8, welche einer älteren Versuchsreihe angehört, zeigt die Stimmgabelkurve, welche $\frac{1}{24,6}$ Sek. markiert. Vgl. „Über ein neues Verfahren etc.“ Du Bois-Reymonds Archiv 1887.

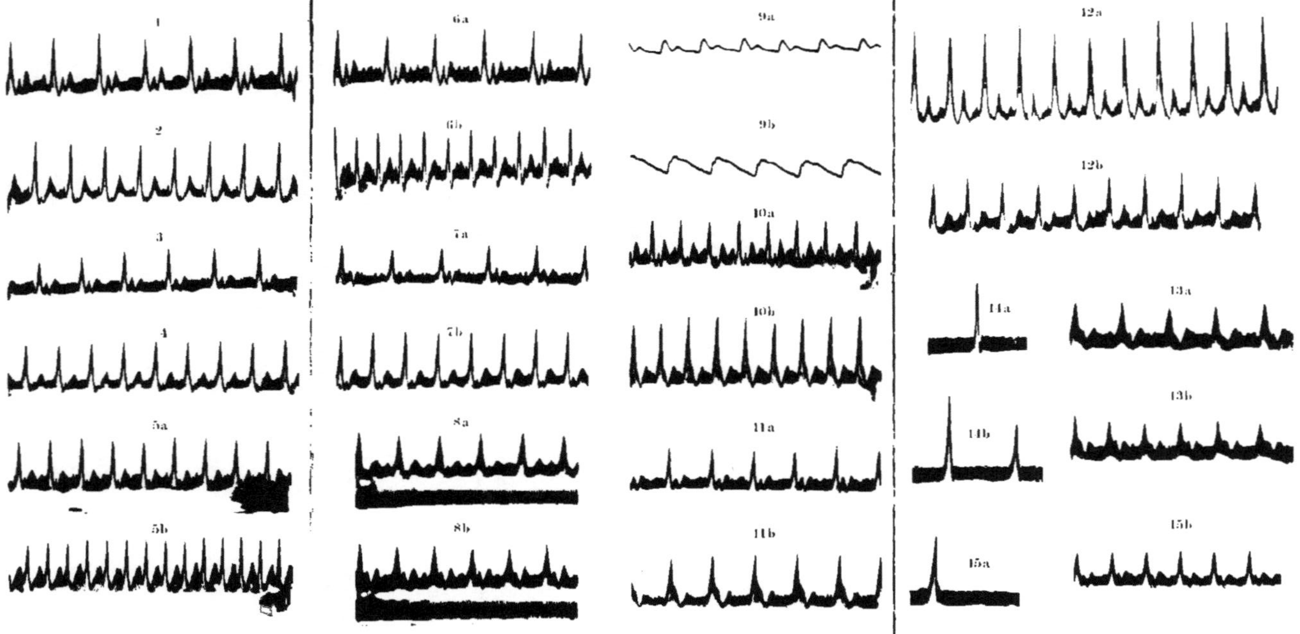

Akad. Verlagsbuchhdlg. von J. C. B. Mohr (Paul Siebeck) Freiburg i/B.

Albertotypie von Jos. Albert in München